全国教育科学"十三五"规划 2017 年度国家一般课题《农村义务教育治理体系优化与能力提升的 M 县个案研究》成果（课题编号：BFA170060）

刘玮 著

YIWU JIAOYU YOUZHI JUNHENG FAZHAN
ZHENGCE ZHIXING KAOCHA
——YI SUNAN W SHI B QU WEILI

义务教育优质均衡发展政策执行考察

——以苏南W市B区为例

中国社会科学出版社

图书在版编目（CIP）数据

义务教育优质均衡发展政策执行考察：以苏南 W 市 B 区为例/刘玮著.
—北京：中国社会科学出版社，2017.7
ISBN 978 - 7 - 5203 - 0432 - 0

Ⅰ.①义… Ⅱ.①刘… Ⅲ.①义务教育—教育政策—研究—苏南地区
Ⅳ.①G522.3②G527.53

中国版本图书馆 CIP 数据核字（2017）第 117331 号

出 版 人	赵剑英	
选题策划	罗　莉	
责任编辑	刘　艳	
责任校对	陈　晨	
责任印制	戴　宽	

出　　版	中国社会科学出版社	
社　　址	北京鼓楼西大街甲 158 号	
邮　　编	100720	
网　　址	http://www.csspw.cn	
发 行 部	010 - 84083685	
门 市 部	010 - 84029450	
经　　销	新华书店及其他书店	

印　　刷	北京明恒达印务有限公司	
装　　订	廊坊市广阳区广增装订厂	
版　　次	2017 年 7 月第 1 版	
印　　次	2017 年 7 月第 1 次印刷	

开　　本	710×1000　1/16	
印　　张	19.75	
插　　页	2	
字　　数	309 千字	
定　　价	89.00 元	

目　　录

序

　　义务教育均衡发展是现阶段我国教育发展的重要战略任务。进入21世纪以来，尤其是2010年《国家中长期教育改革和发展规划纲要（2010—2020年）》发布以来，我国各省市、各地区按照"建立健全保障机制，推进学校标准化建设，均衡配置教师、设备、图书、校舍等资源"的要求广泛推进义务教育的均衡发展，致力于缩小义务教育发展的城乡差距、地域差距和校际差距。时至今日，我国义务教育均衡发展已取得明显的成效，实践中已创生出许多具有地域特色的典型模式与先进经验。另外，由于我国正处在社会转型期，义务教育均衡发展依然面临着新的矛盾和新的问题，对此需要继续深化改革，同时也需要加强对深入推进义务教育均衡发展的研究。

　　刘玮的博士学位论文"义务教育优质均衡发展政策执行考察——以苏南W市B区为例"，是从教育政策的视角对中国东部发达地区义务教育均衡发展状况的研究。我国东部地区是相对较为发达的地区，这类地区对于义务教育的均衡发展有着相对较高的要求。2010年以来，属于东部地区的江苏省明确提出了义务教育优质均衡发展的新目标，为此也有着新的政策规划与要求。发达地区义务教育优质均衡发展如何推进？在推进过程中面临的主要问题是什么？这些问题如何解决？对我国东部地区推进义务教育优质均衡发展的研究无疑具有重要的理论价值和鲜明的现实意义。

　　刘玮在确立论文的选题和在论文撰写的过程中，努力张开"政策之眼"，紧紧扣住影响义务教育优质均衡发展的几个重大政策进行研究。在这篇论文中，作者所做的主要工作是：其一，运用政策的"多源流理论"对义务教育优质均衡发展政策的产生背景和动因进行了分析，并对21世纪以来江苏省政府实施的种种推进义务教育优质均衡发展的政策进行了梳理，同时分析了政策执行所取得的总体成效。其二，重点运用案例研究法，对江苏省W市B区推进义务教育优质均衡发展的政策执行进行深度考察。作者选择的个案B区，位于苏南，是基础教育优质均衡发展的先行区和试点区，在东部发达地区具有代表性和典型性。在个案研究中，作者结合该区经济社会和教育发展的特点，针对义务教育阶段学生来源与结构的变化，重点对进城务工人员随迁子女入学政策、义务教育阶段学校校长和教师交流政策、名校集团化政策以及教育信息化政策四大重要政策的执行状况进行考察。通过考察，一方面认识到各项政策执行取得了积极成效，另一方面则强烈地感受到各项政策执行依然遭遇一定的困境与问题。在论文中，作者对政策执行的成效与问题均进行了深度且理智的分析。其三，在案例研究的基础上，对义务教育优质均衡发展政策的县（市、区）域执行进行反思，并就如何促进优质均衡发展政策的更有效地执行提出了建议。

从总体上看，论文研究目标明确，思路清晰，结构完整，层次井然。论文对东部发达地区义务教育优质均衡发展政策的区域执行所进行的研究，在一定程度上，是对义务教育均衡发展研究的拓展与深化。论文重点研究的四项政策，涉及义务教育阶段的学生、教师、校长、学校，涉及义务教育阶段人的发展与现代设施的完善。这四项政策，既各具特点，各有其自身的政策目标与要求，但综合视之，又显现出政策的多样性、序列性、结构性和完整性。阅读论文中政策执行的研究，我们可以认识到一个发达地区区域义务教育发展呈现的新特点和新情况以及新矛盾与新问题，可以认识到这一区域为推进义务教育优质均衡发展所进行的政策调整、变革与创新，以及为促进义务教育优质均衡发展所作出的种种努力。当然，我们还能深入认识到，对于中国东部发达区域而言，尽管确立了义务教育优质均衡发展的政策目标，但在政策执行中依然存在明显的障碍与问题。由此，又显现出政策执行的艰难性与复杂性。阅读论文文本所获得的这些认识与感受，恰恰是作者想要传递的，并且希望引起阅读者同情的。值得说明的是，论文对政策执行的研究，决不是一种平面的叙述，而是充分且合理地运用教育政策理论进行剖析、揭示，同时也立足于理论而反思、而建议。论文对所研究的四项政策的选取、对各项政策执行的深度分析及所提出的富有针对性又不失可行性的政策建议也显现出论文研究的创新性。

刘玮是苏南地区一所义务教育学校的校长，也是江苏省义务教育学校的特级教师。论文的选题和所进行的研究，融入着他对义务教育发展的深深关切，表现出他对教育浓浓之爱。作为一所学校的校长，他的工作是繁忙的。所幸的是，在攻读教育博士的数年间，他留给老师和同学的深刻印象，则是能够较好地兼顾工作和教育博士学业的博士生。非但如此，他的论文研究与他自身的工作形成了有机的结合，这也非常符合教育博士培养的目标与要求。刘玮的这篇论文，无论是外审还是在答辩过程中，均获得了好评。这是令人欣慰的。

义务教育是国家基础教育的基础，其意义巨大，影响深远。义务教育的均衡发展仍在持续推进，对义务教育发展的研究需要继续加强与深化。以此寄希望于刘玮。

是为序。

张乐天

2017 年 2 月 12 日

第一章

导　　论

第一节　研究缘由

一　问题缘起

（一）基于对义务教育优质均衡发展重要意义的认识

从人类社会的发展历程看，一个国家的进步与落后，强盛与孱弱，究其根本取决于民众素质的高低。而民众素质的高低取决于其所在国家教育普及的程度及其所接受教育的质量与效果。义务教育是国民素质教育的基础阶段，也是一个公民必须接受的最基本的教育。它是一个国家和民族可持续发展的基石，更是中华民族伟大复兴进程中最为基本的智力支持。没有义务教育的发展，就不可能有国家的长足发展与进步。因此，在整个国民教育体系中，把义务教育作为其整个系统的重要组成部分，把均衡发展作为义务教育中的重中之重是一个国家、民族可持续发展的应然追求。

义务教育均衡发展在推进城乡经济社会一体化发展中具有特殊的地位和重要的作用。第一，义务教育均衡发展是推进经济社会发展的持续动力。我国过去 30 年经济高速增长的因素是多方面的，其中一个重要的因素是依赖于人口红利。伴随经济发展方式转变和产业结构调整，通过城乡教育一体化发展，进一步释放出教育的人才造血功能，把大量的纯粹依靠劳动力的农民工转化为技术技能型人才，把他们的子女培养成新一代高素质的社会主义事业建设者和接班人，变单纯依靠人口红利为依靠人口和人才红利，从而推动中国经济社会的可持续发展①。第二，义务教育均衡发展是我国教育发展自我调整的必经过程。从整体上看，我国为保障公民的基本教育权益，已经建立起比较完善但属于低普及水平的国民教育体系。随着时间的推移，一些问题逐步显现出来。一是地区差别，东部地区与中、西部地区教育发展水平不均衡；二是城乡分割对立的二元经济导致教育的城乡差别；三是家庭经济现状不同导致的教育机会不均衡；四是弱势群体在教育方面所应该占有的份额还没得到公平的分配。从以上四种非均衡的状态来看，地区差异，城乡二元经济结构以及教育结构带来的教育差别，已经严重制约着教育的健康发展和公平正义的社会制度建立。我国义务教育发展需要尽快克服内在不均衡的矛盾，进入以高质量为核心、更大范围内公平与均衡的内涵发展新阶段。第三，实现义务教育均衡发展也是人们群众的强烈诉求。教育的一个重要功能是服务功能，教育服务国家和社会首要的是对人的教育和培养，进而实现对国家和社会的服务。由于义务教育在区域之间、城乡之间和学校之间办学水平差异大，人民群众所享有的教育权益也不尽相同，尤其是面广量大的弱势群体没有公平享受到改革开放社会发展应有的教育成果。人民群众渴望上好学、读好书，不因经济条件或者生活地域的差异所影响，这是他们对社会公平与正义的呼唤，也是义务教育本质的追求。

《国家中长期教育改革和发展规划纲要（2010—2020 年)》指出，推进义务教育均衡发展是国家教育发展的战略性任务，各地要建立健全促进义务教育均衡发展各项保障机制，通过均衡配置校舍、设备、图书和师资等资源，缩小学校与学校之间差距，促进区域内适龄儿童、少年都能享有均等优质的义务教育。2012 年 9 月，国务院下发《关于深入推进义务教育均衡发展的意见》，明确指出，要深入推进九年义务教育水平的巩固与提高，实现义务教育均衡发展。从国家的政策文件中可以看出，促进义务教育优质均衡发展，是一个国家、民

---

① 杨庆育：《统筹城乡理论与实践——重庆案例》，重庆大学出版社 2012 年版，第 5 页。

族可持续发展的长远追求，是中华民族实现伟大复兴的现实需要。因此，开展义务教育优质均衡发展研究，具有重要的理论意义和实践意义。

（二）基于对发达地区义务教育优质均衡发展的关注

随着经济社会的发展和科教兴国战略的实施，21世纪以来，我国的教育事业取得了长足的发展。截至2009年，全国实现"两基"验收的县（市、区）累计达到3052个，占全国总县数的99.5%。"两基"人口覆盖率达到99.7%，全国小学学龄儿童净入学率达到99.4%，初中阶段毛入学率达99%，义务教育阶段的巩固率达到90.8%①，这些数据表明我国已经实现了九年义务教育的普及。同时，东部经济发达地区的义务教育的发展更是达到了更高的水平。其中江苏、浙江两省的基础教育发展尤为突出。2010年，江苏省小学学龄儿童入学率已经达到99.96%，初中在校生年巩固率达98.7%，初中毕业升学率达97.5%，高中阶段毛入学率96.0%。截至2009年，浙江省的小学、初中的入学率和巩固率也高达99%以上，初中毕业率达到97.7%，高中毛入学率高达92%，基本实现了教育强省的战略目标。上海市在普及九年义务教育的基础上，基本普及学前教育，基础教育正转入高标准、高质量的新阶段。

如果以《国家中长期教育改革和发展规划纲要（2010—2020年)》中的教育发展指标要求看，我国东部经济发达地区已经超前实现了国家预定的教育发展目标。因此，现阶段发达地区面临的问题不是一般的教育普及和教育均衡问题，而是义务教育的高质量普及和优质均衡，这已经成为发达地区基础教育普及后进一步发展的应然追求。由于历史原因以及教育资源的短缺，我国在过去很长一段时间内，比较重视重点学校的建设，把有限的教育资源集中在重点学校的建设上，人为地造就了基础教育发展的不均衡。随着经济社会的发展和理念的更新，21世纪以

---

① 冯建军：《优质均衡：义务教育均衡发展的新目标》，《教育发展研究》2011年第6期。

来，基础教育的发展则越来越注重教育的均衡。无论是从国家教育改革的大政方针还是地方政府的教育文件中，我们都可以看出这一转变。发达地区的义务教育实现了从不均衡到均衡，从相对均衡到优质均衡的两次转变，教育的均衡指数也在不断地上升。研究表明，江苏义务教育均衡指数从 2001 年的 0.77 提高到 2006 年的 0.82，其中义务教育城乡均衡指数从 2001 年的 0.80 提高到 2006 年的 0.91。这表明，经过一定时间的努力，发达地区已经基本实现了教育均衡①。

　　然而，有些经济发达地区的义务教育均衡只是一种表面的均衡。这种均衡并没有深入教育内部，追求的是教育条件的改善和教育外延的扩展，致力于实现的目标是教育资源外在均衡。对发达地区而言，义务教育物化资源配置已基本均衡，对于优质教育资源的渴求已经成为人民群众对教育的更高层次的需求，教育需要解决的是优质教育资源不足与人民对优质教育需求之间的矛盾，义务教育均衡发展的更高层次的要求就是需要提供更高质量的均衡教育。因此，高水平的优质均衡已成为发达地区义务教育改革与发展面临的重要课题，也是基础教育发展新的目标。

　　W 市地处经济发达的长江三角洲，北临长江，南濒太湖。作为苏南重镇，交通便利，风景优美，是我国重要的区域经济中心和水陆交通枢纽，其经济总量及城市综合能力一直位于苏南地区城市前列。B 区原为 W 市辖的 WX 县，改革开放后，因乡镇企业的蓬勃兴起，经济发展十分迅猛，曾数次被评为全国经济发展"十强县"。进入 20 世纪 90 年代中期，几经区域规划调整，WX 县主体并入新成立的 B 区。从地域来看，B 区位于太湖北岸，实属滨湖地带，地形狭长，东西约 56 公里，而南北较窄。整个区域有城有乡，其经济发展程度及发展方式不尽相同。在义务教育优质均衡发展的进程中，B 区统筹发展城乡教育，取得了很多推进义务教育优质均衡发展的经验。2007 年，W 市 B 区整体通

---

　　① 冯建军：《优质均衡：义务教育均衡发展的新目标》，《教育发展研究》2011 年第 6 期。

过教育现代化（县市区）创建验收。2010 年，W 市 B 区又拉开了义务教育优质均衡发展的序幕，义务教育均衡发展不再仅仅局限于物质资源均等配置，推进人力资源均衡、注重学校个性化特色形成的内涵发展等优质均衡工程全面启动。校长、教师城乡交流，"单位人"逐渐变成"系统人"；流动儿童不再处于城市的边缘，他们和原住民一样享受优质教育资源；立足于校本提升的自主发展，全区义务教育学校正以"解放"与"觉醒"的方式走出同质化发展窠臼。但因城乡并存的地域结构，其均衡发展的方式也体现着其独特性。近十年来，W 市 B 区在义务教育优质均衡发展的进程中，从县区教育现代化的先行先试，到校长教师城乡交流工程的全面实施，从流动儿童"两为主"政策的执行，到国家义务教育发展基本均衡合格县验收；从江苏省教育现代化示范区的率先启动到江苏省义务教育优质均衡改革发展示范区创建，积累了相当多值得推广的经验，同时在政策执行中也出现了政策走样与失真、政策执行路径单一和政策执行者自由裁量无度等诸多问题。

基于上述原因，本研究选择 W 市 B 区作为义务教育优质均衡发展政策执行考察的案例具有典型性和代表性。B 区在义务教育优质均衡发展进程中，在推动优质教育资源共享、合理配置教师资源、保障特殊群体接受平等教育等方面形成诸多可以推广的经验，而这些方面正是义务教育优质均衡发展的主要内容和关键因素。所以，本论文在研究 B 区义务教育优质均衡发展政策执行时，主要对进城务工人员随迁子女入学、校长教师交流、名校集团化和教育信息化政策等方面予以重点分析和研究，以期寻找 B 区义务教育优质均衡发展政策运行的成功经验和政策执行过程中存在的问题、困惑与矛盾。

（三）基于笔者自身的学习、工作经历和研究旨趣

2006 年起，笔者在苏州大学攻读教育硕士时，专业方向是教育经济与管理。三年的学习，使笔者对教育政策有了一些粗浅的认知与了解，并对我国农村教育政策的执行产生了研究的意向和兴趣。2011 年，笔者考入南京师范大学教育科学学院，正式开始教育政策的学习与研究。系统而深入的学习常引发笔者对当下教育政策执行进行理论观照下

的思考，一项教育政策的产生与社会建构有着什么样的内在关联？教育政策执行是否受到广阔的社会结构背景的影响？对教育政策的研究可否像费孝通先生那样选择太湖东南岸的开弦弓村进行实地考察？学习期间对这些问题的思索是研究者选择教育政策个案考察的原因之一。其次，因为研究者是江苏人，长年生活在苏北地区，并见证了苏北 G 县义务教育均衡发展的整个过程。2013 年，研究者调入苏南发达地区 W 市 B 区任一小学校长。一方面，从发达地区优质均衡发展出发去探索义务教育发展未来图景的使命感油然而生；另一方面，把发达地区义务教育均衡发展方式与欠发达的苏北地区义务教育均衡推进做一个比较式研究的愿望，也让笔者产生出选择此课题的情感倾向。在 B 区工作的两年多时间里，因工作的便利，研究者与 B 区的教育行政领导、中小学校长及广大教师有了广泛而深入的接触，并建立了良好的关系。而笔者从苏北到苏南，时间不太长，对 B 区的经济、文化及其教育尚处于"陌生人"的阶段。此二者正好为研究者以"陌生人"的角色进入一个相对"熟悉的研究场"提供了便利，为研究者要进入此课题的实地研究找到了最佳的契合点。所以，B 区成为研究者研究义务教育优质均衡发展的优先选择个案。通过对 B 区义务教育优质均衡发展政策执行的考察，研究者试图描述义务教育优质均衡发展政策在发达地区县（市、区）域执行的现状与成效，发现此政策在县（市、区）域执行中出现的问题与偏差，并对政策执行中为什么会产生这样的问题而非那样的问题的原因进行分析与探讨，同时就如何提高义务教育优质均衡发展政策县域执行效果提出一些系统性建议和建设性设想。通过本研究，研究者在对政策执行中种种问题的产生进行合理性分析与解释的同时，也试图探索教育政策执行理论的本土化运行策略，实现教育政策理论与实践的有机统一，并能够为地方政府提高教育政策执行成效提供借鉴。

二 选题意义

从当今教育政策研究的范型来看，从单纯的教育理论研究走向理论与实践相观照的问题研究逐步成为有责任感的教育研究者的选择。立足于问题解决的教育政策，正是教育理论与教育实践之间的桥梁与纽带，并渐趋成为当代教育研究者关注与钟情的研究领域。

近百年来，全球教育迅速发展，教育规模日益扩大，教育与社会生活各方面的联系越来越多，教育的发展使国家与教育之间的关系变得密切而重要。现代国家在普及和发展教育过程中，都需要借助国家机器来对教育进行指导、计划、协调和控制。国家对教育事业的领导，本质上是政治领导，其领导的实现途径则是通过教育政策的制定和实施。教育政策的制定是一个复杂的过程。政策制定之所以呈现出复杂性，一个重要的原因是在政策制定过程中存在多种因素的影响。在教育政策研究中，教育政策的制定研究是一个重要的课题。现代社会纷繁复杂，教育事业是国家发展的一个重要方面，国家需要制定科学正确的教育政策来指导教育事业的发展，这已经成为国家政治活动不可或缺的一部分。因此对教育政策制定的研究，就显得尤为重要。

一个好的教育政策制定以后，其作用的发挥必须在实践中进行，即教育政策执行。一个好的政策，得不到有效的实施，最后也只会是一纸空文。教育政策执行是教育政策生命过程的重要环节。然而教育政策的执行又是一个受诸多因素影响，充满复杂性和不确定性的过程，分析并研究其基本组织要素及其在教育实践中运行的规律很有必要。鉴于教育政策执行过程中的复杂性和不确定性，深入研究教育政策在执行过程中各因素的作用与影响，探讨教育政策执行中相关因素及其资源的优化配置，无疑具有十分重要的理论价值和实践意义。

（一）理论价值

把教育政策执行看作一个复杂的赛局，对义务教育优质均衡发展的政策运行展开研究，有助于从复杂性与政策执行之间的联系出发去分析教育政策，有助于从政策执行的层面去探究教育政策执行的本质。从理论发展及方法论角度看，用赛局理论去研究纷繁复杂的教育政策执行，对于丰富教育政策学的学科建构，彰显教育政策执行复杂性研究的方法论价值，推动本土化教育政策运行体系建设，提高教育政策执行效率，具有十分重要的理论价值。

1. 丰富和发展教育政策执行的理论研究

E. 巴德克（Eugene bardach）是以"赛局"的观念分析政策执行过程的主要代表。巴德克认为政策执行问题的核心在"控制"基础上，因而执行过程特别会在"议价"（Bargaining），"劝服"（persuasion）与"策划"（maneuvering）三个不稳定条件下进行。未达到控制的效果，有关的策略（strategu）与战术（tactics）就必须建立。这是巴德克对"赛局"立论的基础①。巴德克将政策执行视为赛局，认为其组成要素主要有：（1）执行过程中有关的执行人员与相关人员，亦即"竞赛者"；（2）利害关系；（3）策略与战术；（4）竞赛的资源；（5）竞赛规范；（6）公平竞赛的规则；（7）竞赛之间信息沟通的性质；（8）所得结果的不稳定程度。政策的成功与失败，取决于各方参加者的策略与战术的选择，尤其是执行者的策略与战术。但就当前教育政策执行研究理论对于影响教育政策执行效果的认识而言，不论是利益冲突说，还是信息失真说，都过分强调有一种"完美的政策执行"，简单地从单一线性的政策执行路径上寻找影响政策执行效果的因素，而忽视政策执行中的复杂性和整体性。所以，在本研究中，笔者将从利益关系营设的"赛局"出发，对 W 市 B 区义务教育优质均衡发展过程中的进城务工人员随迁子女入学政策、校长教师交流政策、名校集团化政策和教育信息化政策等诸多政策执行过程进行分析，揭示政策执行中的复杂性问题，如政策资源遭到分散的政策执行、政策目标发生偏离的政策执行、执行机关面临窘境的政策执行、执行资源出现浪费的政策执行等，力求呈现政策执行过程中各相关主体及政策因素之间的博弈，揭示政策执行的复杂性本质属性，以及它们表现出的动态性特征，拓展政策执行复杂丰富的内涵结构，由此丰富和发展教育政策执行理论研究。

2. 弥补政策执行复杂性研究的不足

1973 年，美国公共政策学研究者普雷斯曼（Jeffrey L. Pressman）和韦尔达夫斯基（Aaron B. Wildavsky）对联邦政府创造就业机会的政策

---

① 袁振国：《教育政策学》，江苏教育出版社 2000 年版，第 298 页。

"奥克兰计划"进行长时间跟踪研究，并将研究成果写成《执行》一书[①]。自此，"执行运动"引来众多政策学家的关注，并写下了大量相关政策执行的论著，提出了多种开展政策执行研究的路径。但是，在具体的政策执行过程中类似于"阿基琉斯之踵"的复杂性问题却没有引起很多人关注[②]。在我国，尽管有很多政策研究者开展了"自上而下"和"自下而上"两种基本途径的研究，但由于束缚于长期以来中央集权的教育管理体制，以及单一线性的行政命令式科层取向等因素，教育政策执行复杂性的研究仍为教育政策研究的薄弱地带。

此外，教育政策执行的复杂性还体现在政策适用对象的多层次性上。首先，不同层次教育政策有着不同的适用对象和运行环境。上至国家的教育方针，再到省市的教育政策，甚至小到一个学校的教育政策都有不同层次的适用对象和运行环境，这些政策在内容上、性质上、影响范围上都存在着显著的差异。因此，在进行教育政策研究的时候，我们不能忽视这些差异，要区别对待。其次，要注重教育政策的本土化和区域性。不同地域的社会经济、文化都存在着明显的差异，尤其是我国，疆域辽阔，地域教育发展不均衡。在制定和执行教育政策的时候更需要重视相关因素，要结合地域的经济、文化实际，避免"一刀切"式的教育政策制定和执行。因而，在对发达地区义务教育优质均衡发展政策执行研究中，需要对自上而下的政策价值倾向性的研究，也需要自下而上的政策执行过程中本土化策略的研究，并形成政策执行的上下互动与纵横贯通的整合机制，结合苏南发达地区的社会文化，探索具有地域特征的义务教育优质均衡发展政策执行的本土运行路径。本研究从复杂性赛局的视角对教育政策执行的复杂性进行研究，认同教育政策执行是一个充满动态变化的复杂网络系统，提出在非线性的网络环境下提高教育

---

① J. L. Pressman & A. B. Wildavsky：《 Implementation》，《University of California Press》，Berkeley，1973.

② 出自《荷马史诗》，Achilles Heel，阿基琉斯是古希腊的英雄，因年幼时涉冥河，全身为冥水所泡，故刀枪不能入。唯一致命的缺陷是脚踵，后在特洛伊战役中被阿里斯射中脚踵而死。在本文中，"阿基琉斯之踵"的意思是：唯一而重要的缺陷。

政策执行效果的路径与对策。因此，在一定程度上本研究克服了政策执行复杂性研究的缺陷。

（二）实践意义

2010年5月，江苏省人民政府办公厅转发省教育厅等部门《关于江苏省义务教育优质均衡改革发展示范区建设的意见》，它以鼓励部分地区先行先试、探索经验的方式，拉开了江苏省义务教育优质均衡发展的帷幕。在首批创建江苏省义务教育优质均衡改革发展示范区名单中，苏南地区W市是以地级市整体推进义务教育优质均衡发展的四个试点市之一。2012年4月，江苏省人民政府颁发了《关于深入推进义务教育优质均衡发展的意见》，其主要目标是促进区域内中小学校按照国家和省定标准办学，改善区域间办学条件、管理水平、教师队伍和教育质量，大幅提升义务教育发展的公平度、适合度以及公众对义务教育发展的满意度，并确立了公众对义务教育的满意度指标。文件要求到2015年，全省每一个县（市、区）都要达到义务教育基本均衡发展的国家基本要求，达到省定优质均衡要求的要超过70%，达到省义务教育学校现代化办学标准的县（市、区）要超过50%。所有县（市、区）到2020年全部符合义务教育优质均衡省定要求，省域内所有义务教育学校符合省现代化学校标准。在目标明确之后，江苏省人民政府又颁布了《江苏省县（市、区）义务教育优质均衡发展主要指标》。几与同时，《江苏省义务教育学校现代化标准》经省人民政府同意后颁发。这三个文件相继颁发后，各个试点地区纷纷制定了义务教育优质均衡发展的相关政策并付诸实践。

由于历史的原因，江苏省区域社会经济发展水平呈现着由南至北渐次的差距态势。处于苏南地区的W市，经济、文化等综合实力及现代化水平都处于全省领先位置。在这样的经济发展条件之下，W市B区在义务教育优质均衡发展的政策执行中，先行先试取得了哪些经验？遭遇了哪些问题？政策制定是否存在着技术性程序与制度性程序的欠缺？政策目标发生了哪些倾向性的偏离？各利益相关主体在政策执行中如何进行着有利于自己的行动选择？教育政策是否存在着"失真"现象？

政策执行者采用了什么样的行动策略来达成政策目标？上述问题或多或少地都会体现在发达地区义务教育优质均衡发展的政策执行过程中。在本文中，笔者试图以江苏省 W 市 B 区为个案，通过对该区义务教育优质均衡发展政策执行的实地考察，呈现当前发达地区义务教育优质均衡的现实状况及其成功经验，力图探索政策执行过程中遭遇的问题及其原因，寻找政策执行中"瓶颈"形成相关因素。更为重要的是，笔者希望通过对江苏省 W 市 B 区义务教育优质均衡发展政策执行的个案研究，揭示政策执行过程中政策与人、经济和文化是如何相互影响的，探索政策执行体系中的各相关主体行动的策略选择及深层因素，并全面系统地归纳总结发达地区义务教育优质均衡发展政策的运行特征及实施具体路径，最后深入剖析发达地区义务教育优质均衡发展政策执行的问题，给予相应的政策建议，从而为提高发达地区义务教育优质均衡发展政策的执行效果，有效促进义务教育又好又快发展，促进社会公平正义，办人民满意教育，提供政策性建议和决策参照。

第二节　核心概念及文献综述

一　核心概念

（一）义务教育

义务教育概念始自英语的"compulsory education"或"obligatory education"，我国多沿用日本的称谓，名为"义务教育"。《第一次中国教育年鉴》对"义务教育"一词的沿革和含义给予了诠释，"义务教育"一语，系由日人 compulsory education 译出，我国沿用之。英语 compulsory 原含强迫之意，亦有为强迫教育者，盖就人民之责任言，则为义务；就国家之政策言，则为强迫。两者相通也。又有将义务二字作广义之解释者，谓人民对国家有使其及学龄子女受国民教育之义务；同时国家对人民有使人民在学龄期间受国民教育之义务。"① 这一界定就

---

① 中华民国教育部：《第一次中国教育年鉴》，开明书店 1934 年版，第 811 页。

国家、人民和学龄儿童在义务教育中的权利和义务作了大致的说明。随着义务教育实践的推进和理论的完善，人们对义务教育概念和本质的理解和把握也更加全面、具体和深刻。《中国大百科全书·教育》把"义务教育"界定为："国家用法律形式规定对一定年龄儿童免费实施的某种程度的学校教育，也称强迫教育、免费教育和普及义务教育。""义务教育法规定义务教育的起始年龄和离校年龄，或应达到的标准，要求国民一体遵行并视之为自己应尽的义务。这里的义务一词，其含义还包括其父母或监护人有使其学龄儿童就学的义务，国家有设校兴学以使国民享受教育的义务，以及全社会有排除阻碍学龄儿童身心健康发展的种种不良影响的义务。"[1] 顾明远主编的《教育大辞典》也对"义务教育"这一概念作了解释，即"义务教育（obligatory education）亦称普及义务教育，根据国家法律规定对适龄儿童实施一定年限的普及的、强制的、免费的学校教育。"[2] 这些解释具有内在的一致性，强调了国家在义务教育中的责任。义务教育是国家统一实施的所有适龄儿童、少年必须接受的教育，国家必须保障义务教育制度的实施，与此同时也进一步明确了家长和学龄儿童在义务教育中的权利和义务。本文正是在此意义上使用"义务教育"这一概念的。

（二）优质均衡

义务教育优质均衡是义务教育均衡发展的高级阶段。关于义务教育优质均衡发展的概念，不同的学者有着仁智各见的表达。冯建军在《走向优质均衡：基础教育发展主题的转换》一文中指出，义务教育优质均衡发展，是义务教育发展主题的转换，是从外部的权利公平、机会均等、资源配置均衡，转换为教育内部的优质发展、内涵发展与质量提升。杨启亮认为，义务教育优质均衡发展是一种底线均衡，是着眼于人的发展价值和保障这种价值的教育基本需要进行均衡配置的发展方式。

---

[1]　中国大百科全书：《教育》编辑委员会，《中国大百科全书·教育》，中国大百科全书出版社1985年版，第487页。

[2]　顾明远：《教育大辞典》（第一卷），上海教育出版社1990年版，第69页。

优质均衡发展，前提是均衡，核心是优质①。优质均衡就是在资源均衡的前提下，追求教育的优质，实现均衡和优质的统一。在优质均衡中，"优质"不再仅仅指向教育物化的资源，它还包含人的资源，还指向于教育质量。在这个意义上，优质均衡发展还包含着过程与结果的教育均衡，是一种内涵式的均衡发展。

笔者认为，义务教育优质均衡是在义务教育均衡发展基础上，区域内各学校办学标准、现代化建设水平进一步提高，城乡教育一体化统筹发展，优质教育资源不断丰富，办学资源和师资力量配置更加均衡，特殊群体享有更高程度教育公平，学校更具发展活力，教育治理体系更加科学完善，义务教育质量快速提升的一种义务教育发展新方式。对于每一个学生而言，所能获取的教育资源应该是均衡的，这是优质均衡义务教育的基础；同时每一个学生应该获取的是高质量的义务教育资源，这是其核心；要尊重学生的个性差异，打造符合每一个学生全面发展的特色教育。这四点构成了义务教育优质均衡发展的核心价值取向，即均衡、优质、特色、个性。也正是基于如此对义务教育优质均衡概念的理解，研究者在选择研究义务教育优质均衡发展单项政策时，有所倾向地选取了进城务工人员随迁子女入学政策、校长教师交流政策、名校集团化政策和教育信息化政策进行考察，力图使本研究触及义务教育优质均衡发展中最为核心的内容。

（三）教育政策执行

教育政策学是从公共政策学中派生出来的学科，因此，对教育政策执行的理解必须基于公共政策执行理解的基础之上。关于"政策执行"，国内外公共政策执行的研究者从不同的路径出发，对其内涵进行多角度的探究和诠释。公共政策学者 J. 布瑞斯曼和 A. 魏雅儒（Jefferey Pressman & Aaron Wildavsky）认为政策执行的含义是"设立目标与为实现目标所作行为之间的一种互动，以及用来获得某些预期结果之能

---

① 杨启亮：《底线均衡：义务教育优质均衡发展的解释》，《教育理论与实践》2010 年第 1 期。

力"。两人认为政策是一种包含了基本条件与预期结果的假定，并由此将预期结果发生的过程叫作"执行"①。保罗·萨巴蒂尔（Paul A. Sabatier）和丹尼尔·马兹曼尼安（Daniel A. Mazmanian）认为，政策执行就是运用法律及其规定，或是行政、议会和内阁的决定形式，实施一种基本政策的过程②。国内学者吴志宏认为，政策执行，就是实现政策目标，将政策内容转变为政策现实的过程③。韩清林认为，政策执行就是政策付诸实践的过程，在政策内容的指导下，对实践进行改造的相对独立的过程，它不再重问题本身的分析和研究，而是重实践与行动④。李成智认为："公共政策执行是政策被采纳后，把政策所规定的内容转变为现实的过程。具体地说，公共政策的执行本质上是遵循政策指令所进行的变革，是为了实现政策目标而重新调整行为模式的过程，是将一种政策付诸实施的各项活动⑤。"

从以上中外公共政策研究者关于政策执行的理解来看，既有对政策执行内涵的理解，也有对政策执行外延的探索，他们大都把政策执行看作是一种过程或者是一种活动，并认为政策执行是政策目标与政策现实之间的中介环节。由此来看，从整体系统性的角度来理解教育政策执行，并对"教育政策执行"作一个综合性的描述，也需要我们从被定义概念的内涵与外延两个方面对教育政策执行进行定义。

关于教育政策执行内涵的理解，胡春梅认为，"教育政策执行是教育政策执行主体将教育政策思想、内容、目标转化为教育政策行动、现实、效果，为培养新生一代和提高国民综合素质提供服务的政策执行过程⑥。"张乐天认为："教育政策执行，是一种将教育政策精

① 曹俊汉：《公共政策》，三民书局1990年版，第230页。
② ［美］斯图亚特·S.那格尔：《政策研究百科全书》，科学技术文献出版社1990年版，第112页。
③ 吴志宏：《教育政策与教育法规》，华东师范大学出版社2003年版，第59页。
④ 韩清林：《教育政策的若干理论与实践问题》，《当代教育科学》2003年第17期。
⑤ 李成智：《公共政策》，团结出版社2000年版，第96页。
⑥ 胡春梅：《教育政策执行概念的分析》，《辽宁教育研究》2005年第1期。

神与内容转化为现实效果，从而实现教育政策目标的动态行动过程①。"袁振国认为，"所谓教育政策执行，就是政策执行者依据政策的指示和要求，为实现教育政策目标，取得预期效果，将教育政策内容转变为政策现实的过程。"② 王世忠提出："教育政策执行就是教育政策执行者按照一定的政策方案，运用各种政策资源，在一定时期内为实现政策目标，把教育政策所规定的内容转化为有效现实成果的双向互动过程③。"

关于教育政策外延的理解，孙绵涛认为，教育政策执行过程体现着鲜明的阶段性。一般情况下，教育政策执行过程常有如下几个阶段：一是认真传达，组织学习；二是调查研究，摸清情况；三是拟订计划，组织落实；四是典型实验，宣传推广；五是检查指导，总结经验④。此阶段的划分体现着鲜明的顺序性特征，但因其政策执行过程中各要素之间结构系统的相互作用，政策执行又表现着不同的政策执行类型及其模式，有着重于由上而下的过程模式，有考虑政策执行者与政策影响者相互适应程度的互适模式，有从议定纲领到分配资源再到监督执行的循环模式，还有表现为说服、协商与妥协的游戏式博弈模式等。张芳全认为，"教育政策就广义来说，从教育问题认定、教育问题建构、教育政策分析、教育政策评估、教育政策执行、教育政策终结与检讨都属于教育政策执行范围。"⑤

从以上各位学者的研究中我们可以看出，教育政策执行总是处于各种因素的相互影响、相互作用之中，它是实现教育政策目标的关键性环节。教育政策的执行受到教育政策的执行者、相关的教育机构、政策执行环境等因素的综合影响。综合公共政策以及教育政策学术研究领域大

---

① 张乐天：《教育政策法规的理论与实践》，华东师范大学出版社 2002 年版，第 66 页。
② 袁振国：《教育政策学》，江苏教育出版社 1998 年版，第 179 页。
③ 王世忠：《关于教育政策执行的涵义、特征及其功能的探讨》，《培训与研究——湖北教育学院学报》2001 年第 1 期。
④ 孙绵涛：《教育政策学》，武汉工业大学出版社 1997 年版，第 144—155 页。
⑤ 张芳全：《教育政策导论》，台北五南图书出版公司 2006 年版，第 267 页。

家观点，笔者认为，教育政策执行是政策的执行主体为实现一定时期的教育目标，依据国家教育政策相关指示要求，通过形成教育政策实施组织，统合各种政策资源，把教育政策精神与内容转化为政策效果的动态行动过程。完整的教育政策执行应该包括教育政策执行主体、教育政策执行目的以及教育政策执行过程，其中政策执行的过程应该是复杂的、多变的、动态的。

（四）名校集团化

在理解名校集团化概念之前，我们必须要先对"名校"及其演进有一个基本的认识。名校是我国教育历史上一种独特的教育存在样态，它的产生与一定时期的政治背景紧密相关。新中国成立后，我国各种事业百废待举，教育也存在着普及与提高、数量与质量等复杂矛盾。1953年5月，毛泽东主席在中央政治局会议上提出"要办重点中学"，此后，全国各地一大批重点学校应时而生。20世纪60年代，重点学校制度在延续中发展。"文化大革命"期间，为倡导教育公平，重点学校制度停止实施。1978年1月，为了更好更快地整饬"文革"中混乱的教育秩序，加快人才培养进程，教育部又下发《关于分期分批办好重点中学的决定》，重点学校制度渐渐从中学进而发展到小学，一大批重点学校在政府的政策扶持下成立。此后近30年的类"马太效应"式的跃迁发展使这些重点学校逐渐成为一定区域内"名校"。2006年，重新修订的《中华人民共和国义务教育法》明确指出："县级以上人民政府及其教育行政部门应当促进学校均衡发展，缩小学校之间条件的差距，不得将学校分为重点学校和非重点学校，学校不得分设重点班和非重点班。"[①] 从名校的产生和演进过程来看，名校的出现一方面与国家城乡分野的宏观政策紧密相关；另一方面也体现着政府对教育外在实用价值的喜好和利用教育选拔社会精英的偏好。这种重视精英主义的名校制度促进了教育的不均衡发展，并使这种不均衡发展合法化。尽管重点学校

---

① 朱丽：《个人利益抑或公共利益：教育改革的两难困境——从我国重点学校制度的沿革说起》，《基础教育》2009年第1期。

制度在政府政策文件中已经废除,但已经占有着极为丰富的优质教育资源的"示范学校""实验学校"等名校,依然拥有着"重点校"原来所具有的一切优势,并且不断扩大已有优势,进一步加剧区域、城乡和学校之间的教育资源不均衡的状态。

义务教育优质均衡话语体系中的"名校集团化"正是在这种背景下提出的。21 世纪初,杭州市名校求是小学接管三个新建居民小区配套学校,联合成立杭州市求是教育集团,标志着名校集团化"名校 + 新校"模式的诞生;2003 年采荷第二小学和笕桥中心小学合并成立的采荷二小教育集团,开创了"名校 + 农校"的办学新模式。上海实行的是由中小学名校或教育研究机构受政府委托来支援管理薄弱学校的集团化新模式,2005 年闸北八中对浦东东沟中学进行托管就是对这一模式的践行。2008 年,江苏省灌南县实验小学(连云港市三所小学名校之一)受政府委托,在开发区兴建实验小学新校区,后改名为长江路小学,结对帮扶新安镇中心小学等,一校多区、一校多校的集团化方式出现。2010 年 6 月,南京市鼓楼区以南京师范大学附属小学等五所名校为主导,成立五大教育集团,区域内 17 所义务教育学校纳入五大教育集团进行一体化管理。从形式上看,名校集团化的形式主要有"母子式""托管式""牵手式"和"孵化式"等。还有研究者从名校集团间的学校关系角度出发,探析名校集团化的办学形式。刘希平依据名校集团内各成员的独立性大小,将杭州市教育集团分为一体化模式和发展共同体两大办学模式,其中一体化模式是主流模式①。杨小微从集团日常运作机制出发,将名校集团化分为"共享制""章程制""议事制"和"督导制"等几种形式②。实施名校集团化,有利于实现教育资源的重组,弥补农村学校、新建学校和薄弱学校教育资源不足的问题,使得优质教育资源得到更好的利用,起到了很好的辐射带

---

① 刘希平:《借助制度创新提升区域教育均衡化水平——杭州市名校集团化办学实践调查》,《科研与决策》2008 年第 1 期。

② 杨小微:《探寻区域义务教育优质均衡发展的新机制——以集团化办学为例》,《教育发展研究》2014 年第 24 期。

动作用。同时经过一段时间的发展，名校管理下的子体校区，逐渐发展成为新的名校，并独立出来组建新的教育集团，优质教育资源不断被放大。

基于对名校产生、演进的背景及名校集团化的实践认识，笔者认为，名校集团化是指在教育均衡发展背景下，以区域内优质学校为龙头，合理重组教育资源，以一体化办学或教育联盟的形式，建构有两所以上学校参与的学校发展共同体，以此充分发挥优质教育资源辐射功能，提升区域内学校整体发展水平的一种教育发展方式。

二 文献述评

本论文研究对象是"义务教育优质均衡发展的政策执行"，所以本文的文献主要是从"义务教育优质均衡发展""教育政策及其执行"这两个方面收集相关的研究资料，并对其研究现状与趋势进行简要的述评。由于教育政策是公共政策的分支，是伴随着公共政策的发展而发展的，因而研究者在相关部分的述评中也会涉及公共政策及其执行的相关文献。通过对相关文献的分析，较为系统地总结梳理前人的研究成果，理性省察当今该领域相关研究存在的问题，并对未来研究的方向进行预想与展望。

对于相关研究文献的取舍与选择，笔者主要通过 CNKI（中国知网）对中国期刊全文数据库、中国博士学位论文全文数据库、中国优秀硕士学位论文全文数据库进行计算机检索选取。CNKI 中国期刊全文数据库收录了自 1979 年以来的大部分期刊论文，中国博士学位论文全文数据库和中国优秀硕士学位论文全文数据库所选取的网络资源具有较好的代表性。同时，笔者通过人工检索的途径，对南京师范大学图书馆以及邻近大学图书资料进行文献检索，以丰富研究者对本研究现状的认识。

（一）义务教育优质均衡发展研究文献述评

1. 义务教育优质均衡发展研究文献的趋势分析

从近 15 年来以"教育均衡发展"为题名的书籍出版情况来看，我国对教育均衡发展的研究成果是非常丰富的，其中代表性著作包括《教育均衡论——中国基础教育均衡发展实证分析》①《教育均衡发展政策研究》②《义务教育均衡发展政策问题研究》③《义务教育均衡发展报告2010》④，等等；如果搜索的核心词语模糊一下"基础教育"和"义务教育"、"均等""公平"与"均衡"，则其研究的专著性成果就更为众多。从已出版的书籍来看，我国对义务教育均衡发展的研究表现出如下特点：一是早期的研究，多侧重于义务教育均衡发展的理论研究，偏向和喜好于研究义务教育均衡发展的价值基础。如教育平等思想、教育民主化思想、教育公平思想、资源分配理论等。应当说，这一时期的研究，为义务教育均衡发展政策的制定与执行奠定了良好的理论基础，使人们明晰教育平等的一般价值。二是关于义务教育均衡发展的问题研究，多为着眼于问题解决的实证性研究。这一范式的研究已成为该领域研究最具有现实意义与倾向的研究，其原因是随着义务教育在全国大部分地区实施后，"有学上"的问题不再突出，而"上好学"享受平等教育权利的需求与现实所处的教育环境之间的矛盾愈加尖锐。三是更多的研究者在研究方法上使用调查研究和个案研究的方法。他们试图以"陌生人"的角色置身于具体的研究场景中，亲身经历和感受义务教育均衡发展政策在某一区域真实的发生、运行及问题的遭遇。这既是义务教育均衡发展研究的本身需要，同时也体现了研究者对田野研究的重视。

在博硕士学位论文方面，笔者以2000—2014年为时间跨度，通过中国博士学位论文全文数据库，以"义务教育优质均衡发展"为题名进行检索，未有发现相关义务教育优质均衡发展的博士学位论文。通过中国优秀硕士学位论文全文数据库，以"义务教育优质均衡发展"为题名，查询到的硕士学位论文篇数为4篇，分别是李坤的《义务教育

---

① 翟博：《教育均衡论——中国基础教育均衡发展实证分析》，人民教育出版社1998年版，第68页。

② 朱家存：《教育均衡发展政策研究》，中国社会科学出版社2003年版，第89页。

③ 瞿瑛：《义务教育均衡发展政策问题研究》，浙江大学出版社2010年版，第45页。

④ 袁振国、田慧生：《义务教育均衡发展报告2010》，教育科学出版社2011年版，第106页。

优质均衡发展的问题研究——以江苏省为例》、肖浩宇的《区域推进义务教育优质均衡发展初探》、王维秋的《江苏省义务教育优质均衡发展初探》和梁淑丽的《义务教育推进优质均衡背景下名校集团化办学问题研究》。其撰写的时间多集中 2012 年后，其中 2012 年度 2 篇，2013 年度 2 篇。从博硕士学位年度论文情况来看，我国对义务教育优质均衡发展的研究始于 21 世纪第二个十年开始，此时也正是发达地区全面深入推进义务教育均衡发展之时，因而能够引起一些研究生对义务教育优质均衡发展的关注和研究，但从总体来看，深入进行义务教育优质均衡发展的研究人员不多。

在论文发表数量方面，以"义务教育优质均衡"为关键词进行检索，检索时间为 2000—2014 年，共检索到"义务教育优质均衡发展"相关论文 10416 篇。从各年度发表的论文情况来看，自 2006 年起，关于"义务教育均衡发展"的研究开始起步，并呈逐年上升趋势。至 2010 年出现集聚式增长，2013 年度相关研究论文达到 3125 篇，达到年度峰值。2014 年度论文数略有下降，但仍保持在 2000 篇以上。与之相对的是 21 世纪早期对此领域研究偏少，其中 2000—2006 年 7 年间论文数量只有 52 篇（见图 1-1）。

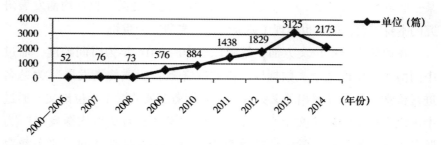

图 1-1 2000—2014 年各年发表的含"义务教育优质均衡"关键词的论文数量趋势

2. 义务教育优质均衡发展的内容评述

目前，围绕义务教育优质均衡发展的研究成果相当丰富。面对收集与检索到的数万份纷繁芜杂的文献资料，笔者对其分类，并主要从义务教育优质均衡发展的实质内涵研究、义务教育优质均衡发展的政策研究、义务教育优质均衡发展的案例研究、城乡义务教育一体化的研究、教育现代化的研究五个方面对其进行述评。

（1）义务教育优质均衡发展的实质内涵研究

义务教育优质均衡发展的教育理念是义务教育发展到一定程度的产物。对于义务教育优质均衡发展，我们需要先对其实质和内涵进行研究与了解。从 2010 年起，围绕此概念的研究有很多成果。杨启亮认为义务教育优质均衡发展的本质要义是兜底均衡，主要包含"兜底"均衡的资源配置保障、合格均衡的评价取向、体验均衡的教育关怀、特色均衡的差异发展四个方面①。冯建军认为义务教育的优质均衡是指适龄儿童、少年在接受义务教育的过程中，通过公平、合理地配置教育资源，实现个体的个性化发展。它是在优质均衡的基础上实现质量的优质，体现义务教育发展中"均衡""优质""特色"的要求，其中面向每一个人的资源均衡是基础，追求高质量的优质是核心，打造适合每个人的特色教育、促进个性的自由发展是目标②。均衡、优质、特色、个性共同构成义务教育优质均衡发展的价值取向，忽视任何一方面都会使基础教育发展失去核心的价值。由此可以看出，优质均衡已经是东部发达地区实现基础教育公平的更高要求，优质均衡更多的是强调实现教育质量上的均衡发展。义务教育优质均衡发展既包括国家统一标准的要求，也包含个体个性发展的需要，是国家质量标准和个性发展的统一，是教育质量底线均衡与特色均衡的统一，是在质量合格底线基础上的特色均衡、差异均衡。崔红菊认为义务教育均衡发展更多地应该体现在能给受教育者更均等的受教育机会和获得学业成功机会均等的教育条件，能够让每个人得到最大限度的发展③。在关于义务教育优质均衡仁者见仁智者见

---

① 杨启亮：《底线均衡：义务教育优质均衡发展的解释》，《教育理论与实践》2010 年第 1 期。

② 冯建军：《优质均衡：义务教育发展的新目标》，《教育发展研究》2011 年第 6 期。

③ 崔红菊：《义务教育均衡发展政策研究》，硕士学位论文，厦门大学，2009 年，第 39 页。

智的探讨中，我们也看到大家对义务教育优质均衡不同的认识与看法。冯建军从义务教育发展主题变换的角度给予义务教育优质均衡一个相对全面的定义。他指出，义务教育优质均衡发展，是义务教育发展主题的转换，是从外部的权利公平、机会均等、资源配置均衡，转换为教育内部的优质发展、内涵发展与质量提升。通过优质均衡发展，实现教育发展中的公平与效率、数量与质量、公平与发展的统一。义务教育优质均衡发展是义务教育"又好又快"发展的一种状态。优质均衡发展的前提是均衡，核心是教育结果的优质，基本要求是学校的内涵发展，根本方法是区域优质教育资源的共享①。陈学军认为，义务教育优质均衡发展不只是义务教育发展方式的转变，更是义务教育价值取向的调整，是为了实现所有人所有可能方面的发展。义务教育优质均衡不能局限于一域的均衡，而应该是一种大视野的教育理念。它并不是简单地意味着从资源均衡向"质量均衡"的转变，核心任务依旧是合理配置资源②。优质均衡对于政府来说是一种政府责任和法律要求，并不是简单的政策修辞，也不是一般的行政工作或政府对人民的恩惠。他认为义务教育优质均衡发展是一种基于法律，以人的发展为根本目的，以资源均衡配置为核心的大视野上的教育发展观。吴徐莉认为发展方式与价值取向是义务教育优质均衡发展的双重内涵。在发展方式上，优质均衡作为教育均衡发展的高级阶段，是建立在教育公平的理论基础之上的。这一阶段目标能够得以发展实现，需要以教育机会均等以及教育资源的合理配置为前提，从而使受教育者在基本均衡得到保障的基础上获得更进一步的提升与发展。在此基础上，教育优质均衡发展更要注重在均衡基础上实现教育质量的优质发展。在教育价值取向上，大众化的教育取向是实现义务教育优质均衡发展的有力保障。它强调教育在促进人的发展方面的作用与使命，要求教育从偏重教育的外在价值转向关注以人的发展为核心的内在价值。只有将教育工作着眼于人的发展，以人的发展的立场切实理

① 冯建军：《走向优质均衡：基础教育发展主题的转换》，《江苏教育研究》2010 年第 8 期。

② 陈学军：《义务教育优质均衡发展究竟是什么》，《教育发展研究》2012 年第 22 期。

解义务教育优质均衡发展的重要意义，才能够真正实现义务教育优质均衡发展的目标①。

（2）义务教育优质均衡发展的政策研究

近年来，由于一部分发达地区义务教育均衡发展进入优质均衡阶段，我国学者对义务教育优质均衡发展的政策日益关注，不同形式的研究成果数量颇多。邬志辉认为公平、质量和效率是新时期中国义务教育发展的基本价值追求，义务教育均衡发展政策的价值追求应体现"有质量的公平""有效率的质量"和"有人性的效率"②。在城镇化背景下，我国义务教育正面临城市人口过密化和乡村人口过疏化，城乡教育高成本和教育财力高需求，城乡结构三元化与家庭人口两地化等诸多挑战。义务教育优质均衡发展，需要外部制度与内部制度的双重变革，即改革教育外部的户籍制度、财政制度和问责制度，改革教育内部的管理体制、运行机制和评价制度，动态推进城乡义务教育一体化高位优质发展。张乐天通过对我国 21 世纪以来十余年推进城乡教育统筹发展政策变迁的梳理，认为城乡统筹背景下义务教育均衡发展政策制定不够完善，政策执行不平衡，义务教育均衡发展政策执行的资源不足，城乡统筹义务教育均衡发展依然存在"城市中心"的倾向，城乡统筹义务教育均衡发展还缺乏有效的政策监督与评估。推进义务教育优质均衡发展要加强城乡教育统筹发展政策执行的组织保障，要增强政策执行资源的供给与统筹配置，促进政策目标人群和利益相关者对政策执行的积极回应与参与，更进一步建立健全教育政策执行监督与评估制度③。

随着沿海经济发达地区相继实施义务教育优质均衡发展创建工程以来，多个地方出台了义务教育优质均衡发展的相关政策，有力地推动了义务教育更高水准上的均衡发展。如江苏省实施了"义务教育优质均

---

① 吴徐莉：《论义务教育优质均衡发展的价值取向调整》，《教育导刊》2014 年第 11 期。

② 邬志辉：《农村义务教育基本价值追求的政策表达》，《湖南师范大学教育科学学报》2011 年第 5 期。

③ 张乐天：《新世纪以来我国城乡教育统筹发展的政策审思》，《城乡教育一体化发展的国际经验与本土实践农村教育国际学术研讨会论文集》2014 年第一辑。

衡改革发展示范区建设工程"，浙江省杭州市启动了"名校集团化"计划，上海浦东新区全面推行委托管理，北京市实施了"大学区制"管理等。对于义务教育优质均衡的政策研究，以区域形式更大范围进行的研究，主要集中于这些先行先试的教育政策的执行研究。如肖浩宇通过案例分析比较研究的方式对苏、浙、沪三地义务教育优质均衡发展的现状进行了调查和分析，在肯定义务教育优质均衡发展"示范区建设""名校集团化"和"委托管理"三种均衡发展政策的良好效果基础上，指出了江苏示范区建设存在学校同质化发展，计划缺少针对性阶段任务，义务教育优质均衡发展指标体系不尽合理等问题；浙江"名校集团化管理"存在教育产业化倾向、重"输血"轻"造血"等缺陷；上海浦东在"委托管理"过程中出现学校间缺乏文化整合，忽视对委托方和第三方评估机构的教育中介机构的扶持，委托管理方无法实现持续发展等相关问题[①]。

刘善槐从系统论的角度对我国现阶段义务教育教师资源在城乡、区域间以及区域内的分布状况进行梳理，比较分析与综合研究，再现了教师资源在城乡间差距明显，在区域间分布不均，在区域内呈现典型的层级分布的真实现状，并对分布特征形成机制的原因进行反溯与剖析，提出了建立逆差序利益补偿制度，完善绩效评价制度等四大政策建议[②]。张旺、丁娟从城乡义务教育一体化的视角，对吉林省县域内义务教育阶段教师交流政策的执行情况进行了调查与分析，发现该省县域内义务教育阶段教师交流存在着政策实施区域差异大，多种交流模式并存，体制性障碍难以突破，政策刚性色彩浓厚，配套政策不够完善等诸多问题，提出了立法确定教师公务员身份，突破县域决策局限、统筹规划制定教师交流相关配套政策等政策建议[③]。这两者研究的共同之处在于研究者

---

① 肖浩宇：《区域推进义务教育优质均衡发展的多路径研究》，硕士学位论文，华东师范大学，2013年，第29页。

② 刘善槐：《我国义务教育阶段教师资源一体化配置机制研究》，《城乡教育一体化发展的国际经验与本土实践国际学术研讨会论文集》2014年第一辑。

③ 张旺、丁娟：《城乡义务教育一体化发展视域下的县域内教师交流政策研究》，《新城镇化背景下义务教育改革与发展机制研究学术研讨会论文集》2014年第一辑。

都深入研究场景进行了实证研究，从义务教育阶段教师流动政策出发去发现政策执行过程中遭遇的问题，并提出相应的政策建议。不足之处是此类研究缺乏政策过程的分析，对政策执行中人的能动性关注不多。邵泽斌通过对中国现阶段人口规模化流动引发城乡义务教育"三元结构"的形成进行研究，并对义务教育优质均衡阶段留守儿童与流动儿童的教育问题提出了相关政策设想①。司洪昌通过口述和田野调查，将人类学研究小社区的长处引进教育政策变迁的研究，在文本上构筑了一个小型社区教育变迁的历程，为人们提供了一幅国家、地方、村落和学校之间博弈互动的村庄教育变迁图景。该项研究运用了人类学民族志的研究方法，在研究方法上体现了研究视角的方法创新②。

上述有关义务教育优质均衡发展政策的研究，无论是从研究视角的选取，还是研究方法的运用，还是研究结论的析出，都具有一定程度的创新。从政策分析来看，在现实的政策活动过程中，各利益主体对政策过程有着不同的影响力。这取决于它们各自的政治权力和技术。利益集团间的相互作用是一个极为复杂的过程。各利益集团的资源和力量，组织与文化，与社会及政府的关系都会对政策活动产生作用与影响。政策的成功与失败，取决于各利益集团之间的博弈与选择。因而，对义务教育优质均衡发展政策的研究既要关注政策本身，也需要关注政策执行，更多而细致地对政策执行中关键因素"人"的行动进行研究，从而更好地深入昭示政策的实质③。

（3）义务教育优质均衡发展的案例研究

①江苏省义务教育优质均衡改革发展示范区研究

为推动义务教育优质均衡发展，江苏省教育厅及相关部门于2010年5月19日印发了《关于江苏省义务教育优质均衡改革发展示范区建设意见》，提出要把推进义务教育优质均衡发展作为教育改革发展重中

---

① 邵泽斌：《流动社会被唤醒的教育权——兼论我国城乡义务教育的三元统筹》，《城乡教育一体化发展的国际经验与本土实践国际学术研讨会论文集》2014年第一辑。
② 司洪昌：《嵌入村庄的学校》，博士学位论文，华东师范大学，2006年，第19页。
③ 陶学荣、崔运武：《公共政策分析》，华中科技大学出版社2008年版，第42页。

之重，把示范区建设作为推进义务教育优质均衡发展的重要抓手，明确了13个义务教育优质均衡改革发展示范区建设单位。此后，众多学者对江苏省义务教育优质均衡改革发展示范区建设进行研究，并获得了丰富的成果。喻小琴从政策文本分析的视角总结了江苏省义务教育优质均衡发展的基本特点：一是在学校办学上，探索出以"促农改薄"为重点推进义务教育优质均衡发展全面展开的实践路径；二是在学生受教育机会上，凸显对弱势群体学生特别关照的教育公平理念；三是在课程教学上，更加关注课程文化的打造与质量监测体系的构建；四是在教师资源配置上，促进了区域教师人力资源管理规划与教师合理流动、优质教师资源共享之间正向关系的建立[①]。李星云从江苏省义务教育优质均衡发展示范区建设的已有实践出发，反思总结了义务教育优质均衡建设中还存在城乡义务教育经费差距、城乡义务教育办学条件差距和城乡师资水平差距等现实问题[②]。姚继军以2012年3月颁布的《江苏省县（市、区）义务教育优质均衡发展主要指标》的评价要点进行架构，测度了义务教育优质均衡的发展思路，构建了省域义务教育优质均衡的发展体系，并论证了正向指标、逆向指标和适度指标的计算方法[③]。叶春生等就江苏县域义务教育优质均衡发展评估指标体系的主体框架及其核心要素进行分析，提出了教育机会均衡、资源配置均衡、教育结果均衡、教育投入和公共服务均衡四个义务教育优质均衡指标体系建构维度[④]。王维秋以泰州方言区义务教育优质均衡发展过程中的问题为脉络，提出了强化政策责任，健全义务教育保障机制；科学规划学校布局；优化资源配置；适时适地推进小班化教学；进一步促进教师队伍合理流动五个方

---

① 喻小琴：《江苏省义务教育优质均衡发展现状研究》，《教育发展研究》2012年第12期。

② 李星云：《城乡义务教育优质均衡发展进程中的问题研究》，《内蒙古师范大学学报》2012年第10期。

③ 姚继军：《省域义务教育优质均衡发展量化测度指标体系的构建——以江苏省为例》，《教育发展研究》2012年第22期。

④ 叶春生、史根林、邱白丽：《义务教育优质均衡发展：江苏县域评估指标体系的主体架构及核心要素分析》，《江苏教育研究》2013年第4期。

面的政策建议①。李坤在对江苏省大部分地区义务教育优质均衡发展模式进行分析的基础上，呈现了江苏省义务教育优质均衡改革发展示范区建设中的诸多可给予其他地区义务教育均衡发展启示的案例，如"名校＋弱校""名校＋民校""名校＋新校""教育联盟""教育集团"的多种模式并存的联合办学范式；"活动单导学""东庐模式""洋思经验""学本课堂""三案六环节"生态课堂等教学改革范式；教师交流、引育名师、校本研修、学历提升、名师工作室等教师发展范式；课程开发、一校一品、校本提升等差异发展范式等②。

以上学者从不同的角度，对江苏省义务教育优质均衡发展示范区建设进行了探讨和分析。

②义务教育优质均衡发展"北京共同体模式研究"

张熙、拱雪、左慧从北京义务教育均衡发展的复杂性与现实难题的角度对北京义务教育优质均衡发展进行学理分析，指出北京市义务教育优质均衡面临多样诉求导致目标多样、区位差异及其本身特殊性形成发展路径多元、改革发展方法束缚过多等诸多问题，从理论角度、实证角度、策略角度回顾了义务教育优质均衡发展"北京模式"的探索与实践，即形成了"经费保障、师资交流、生源调配、资源共享、扶贫济弱，质量监控和督导评估"等多层面的策略选择。并对义务教育优质均衡发展"北京模式"两个阶段进行了深入研究，总结了标准化阶段"标准引导、区县均衡、特色发展"三个特征，共享化阶段"公共服务、集团发展、保障支持"三个特征③。解艳华对北京市义务教育高位均衡发展的几种模式进行了归纳，主要有东城区"一长执两制"深度联盟模式，"城乡教育发展共同体"朝阳范本，海淀区的"学区携手工

① 王维秋：《江苏省义务教育优质均衡发展初探——基于泰州方言区的调查研究》，硕士学位论文，南京师范大学，2012 年，第 56 页。

② 李坤：《江苏省义务教育优质均衡发展模式与案例分析》，《江苏教育研究》2012 年第 5 期。

③ 张熙、拱雪、左慧：《义务教育均衡发展的"北京模式"研究》，《学术瞭望》2012 年第 12 期。

程"①。薛二勇根据美国政治学家、经济学家查尔斯·E. 林德布洛姆提出的渐进决策模型，综合利用冲突情景模型的理论与方法，对北京市基础教育名校办分校促进义务教育优质均衡发展情况进行调查研究，对试行学区化管理、学校联盟、对口合作、教师和校长交流制度，建立区县内义务教育均衡发展调整机制等进行政策分析，并提出了"深化管理体制改革，优化教育资源区域配置；建立长效合作机制，明确政府职能责任；制定支撑性政策，促进名校、分校共赢互利发展"的政策建议②。尹玉玲对北京市"名校办分校"的短期行为与长远建设进行剖析，提出了北京市"名校办分校"的政策思考。她认为"名校办分校"的政策设计初衷比较理想化，乃促进义务教育优质均衡的无奈之举，非改造基础薄弱学校的根本性措施；"名校办分校"不是扩大规模的问题，而是应该依法办学，全面转入质量监控阶段问题；分校建设是长期事业，乃系统之为，非一时之作与一校之力；分校不是名校的复制和翻版，而应有分校自己的个性与特色；名校与分校之间要深度融合，共同发展③。沙培宁对北京市东城区"学区制"多元治理相关制度体系及实践进行全面的案例研究，阐述了"学区制"改革致力于扩大优质教育品牌资源供给能力、公平公正分配优质资源的政策探索，及建立一个纵横联络、多元开放不囿于教育系统内部综合治理的义务教育优质均衡发展体系的政策构想④。孟夏则以一个学区建设者与实践者的身份，回顾了北京市朝阳区安贞里学区形成与发展的始末，分析了学区制建设过程中学校资源共享与个性化办学的发展思路，从中可以看出作者对学区化管理的教育内涵的追问、学区化管理价值与功能的定位，以及对当前学

---

① 解艳华：《北京义务教育均衡发展探索纪实》，《人民政协报》2012 年第 5 期。

② 薛二勇：《基础教育名校办分校的政策分析——基于北京市基础教育均衡发展政策的调整研究》，《教育科学研究》2014 年第 7 期。

③ 尹玉玲：《巡视与反思：北京市"名校办分校"的政策实施》，《中国教育学刊》2014 年第 9 期。

④ 沙培宁：《从"学区化"走向"学区制"——北京东城区推进"学区制"综合改革，凸显多元治理理念》，《中小学管理》2014 年第 4 期。

区化管理中的问题与对策的思索①。

③上海市义务教育优质均衡发展"复合供给""委托管理"的案例研究

吕普生对上海浦东新区促进教育优质均衡发展的模式进行解构，分析总结了相关的实践经验。其基本经验是，合理界定政府、学校、社会、市场及公民之间的职责边界，在发挥政府机制主导作用的同时，根据不同供给环节的特殊性，适切地引入了社会机制、市场机制和公民参与机制。具体包括如下方面：一是通过城乡二元并轨、委托管理和政府购买教育服务的方式，均衡资源配置，扩充教育提供能力；二是通过"管办评"联动机制和委托管理，将部分供给职能转移给社会和市场主体，在转变政府职能的同时大大增强对义务教育的管理能力；三是通过政府放权和家校协商合作，设计了有助于学校自主、多元、优质发展的制度框架，同时运用委托管理方式迅速提高薄弱学校的管理水平和教育质量，确保学校良好的生产效力。在浦东案例中，政府是义务教育主要出资者、学校举办者和间接管理者，公立学校在义务教育学校中占主导地位；非政府主体不仅是独立的教育投资者、学校举办者和教育服务生产者，还是部分学校的直接管理者。政府通过委托管理购买服务、家校协商共治、服务及监管等方式与非政府主体合作供给义务教育②。由此可见，政府与非政府主体之间形成了平等合作的伙伴关系，我们可以把浦东义务教育优质均衡发展的方式称之为政府主导型复合供给方式。沈亮以上海市南汇区为研究案例，从理论与实践出发，深入分析教育资源配置的问题，提出了上海市优化教育资源配置和促进义务教育优质均衡发展的策略。文中特别关注上海市郊区教育资源的合理配置，分别从教育经费的配置、教师资源的配置、择校问题以及新市民子女教育问题等诸方面进行阐述，试图从财政政策、教师政策、择校政策等角度发现上海城市之间优化教育资源配置的基本途径与方法，以期促进上海市义务

① 孟夏：《一个城市学区的创新与突围》，《人民教育》2014 年第 7 期。
② 吕普生：《以政府主导型复合供给推进义务教育优质均衡发展——来自浦东的供给经验》，《福建行政学院学报》2013 年第 6 期。

教育的优质均衡发展，满足人民群众日益增长的对优质教育资源的需求①。朱银辉通过一所学校的个案分析与比较分析，论述了委托管理中学校改造与变化的过程，以及对委托管理政策优化的构想。即：尊重学校历史，规划学校发展；尊重教育规律，稳妥推进改革；尊重师生个体，激发内在潜能；领会纲要精神，践行教育公平；发展办学特色，形成学校文化②。

（4）城乡义务教育一体化的研究

城乡教育一体化的发展，是促进教育公平，实现义务教育优质均衡发展的重要措施，也是国家中长期教育改革发展的重要目标。近年来，很多学者从不同的视角对城乡教育一体化进行深入研究。褚宏启以城乡二元结构作为理解城乡教育一体化思维的逻辑起点，认为城乡二元结构相对应存在着两种城乡教育二元结构形态。一是传统的以城乡巨大教育差距为特点的传统城乡二元结构的形态；二是伴随城市化进程而产生的城乡二元结构新形态——城市内部的城乡教育二元，即以城市内部教育双轨制为表现的以流动人口为代表的弱势群体边缘化。与城乡二元结构的两种形态相对应的城乡教育一体化也体现为两种类型，一是城乡间的（空间维度），二是城市内部的（人口维度），并认为广义的城乡教育一体化不仅要求缩小城市与乡村的教育差距，也要求缩小城市居民和农民工及其子女的教育差距③。孙阳春、赵爽以社会系统理论的视角观照城乡教育的一体化发展，他们认为城乡教育一体化是城乡教育系统的"结构一体化，功能一体化，制度一体化"。在城乡教育一体化进程中，应防止三种倾向。勿忽视一体化进程中城乡教育系统的"自我参照"，勿忽视一体化进程中的城乡教育系统的"系统差异"，勿忽视一体化进

① 沈亮：《城市郊区教育资源优化的探究——以上海市南汇区为例》，硕士学位论文，上海交通大学，2008年，第38页。
② 朱银辉：《上海市薄弱学校委托管理实践探索——以龙华中学为例》，硕士学位论文，上海师范大学，2012年，第66页。
③ 褚宏启：《教育制度与城乡一体化——打破城乡二元结构的制度瓶颈》，《教育研究》2010年第10期。

程中的城乡教育系统的"自组织运作"①。高莉、李刚则从城乡教育一体化背景下办学体制改革的模式与类型的分析入手，提出城乡教育一体化办学体制改革的思考与建议。他们研究发现，城乡教育一体化背景下现存的办学模式有如下几种：一是"捆绑式发展"，即"单法人，多校区"模式；二是结合式发展，即"多法人，多学校"结构模式；三是委托式管理，即"所有权与经营权分离"结构模式；四是独立于城乡教育体制外的打工子弟学校。针对现有模式，他们提出了"多元办学，扩展城乡教育资源；多校合作，建立城乡教育互惠体制；弱势倾斜，完善委托管理体系"等政策建议②。杨卫安、邬志辉对城乡教育一体化与城乡经济一体化进行对照比较研究，他们认为，当前城乡一体化存在着从经济领域向教育领域移植的倾向，但两者也表现出明显的差别，具体体现在其活动领域、二元结构的形成过程、同质化程度几个方面。正是这些不同决定了城乡教育一体化建设应该是以政府为主导的强制性制度变迁，并且需要相关的教育要素的交流、互补与共享③。此外，张爽、孟繁华、陈丹等人对北京城乡学校一体化发展模式进行探究，提出形、构、质是城乡学校一体化管理模式的核心要素，依据形、构、质三者统一程度，将城乡学校一体化分为五种模式，即异形异构异质模式、同形异构异质模式、同形同构异质模式、同形同构同质模式和特色优质模式，并提出城乡学校一体化发展路径即是从异形异构模式走向特色优质模式④。魏峰基于对西南 Q 县的田野研究对城乡学校"捆绑发展"模式进行了解读和反思，指出该种模式在帮扶组织的形式、权力结构、受援学校的办学自主权以及经费保障方面存在问题，并对教育行政部门在

---

① 孙阳春、赵爽：《社会系统理论视角下"城乡教育一体化"再认识》，《当代教育科学》2012 年第 4 期。

② 高莉、李刚：《城乡教育一体化背景下的办学体制改革研究》，《教育科学研究》2011年第 6 期。

③ 杨卫安、邬志辉：《移植与创新——城乡教育一体化与城乡经济一体化的差别研究》，《教育理论与实践》2014 年第 10 期。

④ 张爽、孟繁华、陈丹：《城乡学校一体化发展模式探究》，《中国教育学刊》2013 年第 8 期。

"捆绑发展"中应扮演的角色、名校经验如何适应农村薄弱学校以及农村薄弱学校如何保持自主性等问题进行反思与建议①。曹原、李刚从破解城乡教育一体化的制度瓶颈出发，提出了城乡教育一体化视野下教师人事制度重建可能策略，一是要完善教师补充机制，二是要优化教师城乡交流机制，三是要重建教师培训机制②。张乐天教授从城乡教育一体化目标分解出发，对现阶段我国推进城乡教育一体化的实施路径进行探究。他认为现阶段我国城乡教育一体化目标可分解为：城乡义务教育发展的一体化、城乡学前教育发展一体化、城乡职业教育发展的一体化和城乡继续教育发展的一体化。推进城乡教育一体化的路径选择，一要继续加强对农村教育发展的支持，二要深化教育体制改革，三要分步推进与统筹兼顾，四要试点先行③。

（5）教育现代化的研究

20 世纪 90 年代初期，珠江三角洲地区率先提出要实现教育现代化。接着，江苏也提出了实现教育现代化的目标。从此，关于教育现代化研究逐渐丰富起来。顾明远认为，教育现代化是社会现代化发展的必然要求，也是社会现代化的组成部分。社会现代化和教育现代化是一个相伴发展的历史过程。教育的民主性和公平性、教育的终身性和全时空性、教育的生产性和社会性、教育个性与创造性、教育的多样性和差异性、教育的信息化和创新性、教育的国际性和开放性、教育的科学性和法制性是教育现代化的基本特征④。

刘小龙从中国社会环境分析的角度阐述了现代社会环境对教育现代化的影响以及价值困惑。一是开放环境使教育现代化的目标取向在国外教育目标参照下，面临比较与选择、认可与质疑的困境；二是竞争环境

---

① 魏峰：《在"捆绑"中如何发展——对西南 Q 县城乡学校"捆绑发展"模式分析》，《教育理论与实践》2012 年第 10 期。

② 曹原、李刚：《城乡教育一体化视野下的教师人事制度重建》，《教育科学研究》2011 年第 5 期。

③ 张乐天：《城乡教育一体化：目标分解与路径选择》，《复旦教育论坛》2011 年第 9 期。

④ 顾明远：《试论教育现代化的基本特征》，《教育研究》2012 年第 9 期。

使教育现代化的目标在激励中既易于攀升也易于短浅；三是传媒环境使教育现代化的目标取向在信息涌动中既有利于选择又难以深化；四是多样环境使教育现代化的目标取向呈现出个体差异性而难以统一①。易红郡以文化透视的方式，深度考察与分析了英国实施教育现代化的路径，并努力阐明教育现代化与文化传统之间的内在联系。研究认为，在实现教育现代化的过程中，要从我国教育发展的现实需要出发，正确对待民族的文化传统，发掘和弘扬优秀的传统文化，同时也需要积极吸收世界各民族的文化成果，借鉴先进的办学经验，建设有特色的中国现代教育制度②。李祖超认为日本是教育现代化里程最短的国家。日本教育现代化的宝贵经验主要表现在如下方面：一是政府与全社会高度重视教育，实施"教育立国"战略；二是重视对教育的经费投入；三是将发展教育与发展经济紧密结合；四是重视教育立法，为教育快速健康发展创造条件；五是大力支持私立教育，实现教育大规模迅速扩张；六是吸收东西方文化精华，注重教育对外开放；七是重视职业教育，强调产学合作教育，注重学生的技能培养③。

李亚娟以佛山市为个案，对区域教育现代化建设目标与路径进行探讨。她认为区域推进教育现代化要关注教育现代化目标的动态性、阶段性、适切性和针对性；建设路径要坚持自上而下和自下而上相结合，注重发挥政府在教育现代化建设中的主导性和人民群众的创造性；在建设观上要处理好教育均衡与优质、教育公平与效率、教育封闭性与开放性、教育规范化与多元化的关系④。陈琳在回顾江苏 20 年教育现代化建设历程的基础上，着重分析了江苏省组织实施教育现代化工程试点，

---

① 刘小龙：《试论我国教育现代化价值取向的困惑及其人本回归》，《教育探索》2010 年第 11 期。

② 易红郡：《英国教育现代化的文化透视》，《湖南师范大学教育科学学报》2009 年第 5 期。

③ 李祖超：《日本的教育现代化之路及其对中国的启示》，《清华大学教育研究》2004 年第 3 期。

④ 李亚娟：《区域教育现代化建设经验的进一步思考》，《中国教育学刊》2012 年第 1 期。

确立教育优先发展，科教兴国战略和教育现代化"两步走"战略，并对江苏教育现代化建设的路径创新做了写实性的描述①。

邱白莉通过国际比较与实证考察，根据江苏当时教育的发展现状，结合已有的教育现代化指标体系，对苏州现代化教育指标体系进行深入分析，建立起一套在江苏省范围内不同区域都适用的区县教育现代化指标体系，促进了江苏省教育现代化的发展②。陆岳新从创新评估机制视角，研究了江苏教育现代化顶层设计的思路与策略以及县域教育现代化的具体实践。他认为江苏教育现代化指标体系可分为有学上、上好学、优而学三大板块。从实践层面来说，一是要以普及发展为目标树立教育现代化建设的新标尺，二是要以优质均衡为核心实现教育现代化建设的新要求，三是要以制度保障为重点创新教育现代化建设的新机制③。

从我国当前对义务教育优质均衡研究的整体情况看，可以说关注的学者众多，研究的成果丰硕，研究的方法也是多种多样，但我国对义务教育优质均衡发展的研究更多的是实践层面上的现象研究，还缺乏更深层面的理论探索。因而，我国今后的义务教育优质均衡发展的研究应在注重义务教育优质均衡发展研究的实证性分析的基础之上，不断加强对义务教育优质均衡发展研究理论的创新与建构，加强对义务教育优质均衡发展的政策制定与政策执行研究等。

（二）教育政策及政策执行研究文献评述

1. 教育政策及政策执行研究文献的现状与趋向

西方国家对公共政策和政策执行的研究早于我国。1951 年，美国政治学家拉斯韦尔的《政策科学：在范围和立法上的最近发展》一书，标志着政策研究从政治学中的分离。书中首次对政策科学的概念及其体系进行较为详尽的陈述，政策科学的理论框架逐步确立。20 世纪 60 年

---

① 陈琳：《省域教育现代化的探索与实践——以江苏省为例》，《中国教育学刊》2013年第 11 期。

② 邱白莉：《教育现代化指标体系比较研究——江苏省教育现代化指标体系研究》，南京师范大学，博士论文，2006 年，第 16 页。

③ 陆岳新：《江苏县域教育现代化建设与评估的实践》，《上海教育评估研究》2012 年第 1 期。

代至 70 年代，美国学者德罗尔以连续三部曲的方式相继出版了专著《重新审查公共政策的制定过程》《政策科学探索》和《关于政策科学的构想》，为政策科学的发展铺设了基础。但是，这一阶段政策科学的研究往往注重于完善政策方案、优化政策模型等方面的探索。20 世纪70 年代，首本政策执行研究的专著《执行——华盛顿的宏大期望是如何在奥克兰破灭的》标志着政策执行研究的开始。自此，更多的研究者涉猎政策执行领域，并渐趋形成这一领域的研究热潮，政策科学的研究开始从理论走向理论与实践的融合。阿兰·奥登（Odden Allan R.）的《教育政策执行》[①]、拉雷·N. 格斯顿的《公共政策的制定——程序与原理》、福勒的《教育政策学导论》[②]、德罗尔的《逆境中的政策制定》[③]、英国的斯蒂芬·鲍尔的《政治与教育政策制定——政策社会学探索》[④] 等一系列学者的专著出版，政策科学的研究出现了百家争鸣的繁荣景象。

　　随着政策科学研究在全球的深入发展，我国的政策研究也于 20 世纪 80 年代开始起步。从专著出版的脉络来看，我国教育政策及政策执行研究的发展大体上可以分为三个阶段，即兴起阶段（1985—1994年）、初步发展阶段（1995—1999 年）、纵深发展阶段（2000 年至今）。其中初步发展阶段出版的两本教育政策专著对我国的教育政策研究而言具有开创性的意义，其一是袁振国 1996 年主编的《教育政策学》，其二是孙绵涛 1997 年主编的《教育政策学》。21 世纪后，相关教育政策及教育政策执行的研究逐步丰富，出现了大批学术专著。《教育政策的经济分析》（曾满超，2000）、《教育政策法规的理论与实践》（张乐

---

① Odden Allan R. : Education policy Implementation state University of New York Press, 1991.

② ［美］弗朗西斯·C. 福勒：《理解公共政策》，许庆豫译，江苏教育出版社 2007 年版，第 72 页。

③ ［美］叶海卡·德罗尔：《逆境中的政策制定》，王满传等译，上海远东出版社 1996 年版，第 68 页。

④ ［英］斯蒂芬·鲍尔：《政治与教育政策制定——政策社会学探索》，王玉秋译，华东师范大学出版社 2003 年版，第 65 页。

天，2002）、《教育政策与教育法规》（吴志宏，2003）、《教育政策的价值分析》（刘复兴，2003）、《农村义务教育——税费改革下的政策执行》（张强，2004）、《利益表达——教育政策的决策模式研究》（祁型雨，2006）、《教育政策执行研究——以进城就业农民工子女义务教育政策执行为例》（周佳，2007）、《弹性与韧性——乡土社会民办教师政策执行的民族志》（魏峰，2009）、《教育政策执行研究——一种制度分析的范式》（邓旭，2010）等。从这些研究成果看，我国的教育政策及政策执行研究表现出如下的发展态势：一是多学科融入。在教育政策学的学科基础上，政治学、经济学、人口学等诸多学科理论为其所用，教育政策学研究的内涵不断丰富。二是政策执行的研究受到更多的关注。21 世纪以来政策执行研究的代表性专著有《公共政策如何执行》（赵凯龙，2003）、《政策运行过程研究》（刘雪明，2005）、《博弈：公共政策执行力与利益主体》（周国雄，2008）《中国公共政策执行中的利益关系研究》（谢炜，2009）、《政策执行论》（朴贞子等，2010）等。三是关于教育政策及政策执行研究方法趋于多元。如在以往文献法、调查法等一些方法基础上，近年在政策执行研究领域出现人类学、民族志等一些新的研究方法。

从学位论文来看，笔者以 2000—2013 年为时间跨度，通过中国博士学位论文全文数据库，以"教育政策"为题名检索到博士学位论文61 篇，以"政策执行"为题名检索到博士学位论文 18 篇。最早以"教育政策"为题名的博士学位论文是周彬的《教育政策基础的经济分析》（华东师范大学，2003 年）和祁型雨的《利益表达与整合——关于教育政策的决策模式研究》（华中师范大学，2003 年），最早以"政策执行"为题名的博士学位论文是王国红的《政策执行中的政策规避研究》（中共中央党校，2004 年），最早以"教育政策执行"为题名的博士学位论文是毕正宇的《教育政策执行模式研究》（华中师范大学，2006年）。通过中国优秀硕士学位论文全文数据库检索，检索时间跨度从2000 年到 2013 年，以"教育政策"为题名的硕士学位论文有 289 篇，以"政策执行"为题名的硕士学位论文有 454 篇。从博士、硕士学位论文来看，我国关于"教育政策"和"政策执行"的研究的总体发展趋势为：一是教育政策及政策执行研究涉及的领域不断扩展，涵盖高等教育、基础教育、学前教育和职业教育等众多领域；二是教育政策执行研究的论文数量增长迅猛，特别是 2011 年后相关教育政策执行研究的论文数量逐年递增；三是就我国政策科学而言，其体系建构时间较晚，发展迅速，但凸显中国特色，有自己的系统理论方法的政策科学研究尚未大面积展开，我国政策科学的研究尚处于学习借鉴与前期摸索阶段。

从发表的学术论文研究趋势来看，通过对中国学术期刊网络出版总库检索 2000—2013 年的全文数据，共检索到以"教育政策"为题名的论文 2241 篇，以"政策执行"为篇名的论文 1775 篇（检索时间：2014 年 10 月 6 日）。2001 年王世忠的学术论文《关于教育政策执行的涵义、特征及其功能的探讨》是大陆第一篇以教育政策执行为题名的研究性文献①（见图 1 - 2）。

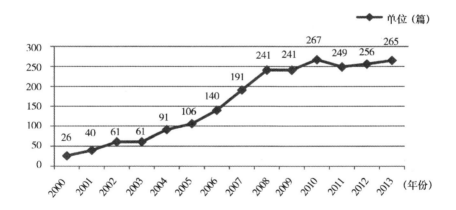

图 1 - 2 2000—2013 年各年发表的以"教育政策"
为篇名的论文数量趋势图

---

① 王世忠：《关于教育政策执行的涵义、特征及其功能的探讨》，《湖北教育学院学报》2001 年第 1 期。

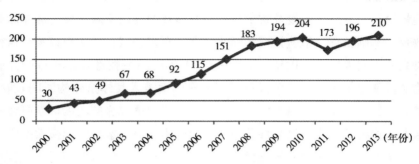

图1-3　2000—2013年各年发表的以"政策执行"
为篇名的论文数量趋势图

2005—2009年，有关"政策执行"文章每年有100余篇；至2010年，有关政策执行的文章突破200篇，2013年达到峰值210篇（见图1-3）。因文献检索截至时间为2013年，2014年及其后的论文未纳入检索范围，加之相关数据库资源建设正在不断建设完善之中，所以2014年及其后相关"政策执行"的研究论文可能会超过现行收集的数据。从图1-2可以看出，2000年到2013年相关"教育政策"研究论文总体态势呈逐年增长趋势。2000年至2004年，相关"教育政策"研究的论文尚属初步探索阶段，每年论文量均未过百篇；从2005年开始，呈直线上升态势，至2010年达到峰值267篇。2008年至2013年，"教育政策"研究的文章呈高位均衡状态，每年均在250篇左右。从图1-3可以看出，相关"政策执行"的文章总体态势与相关"教育政策"研究的文章情况相似。自2000年到2013年，总体呈正增长趋势。从2000年到2010年，论文数量每年有所增长，至2010年达到峰值204篇，2011年略有回落，2012年、2013年又呈上扬趋向。由此笔者认为，2000年至2003年，教育政策及政策执行领域，仅有少部分研究者涉足。从2004年起，越来越多的研究者开始专注于该领域的探索，并于2008年起至今形成持续不减的研究热潮，我国教育政策及政策执行的研究进入了活跃且富有生命力的探索阶段。

从国内外相关政策执行及教育政策研究的发展态势来看，政策执行的研究越来越受到研究者的青睐，其研究人员、研究成果均已超过了政策制定与决策的研究。这一方面说明研究者对政策的研究逐渐由关注表象走向关注过程，同时也说明政策执行的研究尚属少有人至的领域，其理论与实践都需要进一步深入地探究与剖析并完善。我国的政策执行及教育政策的研究相对于西方该领域的研究而言，起步较晚，但发展快速。仅从研究成果来看，我国政策执行及教育政策的研究已经成为当今政策科学研究人员重点关注的领域。

2. 教育政策及其执行研究文献的内容述评

从当前政策研究来看，学者们多从理论和实证两个方面出发，展开对政策的研究。从理论出发的研究，往往集中于政策本身的概念、特征、功能及要素研究；从实证出发的研究，学者们多集中于政策执行过程的研究，更多地关注政策执行中问题的发现、影响政策执行因素的分析以及政策实践模式的构建。前者侧重于理论，后者偏向于应用。但在很多的政策研究成果中，我们很难泾渭分明地把二者分开，进行孤立而片面的研究，因为政策理论与政策实践往往是关联在一起的。所以，笔者从现有的相关政策研究的文献出发，从教育政策的原理、教育政策的制定及决策模式、教育政策执行及教育政策评估四个方面，展开内容述评。

（1）关于教育政策的原理研究

原理是某门学科建设的基础，教育政策作为一门新兴的学科，从其诞生之初，相关原理的研究便相伴而生。在教育政策及政策执行原理的探索与研究过程中，很多学者作出了富有建设意义的贡献。孙绵涛的《教育政策学》（1997）一书，是我国较早出版的教育政策学专著之一，该书从教育政策的本质、教育政策的价值和国家教育政策的体系等理论进行探讨，提出了关于教育政策分析主要包括教育政策内容、教育政策过程、教育政策结果、教育政策价值及教育政策的环境分析的理论框架。袁振国的《教育政策学》（1996）一书，全面系统地介绍了教育政策学的内容、特征以及影响教育政策制定的主要因素等，涵盖了教育政策问题的认定、教育政策的能力限度、教育政策的制定模式、教育政策分析、教育政策执行与教育政策评价诸多方面。张乐天教授的《教育政策法规的理论与实践》则从理论与实践并重的角度，诠释了教育政策法规的理论体系与实践建构。在理论篇中，该书界定了教育政策法规的含义，描述了教育政策法规的体系与特征，分析了教育政策、法规的价值基础，并在此基础上呈现了教育政策、法规制度、执行与评价模型。在实践篇中，该书回溯了我国教育的基本政策、法规的沿革，并对具体的教育政策、法规给予建设性的概述。以上三本专著，系统而全面地论述了我国教育政策学的基本理论与建构体系，是较早出现的研究教育政策学的学术专著，对教育政策学在我国的发展具有奠基与引领的作用。

在对教育政策原理的研究方面，研究者主要从教育政策的公平、法制、科学、效律与伦理等方面开展研究。祁型雨的《利益表达与整合——教育政策的决策模式研究》①，把教育政策看作是对教育利益的分配与调节，运用国外公共政策分析模型理论来展示人们对教育政策制定性质的不同看法。他的另一著作《超越利益之争——教育政策的价值研究》运用价值哲学的方法，从教育政策价值主体和价值客体着手，论述教育政策主体价值取向、主体之间的价值关系和价值利益关系，以及教育政策的属性、教育政策的制定、执行和评估等政策过程②。杨颖秀的《教育决策科学化民主化研究》对教育决策科学化、民主化的有关理论问题进行分析，探讨了实现教育决策科学化、民主化的机制问题，论证了教育决策组织机构、教育决策程序、教育决策方法、教育决策法治手段是影响教育决策科学化、民主化重要机制的构成要素；反思了教育决策科学化、民主化的历史嬗变，对未来教育决策科学化、民主化的发展态势进行了预测③。

---

① 祁型雨：《利益表达与整合——教育政策的决策模式研究》，人民教育出版社2006年版，第36页。

② 祁型雨：《超越利益之争——教育政策的价值研究》，高等教育出版社2003年版，第56页。

③ 杨颖秀：《教育决策科学化民主化研究》，东北师范大学出版社2001年版，第54页。

朱永坤认为，教育政策在实现教育公平中扮演着重要的角色，教育政策是解决教育公平问题的出发点。研究者从伦理学的角度来分析教育政策，主张教育政策公平性是教育公平问题解决的立足点①。王举认为教育政策活动中对教育公平的价值追求，一方面需要更新理念、创新机制、健全法制、完善制度、建立公共教育政策体系；另一方面，需要在教育政策的制度、执行和评估等主要阶段分别着力于教育公平价值的认同、选择、实现和确立②。刘欣以基础教育为研究对象，从我国教育公平发展的实际出发，研究基础教育政策中的教育公平问题，对教育政策的公平机制进行深入的分析，梳理和界定了教育政策与教育公平的关系，阐明影响和制约教育公平的政策性因素，并且提出建设基础教育政策公平机制的设想③。

（2）教育政策的制定及决策模式研究

没有教育政策制定的科学化与民主化，就不会有教育政策良好而有效地运行。近年来，我国研究者在教育政策制定及决策模式研究方面也取得较为显著的研究成果。谢春风分析了我国教育行政决策面临的道德困境，确定了"推进教育行政组织及管理者决策的伦理水平，探索行政决策伦理取向，建构教育行政决策伦理价值标准"的研究目标，调查了我国教育管理伦理现状，对民国时期流动儿童教育政策，特别是对改革开放以来我国流动儿童的教育政策进行解读和伦理分析。并倡导建立教育决策"伦理相关动机观""伦理相关社会成就观"和"底线公平伦理观"，从而构建科学的教育行政决策伦理准则④。李树峰认为宏观教育政策决策程序是国家基本国策制定程序之一。该程序是否健康，取

① 朱永坤：《教育政策公平性研究——基于义务教育公平问题的分析》，博士学位论文，东北师范大学，2008年，第36页。
② 王举：《论教育政策的价值基础——基于政治哲学的视角》，博士学位论文，华东师范大学，2013年，第29页。
③ 刘欣：《由教育政策走向教育公平——我国基础教育政策公平机制研究》，博士学位论文，华中师范大学，2008年，第99页。
④ 谢春风：《我国教育行政决策的伦理困境与出路——基于流动儿童政策的伦理分析》，博士学位论文，北京师范大学，2011年，第79页。

决于教育政策决策利益相关者之间的关系状态，取决于教育政策问题的合理性分析，取决于教育政策方案的针对性和真实性。他认为宏观教育政策决策的核心是教育政策利益相关者，它包含政策决策者、政策执行者、政策受众者、政策非受众者、政策反馈者和政策评价者等群体[①]。孙艳霞以当代中国教育系统中存在的失范和无序——义务教育城乡差距为出发点，从教育政策的平等与人性等道德维度，对农村义务教育政策产生与制定进行分析。她认为中国义务教育城乡差距的根本原因是存在一种使农村教育无法自我生长的政策性因素，教育政策制定在制造教育贫困与教育差距方面有着不可回避的影响。城乡差距是教育政策制定道德失范的集中表现，它直接指向教育政策系统内在意义系统法则的破坏与失落，是教育政策本身内在"道德理由"和意义系统的缺失。教育政策制定应从道德的角度出发[②]。丛培娟通过对我国民办高等教育政策制定过程的研究，揭示了民办高等教育政策制定过程中存在的政策滞后性、民办高校缺乏办学自主权、经费政策缺失、产权界定不明晰等问题。并提出了明确民办高等教育政策的程序和标准、改革与创新管理体制、限定民办高校校长人选资格、引进民办高校与公办高校的公平竞争机制、建立利益回报机制、实施合理经费政策和产权政策等政策建议[③]。从上述研究来看，这类研究大多是从公共政策决策理论角度进行的研究，而对我国具体的教育政策制定过程、影响政策制定相关因素的研究不多。后续的研究需要加强对我国教育政策制定的具体化和个性化的研究，从而探寻与发现我国教育政策制定与决策模式的现实路径。

（3）教育政策执行研究

关于政策执行模式研究，西方研究者较早涉猎此领域。1973 年，美国政策研究学者史密斯（T. B. Smith）在《政策执行研究》中提出"政

---

① 李树峰：《宏观教育政策决策研究》，博士学位论文，华东师范大学，2009 年，第 62 页。

② 孙艳霞：《教育政策道德性研究——义务教育城乡差距的归因与路径探析》，博士学位论文，东北师范大学，2006 年，第 48 页。

③ 丛培娟：《我国民办高等教育政策制定中存在的问题与改进建设》，硕士学位论文，东北大学，2010 年，第 28 页。

策执行的过程模式"。1975 年，D. S. 范米特和 C. E. 范霍恩在其代表作《政策执行过程：一个概念结构》中提出了"政策执行机关互动模式"。1978 年，马丁·雷恩和弗兰西斯·F. 拉宾挪维茨（Martin Rein or France F. Rabinovitz）发表的《执行的理论观》中，详尽地剖析了"政策执行的循环模式"①。我国研究者在西方公共政策执行模式研究基础上，对我国教育政策的执行模式进行广泛的探索。毕正宇在分析重构我国教育政策执行模式社会背景的基础上，提出了我国教育政策执行的新模式"参与式互动链模式"。并分析了构成教育政策执行模式三大主要因素的种种弊端，提出了建构教育政策执行的参与式互动链模式的具体策略②。李孔珍认为整体推进模式是我国公共基础教育政策执行的主要模式，其基础是"自上而下，以县为主"的公共基础教育政策执行体制，其内涵特征表现为精英主义和因地制宜，其优势在于能够发挥精英的力量并重视县域基层的根基作用，其缺陷表现为执行失真现象和利益平衡问题时有发生③。邓凡认为我国传统"线性"教育政策执行模式面临着很多新问题、新挑战，并提出"政策网络模式"。他指出，"政策网络模式"扩大了教育政策执行主体，丰富了教育政策执行工具，改善了教育政策执行信息传递的路径，有利于建立有效的网络化管理机制④。

在政策执行机制研究方面，周国华从农民工子女教育政策执行的社会现实出发，探讨了教育政策执行的四种机制：政策认识的差异机制、政策利益的博弈机制、权力对策的重塑机制和"关系"在政策中的嵌入机制。他认为，这四种机制相互联系、共同作用，形成了一个从政策文本到地方策略的中国式政策执行的机制模型⑤。杨锋提出了"扩大公

---

① 袁振国：《教育政策学》，江苏教育出版社 2001 年版，第 294—303 页。
② 毕正宇：《教育政策执行模式研究》，博士学位论文，华中师范大学，2006 年，第 39 页。
③ 李孔珍：《我国基础教育政策执行：整体推进模式》，《中国教育学刊》2010 年第 11 期。
④ 邓凡：《我国新型教育政策执行模式构建的路径选择》，《华南理工大学学报》2014 年第 2 期。
⑤ 周国华：《教育政策执行机制研究——一个解释性分析框架》，《教育学术月刊》2014 年第 5 期。

共政策执行主体机制，完善民主参与机制，优化权力配置机制，塑造有力的监督控制机制"四种创新机制①。叶敏、熊万胜通过对 XZ 区新农村建设经验的检视，建构了政策执行的"示范机制模型"的理论，他们认为"示范机制模型"的要素包括：示范创制者、示范执行者、示范框架、示范点、推广对象和示范效果②。宁国良建构了"五位一体"的公共政策执行机制，即信息沟通机制、公民参与机制、政策激励机制、责任追究机制、执行监督机制③。

在政策执行手段研究方面，郑振宇提出了公共政策执行的行政手段、经济手段、法律手段、科学技术手段和宣传教育手段，主张在选择确定公共政策执行手段时应遵循"以人为本"原则，注意控制执行手段操作成本，充分考虑我国的人文、社会、政治等环境，获得既能有效实现政策目标，又不付出较大成本的政策手段④。陈振明提出了政策执行的行政手段、法律手段、经济手段和思想诱导手段⑤。从上述研究来看，政策执行手段的选择对政策目标的实现意义重大，政策执行活动的复杂性，决定了政策执行手段的多样性及政策手段选择的综合化。

在对政策执行过程的研究上，袁振国认为教育政策执行过程一般包括政策理解、制订执行计划、组织落实、政策宣传、具体实施、监督检查、政策执行调整、政策执行总结、巩固提高等环节⑥。近年来，我国学者更多地关注政策执行过程中政策的失真与偏差现象，并从中探究其影响因素。袁振国认为，导致教育政策失真的主要原因实际上归属于教育政策本身的缺陷和政策执行者的问题。为了减少和避免教育政策的失真，一是加强教育政策制定的科学性，使之不仅有一般指导原则，而且

---

① 杨锋：《论构建有效的公共策略执行机制》，《辽宁行政学院学报》2008 年第 2 期。
② 叶敏、熊万胜：《"示范"：中国式政策执行的一种核心机制》，《公共管理学报》2013 年第 4 期。
③ 宁国良：《论公共政策执行机制问题》，《求索》2004 年第 6 期。
④ 郑振宇：《我国公共政策执行手段的选择、确定问题及改进》，《西藏民族学院学报》2004 年第 1 期。
⑤ 陈振明：《政策科学——公共政策分析导论》，中国人民大学出版社 2003 年版，第 35 页。
⑥ 袁振国：《教育政策学》，江苏教育出版社 2001 年版，第 218 页。

也有针对各类地区环境因素的特殊考虑；二是根据各项教育政策对执行人员的一般素质和专门知识能力的要求，通过各种有效手段和形式，加强对各级各类执行人员的培训和教育，以满足政策执行对合格执行人员数量和质量上的需求；三是教育政策执行应实行某种程度上的集权化，使地方政权结构或下层执行者不具有政策执行的全权；四是建立健全政策执行的监督系统；五是加强教育科学研究和教育发展规划研究；六是加强各项教育政策及其执行情况的宣传报道；七是重视吸取以往教育政策失真的教训，利用"头脑风暴法"，积极预测各种可能发生的政策失真，增强防范意识①。孙绵涛指出教育政策执行偏差有五种表现形式，即教育政策的偏离、教育政策的表面化、教育政策的扩大化、教育政策执行的缺损和教育政策被替换②。刘春梅认为当前我国正处在进行教育改革的探索阶段，还不可能使社会教育资源达到最合理的分配状态，教育政策的制定和执行是在不断的利益博弈中完成的，并力求向最优分配状态接近。在教育政策执行过程中，要不断地调整和变迁教育政策，从根源上减少利益之争，还要在旧政策的沉淀与新政策生成过程中不断提高政策主体对政策执行的认识，使政策规划的内容和预设目的能够在实践中达成价值一致，有效提高教育政策执行力和实施力③。侯云运用政策网络理论，通过观照政策网络视角和途径，客观呈现了流动儿童义务教育政策执行的困境，分析了政策执行网络主体间的相互依赖与冲突，展示了流动儿童义务教育政策执行的复杂性④。庄西真认为教育政策执行在内容和方法上，很大程度受到其行为发生的社会环境及其关系结构的影响，在选择不同的政策工具时，不但要考虑到其所嵌入的社会结构脉络可能对教育政策工具所依赖的治理结构所产生的影响和制约作用，也要考虑这些政策工具所依存的治理结构与现实政策共同体关系结构之

---

①　袁振国：《教育政策学》，江苏教育出版社 2001 年版，第 236 页。

②　孙绵涛：《教育政策学》，中国人民大学出版社 2010 年版，第 194—197 页。

③　刘春梅：《失衡与制衡：教育政策执行的困境与消解》，《教育研究与实验》2011 年第 4 期。

④　侯云：《流动儿童义务教育政策执行的复杂性》，《教育科学研究》2012 年第 7 期。

间的适配性①。

(4) 教育政策评估研究

教育政策评估是教育政策过程的一个重要组成部分，对于审查新的政策方案，调控政策执行资源，决定政策持续、修正或终结等方面具有十分重要的意义。由于教育政策资源的有限性，政策的决策者和执行者都必须考虑如何以有限的资源获得最大的效益。通过教育政策评估，一方面可以使教育的宏观决策站在集体利益、长远利益的高度，使有限的资源发挥出最大的功效；另一方面，可以防止出于局部利益的需要采取不适当的投入。袁振国从政策执行过程入手，从三个维度提出了教育政策评价的标准：预评价的标准、执行评价的标准、后果评价的标准②。吴志宏认为教育政策评价的标准分两部分：政策执行情况评价和政策执行后的结果评价。前者包括是否按原来的教育政策方案实施，执行机构是否健全，所需教育资源是否充足，是否照顾了大多数人的利益，是否因地制宜适应了本地教育情况；后者包括政策效果、政策效率、政策效益、公平性和社会反应度的评价③。高庆蓬认为我国社会正处于社会发展转型时期，教育政策需要根据社会政治经济文化的发展和教育的发展变化，及时进行调整，以有效引领和指导教育改革和发展，而教育政策调整的主要依据是教育政策评估。教育政策评估的价值基础是教育利益、教育公平和教育自主。教育政策评估标准要有利于教育政策，增进教育利益、公平分配教育利益以及个体自主追求和实现教育利益④。段鹏阳、胡咏梅指出，我国教育政策评估方法多局限于对相关政策指标的描述性统计，无法有效地剥离出政策本身所产生的对于目标群体的影响，从而导致教育政策的有效性和可推广程度无从判断。在此基础上，他们还介绍了发达国家及国际组织在评估教育政策等公共政策过程中日趋广泛使用的评

---

① 庄西真：《教育政策执行的社会学分析》，《教育研究》2009 年第 12 期。

② 袁振国：《教育政策学》，江苏教育出版社 2001 年版，第 173—182 页。

③ 吴志宏：《教育政策与教育法规》，华东师范大学出版社 2003 年版，第 133—138 页。

④ 高庆蓬：《教育政策评估研究》，博士学位论文，东北师范大学，2008 年，第 36 页。

估方法——实验研究①。张茂聪、杜文静认为我国教育政策评估研究，在研究视角上，注重产生绩效，忽视价值伦理；在研究的内容上，侧重应然研究，轻视实然研究；在研究方法上，偏重定性研究，而定量研究薄弱②。刘红熠认为一个合理有效的教育政策评估范式的选择必须要能反映教育政策的特殊性，当前教育政策评估研究中有三种常见的范式，即实证本位的"测量范式"、规范本位的"判断范式"和后实证主义的事实与价值相统一的综合评估范式③。胡伶在借鉴国内外公共政策评估标准和我国教育政策评估标准的研究成果之上，建构了我国教育政策评估标准体系，即"3E"（公平、效果、效率）＋"3F"（可行性、可预测性、程序公正性）＋"3C"（兼容性、简明性、满意度）评价体系④。

从现有的教育政策及其执行的研究成果来看，中外学者关于教育政策原理探索、教育政策决策模式、教育政策执行和教育政策评估等领域的研究为后续的深入研究提供了理论依据和实践参照。我国学者在借鉴汲取国外相关教育政策研究成果的同时，注重基于从我国国情出发的教育政策及其执行的本土实践研究和有意义的理论研究。但总体来看，我国学者在此领域的研究尚缺乏系统、深入和持续的研究，这就需要后来的研究人员要走出经验型研究的窠臼，更多地走向理论思辨与实证结合的研究，从而更好地发挥教育政策及其执行的理论研究成果对于教育实践的指导作用。

第三节　研究方法及研究思路

一　研究方法

本文的研究主要运用描述在前、说明在后的研究程序，遵循从讨论

---

① 段鹏阳、胡咏梅：《实验研究：教育政策评估方法发展的新趋势》，《2010 年中国教育经济学学术年会论文集》2010 年第 12 期。

② 张茂聪、杜文静：《教育政策评估：基本问题与研究反思》，《教育科学研究》2013 年第 10 期。

③ 刘红熠：《教育政策评估范式选择问题研究》，《当代教育科学》2013 年第 3 期。

④ 胡伶：《教育政策评估标准体系的架构研究》，《教育理论与实践》2008 年第 12 期。

个别的案例走向更为广泛的、一般的情境的规则，在强调教育政策执行复杂性的基础上，把关注的视角转向教育政策执行的无序、不稳定、多样性和非线性的关系分析上。在充分考虑复杂性因素对教育政策执行过程有着重要影响的前提下，视复杂性变量为阻碍教育政策执行取得效果的关键变量；通过对教育政策执行复杂性与复杂理论的关系进行理性反思，力图从复杂理论的视域，来审视转型时期我国教育政策执行的复杂性。具体来说，根据研究对象的需要和研究本身的具体情况，在本研究中主要采用以下几种研究方法。

（一）文献研究

文献研究是一种通过收集和分析现存的以文字、数字、符号、画面等信息形式出现的文献资料，来探讨和分析各种社会行为、社会关系及其他社会现象的研究方式。本文将对研究需要的社会学、政治学、教育学、管理学、教育政策学等学科领域的相关文献进行充分的检索，了解中外学者对义务教育优质均衡政策及其执行的研究现状，把握当前教育政策及其执行理论与实践的研究趋势，从而为本研究提供基础性的起点。本文的文献资料，一是来自于和本文相关专业书籍和各种期刊论文及博士、硕士学位论文，二是来自中央及其地方政府下发的相关政策文本。政策文本包括：(1) 中央层面出台和颁布的义务教育均衡发展政策；(2) 江苏省颁布的义务教育均衡发展的政策文本及相关实施细则；(3) W 市及 W 市 B 区政府及教育行政部门出台的义务教育均衡发展、优质均衡发展的政策文本和相关资料；(4) B 区义务教育阶段各级各类学校层面的文献资料，包括教师交流研修日志，学校相关教师流动的考核方案，学校流动儿童名册等。

（二）实地研究

实地研究法是指研究者不带有理论假设，而直接深入到社会生活中，采用观察、访问等方法去收集基本信息或原始资料，然后依靠研究者本人对所收集的第一手资料的理解并从中抽象概括出一般结论的方法。或者说，实地研究是一种深入到研究现象的生活场景中，以参与观察和非结构访谈的方式收集资料，并通过对这些资料的定性分析来理解和解释现象的一种研究方式。

实地研究法是处于方法论与具体的方法技术之间的一种基本研究方式，它规定了资料的类型，既包括收集资料的途径和方法，又包括分析资料的手段和技术。因此，在实地研究过程中，研究者往往要综合运用多种研究方法。在本研究中，笔者的实地研究包括实地考察、问卷调查和重点访谈等。研究者从 2013 年 5 月至 2015 年 4 月，分三个阶段开展了实地考察。

第一个阶段：对江苏教育厅教育评估院、基教处、师资处、省政府教育督导团、W 市教育局、W 市 B 区教育局基教科、人事科、督导室相关负责人和义务教育阶段学校的校长等进行访谈。通过对这些教育行政人员及学校管理者的访谈，了解当前城乡统筹背景下的义务教育优质均衡发展政策内容及执行现状，对现行的发达地区义务教育优质均衡发展政策执行所面临的困难以及遭遇的问题有了总体上的了解。

第二个阶段：对 W 市 B 区就义务教育优质均衡发展政策的系列行政行为进行细致的观察；同时，继续对区教育局领导、中小学校长、教师，学生家长等人员开展访谈和问卷调查工作。

第三个阶段：针对义务教育优质均衡发展具体政策执行链条中的区教育行政管理部门的部分相关官员、校长等人员进行重点访谈，有所侧重地对 W 市 B 区的中小学校长及部分老师进行数次回访，以弥补之前访谈的欠缺，获取更为丰富而翔实的政策执行情况。

在实地研究的三个阶段过程中，笔者通过文献收集、参与性考察、重点访谈等方法获得了大量的访谈资料，也获得了丰富的文献档案资料。

1. 参与性考察

2013 年 5 月 8 日至 8 月 6 日，是笔者调任 W 市 B 区等待具体职务安排的时间。其间，笔者以观察员的身份，观察了 B 区义务教育优质均衡发展过程中的相关利益人群，政策目标人群的行为及反应。一是对 B 区教育现代化政策执行过程中的相关行动者进行访谈考察，二是对 W 市经济开发区的流动儿童政策执行情况进行抽样调查与访谈；三是对 B 区教师城乡交流的情况进行场景式观察并访谈；四是对 B 区学校集团化发展与校本提升情况进行观察并问卷调查。

2. 重点访谈

访谈是一种研究性的交谈，是研究者通过口头说话的方式从被研究者那里收集第一手资料的一种研究方法。从 2013 年 9 月至 2014 年 8 月，笔者就 B 区义务教育优质均衡发展政策执行过程中的重要人物进行针对性的访谈，其中包括江苏教育厅教育评估院、基础教育处、师资处、人事处等领导，W 市教育局有关处室领导，B 区教育局原局长 QJ、现任局长 FW、人事科 Z 科长、计财科 C 科长、办公室 X 主任、督导室 M 主任、H 镇 H 镇长、X 副镇长、Q 副镇长等。此外，笔者还对 B 区义务教育优质均衡发展政策执行的一线人员包括学校校长、教师、家长、学生、村民等人员进行多次访谈。贯穿始终的质性研究，不仅是调查结束所得到的大规模问卷调查所形成的背景资料，同时也为量化研究所呈现的关系特质提供了深度诠释。

二 研究思路

(一) 研究思路

本研究以"发达地区义务教育优质均衡发展的政策执行考察"为主题，以"苏南地区 W 市 B 区为例"，以"政策执行过程逻辑"和"政策目标构成逻辑"这两条线索来展开本课题的研究工作。

第一，政策执行过程逻辑。政策过程是一个包含问题界定、政策议程、政策形成、政策采纳、政策实施、政策评价等一系列环节的过程。美国公共政策学者 E. 巴德克（E. Bardach）认为政策执行是一种赛局（game），其过程包含竞赛者，即政策执行者与受影响者、产生竞赛的原因、竞赛资源、竞赛规则及结果的不稳定程度[1]。在 21 世纪，江苏省义务教育优质均衡发展政策的背景是什么？为什么会在 21 世纪第二个十年开始时产生义务教育优质均衡发展政策？江苏省等经济发达地区在"科教兴省"和"人才强省"的战略指导下，已经从义务教育发展

---

① 袁振国：《教育政策学》，江苏教育出版社 2000 年版，第 298 页。

基本均衡阶段迈向优质均衡阶段，人民群众对教育的需求已经从"量的扩张"转向"质的提升"，在保障公平的基础上追求高位发展，迈向高水平、高质量地普及义务教育发展阶段已经成为各级政府新时期教育发展的价值追求。此政策源流的出现打开了发达地区义务教育优质均衡发展的政策窗口，优质均衡发展政策随之产生，政策随即进入执行程序。因此，本文是对江苏省苏南地区 W 市 B 区义务教育优质均衡发展政策执行过程的研究，笔者对这些政策执行考察沿着"政策执行成效——政策执行中存在的问题——政策执行问题的原因分析"这一思路，对具体的义务教育优质均衡发展政策执行情况进行考察。

第二，政策目标构成逻辑。21 世纪以来，江苏省发达地区义务教育优质均衡发展政策数量多、种类多，政策涉及人群广泛。选择哪些政策对其考察就成为笔者需要解决的首要问题。在研究中，笔者沿着"特殊群体学生均衡发展——校长教师队伍均衡发展——城乡学校均衡发展——区域教育现代化办学条件均衡发展"这一政策目标构成思路，对江苏省 W 市 B 区义务教育优质均衡发展的政策进行筛选，选择了流动儿童入学政策、校长教师队伍流动政策、名校集团化发展政策和教育信息化建设政策等四个政策作为研究对象，从政策内容构成来看，流动儿童入学政策指向发达地区工业化进程中进城务工人员随迁子女这一特殊群体，校长教师队伍流动政策主要指向城乡校长教师制度化交流，名校集团化政策则着力研究区域间学校优质资源的辐射与放大以及集团中的学校个体立足于自身的发展与变革，教育信息化建设政策则是探究发达地区义务教育优质均衡发展过程中教育现代化办学条件改进政策的成效。基于这一逻辑思考，对这四项政策的执行考察构成了四项政策文本之间的关联。

从上述的研究思路出发，笔者建构了本文的研究框架，并在具体研究过程中，通过文献研究、实地研究、政策分析等研究方法的运用，对江苏省苏南地区 W 市 B 区义务教育优质均衡发展政策执行进行考察。

（二）研究内容

本文的基本内容和框架由以下八部分构成。

第一章，导论。研究者首先解释选题的缘由及意义，对本论文设计的核心概念进行界定；其次对已有的相关研究文献进行述评，寻找研究问题的空间；最后，是对研究方法的选择以及研究框架进行说明和分析。

第二章，发达地区义务教育优质均衡发展政策的产生与行动。本章主要解决"为什么义务教育优质均衡发展政策在 21 世纪初十年产生"和"实施了哪些义务教育优质均衡发展的政策"这两个问题。在这一部分，笔者首先运用政策的"多源流理论"对义务教育优质均衡发展政策的产生进行分析，解决 21 世纪初十年义务教育优质均衡发展政策产生的背景与动因；其次，对国家、江苏省和 W 市 21 世纪初十年间实施义务教育均衡发展的政策进行梳理，并分析这些义务教育均衡发展政策执行的实施成效。

第三章，个案域情：W 市 B 区的社会经济发展与教育。在本章，研究者首先是对 W 市 B 区的社会经济发展、教育变迁以及教育现状作总体性描述，为义务教育优质均衡发展政策在 B 区的执行寻找历史和现实的土壤。其次，对当前实施的义务教育均衡发展政策在 B 区的执行情况进行整体考察，并分析其取得的总体成效。

第四章，B 区进城务工人员随迁子女入学政策执行考察。在本章中，研究者通过问卷调查，对 B 区进城务工人员随迁子女（也称流动儿童）在流入地入学的现状进行描述，并对其发展中存在的问题进行揭示。此后，研究者在对 B 区进城务工人员随迁子女入学的政策执行情况和取得的成效进行分析的基础上，对 B 区在进城务工人员随迁子女入学政策的执行过程中产生的问题和原因进行归纳和解释。

第五章，B 区义务教育阶段校长教师流动政策执行考察。在本章，笔者首先对 B 区校长教师城乡流动政策执行情况进行调查，分析该项政策在 B 区实施所取得的积极成效；其次，进一步梳理 B 区校长教师城乡流动政策执行中出现的问题；最后是对产生这些政策执行问题的原因进行分析，目的在于为校长教师流动政策在 B 区继续实施以及在其他区域的实施提高有效性和针对性，避免和减少政策执行的偏差与失真。

第六章，B区名校集团化政策执行考察。在本章中研究者首先对B区两个教育集团运行情况进行调查；继而分析总结名校集团化政策实施取得的成效；接着探究B区名校集团化政策中存在的问题；最后对产生这些政策问题的原因进行分析与解释。

第七章，B区教育信息化政策执行考察。本部分笔者首先从宏观上分析江苏省教育信息化政策的由来及其政策实践进程，为B区教育信息化政策执行提供政策背景支持。其次，从政策链条上行动者的行动策略角度，对B区教育信息化政策执行情况进行具体考察。最后，进一步剖析B区在教育信息化政策执行中存在的问题，并试图找寻问题产生的原因。

第八章，义务教育优质均衡发展政策县（市、区）域执行的反思与建议。义务教育优质均衡发展政策作为经济发达地区先行先试的政策，其政策特征与基本均衡阶段的教育政策相比有什么独特性？义务教育优质均衡发展政策在发达地区采取了什么样的执行路径？其现有的政策执行线路有何利弊？遭遇了哪些瓶颈？义务教育优质均衡发展政策县（市、区）域有效执行需要采取什么样的对策？在本章中，研究者先对B区义务教育优质均衡发展政策运行的总体成效进行总结；进而对义务教育优质均衡发展政策县（市、区）域执行的"威权线性"的运行特征进行反思和分析；最后就义务教育优质均衡发展政策的县（市、区）域有效执行提出相应政策建议。

第二章

发达地区义务教育优质均衡发展
政策的产生与行动

2005 年，教育部颁发《关于进一步推进义务教育均衡发展的若干意见》（教基［2005］9 号），其中要求"各省市采取多种措施，尽快缩小校际之间办学条件差异；加大教师资源统筹力度，促进城乡教师流动；夯实教学过程，努力提高义务教育学校教育质量；加强政策落实，重点保障弱势群体教育权利，切实推进义务教育均衡发展。①" 2006 年颁布的《中华人民共和国义务教育法》又强调指出，"国务院和县级以上地方人民政府应当合理配置教育资源，促进义务教育均衡发展。②" 2010 年颁布的《国家中长期教育改革和发展规划纲要（2010—2020 年）》指出"把促进公平作为国家基本政策……到2020 年，全面提高普及水平，全面提高教育质量，基本实现区域内均衡发展。③" 为推动义务教育优质均衡发展，江苏省教育厅及相关部门于 2010 年 5 月 19 日印发了《关于江苏省义务教育优质均衡改革与发展示范区建设意见》，提出要把推进义务教育优质均衡发展作为教育改革与发展的重中之重，把示范区建设作为推进义务教育优质均衡发展的重要抓手。2012 年 3 月，江苏省教育厅颁布了《江苏省县（市、区）义务教育优质均衡发展的主要指标》，从普及巩固与机会

---

① 引自《关于进一步推进义务教育均衡发展的若干意见》（教基［2005］9 号）。
② 引自《中华人民共和国义务教育法》。
③ 引自《国家中长期教育改革和发展规划纲要（2010—2020 年）》。

均等、规划布局与办学条件、师资配备与教师素质、素质教育与学生发展、教育管理与经费保障五方面构建一级指标，涉及二级指标 30 多个。同年，江苏省人民政府颁布了《江苏省政府关于深入推进义务教育优质均衡发展的意见》，文中指出要高质量、高水平普及九年义务教育，深入推进义务教育优质均衡发展。文中对进城务工人员子女入学、农村留守儿童、家庭经济困难生等五类特殊群体给予了更多的关注。此外，还对招生管理、学校管理、经费投入、师资队伍建设等方面作了具体详细的规定。2013 年 1 月 23 日，江苏省人民政府发布《江苏教育现代化指标体系》，指标体系共有 8 项 46 个指标，其中项目包括教育普及度、教育公平度、教育质量度、教育开发度、教育保障度、教育统筹度、教育贡献度以及教育满意度等内容。2013 年 5 月 18 日，江苏省人民政府在苏州召开了全省教育现代化建设推进会。2013 年年底，江苏省教育厅公布《江苏教育现代化建设监测评估实施办法》，确定从 2014 年开始对省、市、县三级教育现代化建设进行监测评估。在宏观政策出台后，相关义务教育优质均衡的专项政策相继实施。2012 年 5 月，江苏省教育厅出台《关于进一步推进义务教育学校教师和校长流动意见》；2012 年 12 月，江苏省公布了《关于做好来苏务工就业人员随迁子女入学工作意见》；等等。这些促进义务教育优质均衡发展的政策，标志着江苏省义务教育优质均衡发展政策已经形成较为全面的政策体系，并在实践过程中对江苏省义务教育优质均衡高位发展起到了很大的推动作用。

面对这一系列义务教育优质均衡发展政策文本，我们会思索：为什么在 21 世纪第二个十年之初，国家和江苏省会出现如此多的义务教育优质均衡发展政策？这些政策的产生的背后有哪些推动因素？政府出台这一系列的优质均衡政策，又有着什么样政策思索与考量？如此庞杂而繁多的义务教育优质均衡发展政策其内在建构是否有相互关联的脉络？对这些问题的回应是本章研究的主要内容。

第一节　政策产生

公共政策形成之前，往往表现为某一领域中已经生成的问题。教育政策亦然，它也经历了从"教育领域中的问题"到"教育政策问题"这一过程。金通（John kingdon）等人在 20 世纪 80 年代提出的三源流理论认为：政策的产生是问题源流、政策源流和政治源流交互作用的结果。一系列的社会问题引起社会公众的关注形成问题源流；政策研究者会选择其中一个问题或几个问题提出解决这些问题的方案，众多的政策问题解决方案与建议，形成政策源流；各种政治活动、公众情绪、意识形态以及政策及其代言人形成政治源流。三种源流共时性而非历时性地出现在政策产生"前场域"中，并在一些关键之处耦合成政策产生的节点，从而开启"政策之窗"。从金通的三源流理论来看，我国义务教育优质均衡发展政策的产生也经历了"公共问题聚生——政治环境需要——政策形成"这样的过程。

一　现实困境：江苏省义务教育均衡发展现状

作为东部沿海发达省份的江苏，义务教育发展相对走在全国前列。1996 年，江苏在全国率先实现"两基"的目标（基本普及九年义务教育、基本扫除青壮年文盲）。2005 年，江苏省有初中学校 2292 所，在校学生 346.22 万人。初中巩固率和毕业率分别达到 98.4% 和 99.7%。初中毕业升学率达 89.6%，高中阶段毛入学率达 71%。小学学校 6261 所，在校学生 485.53 万人，小学入学率和升学率达到 99.8% 和 99.8%。残疾儿童义务教育普及率达到 94% 以上。

自 1997 年起，江苏在全省范围内实施义务教育阶段薄弱学校改造行动计划，开启了江苏省义务教育均衡发展全面建设的帷幕（见表 2 –1）。

表 2 - 1 江苏省义务教育均衡发展进程

年份	举　措	目标与任务
1997—2000	义务教育薄弱学校改造	给予全省薄弱学校经费支持，安排帮扶学校，推进教育资源的强弱互补，提高薄弱学校的办学水平
2001	启动中小学布局结构调整工程	下拨中小学布局调整和危房改造经费，倾斜性政策支持苏北农村地区教育发展，推进教育资源优化整合，提高办学层次和标准
2002	打造基础教育新的管理体制	进行农村基础教育"以县为主"体制调整，强化县级人民政府对教育的统筹权
2003	启动农村小学"三新一亮"工程	为每一个学生配好标准课桌凳，为每个教室配齐符合标准的照明设施、设备和讲台
2004	启动农村中小学"六有"工程	全省各校达到如下标准，有整洁的校园，有满足师生需要的食堂，有冷热饮用水，有水冲式厕所，有安全宿舍，寄宿生达到一人一张床标准
2005	提出率先基本实现教育现代化	江苏教育率先基本实现现代化，全省普及12年基础教育
	实施"校校通"工程	中心初中，中心小学配置1个50台计算机网络教室和1个多媒体教室，农村定点完小配置1个20台计算机的网络教室
2006	实施农村义务教育免费	全省农村义务教育阶段学生免收学杂费
2007	全面启动义务教育合格学校建设工程	①率先在全国实行免费义务教育②启动"千校万师"支教工程③实施"送优质教学资源下乡工程"
2009	全面推进义务教育均衡发展	实行教科书免费制度，义务教育阶段公用经费保障水平不断提高
2010	全面启动义务教育高位均衡改革工作	确定了4个省辖市，9个县（市、区）为首批创建地区，以此引领全省义务教育高位均衡发展
2011	免收学生作业本费	免费义务教育全面实施

从表 2 - 1 可以看出，截至 2011 年，江苏省实现了全省义务教育阶段的免费教育，城乡公用经费保障水平不断增强，城乡中小学办学条件整体上得到显著改善。

虽然江苏省在义务教育均衡发展方面实施了很多政策行动，取得了很多成绩，但受区域社会经济发展不平衡等因素的影响，义务教育在均衡发展方面仍存在着许多问题。

1. 城乡义务教育经费差距仍然较大

随着生均公用经费的逐步提高，江苏省城乡义务教育阶段生均预算内教育事业费从 2006 年的 1.14∶1 缩减至 2010 年的 0.99∶1，预算内教育公共经费从 2006 年的 1.21∶1 缩减至 0.99∶1，两项指标都接近了 1∶1 的比例，这表明江苏省城乡义务教育经费之间的差距不断缩小，江苏省对农村教育的扶持与倾斜力度不断加大。但是，相比较而言，除去个别年度，农村学校仍然多处于不达标的状态（见表 2 - 2、表 2 - 3）。

表 2 - 2　　　　　江苏省义务教育生均公用经费城乡比较

年份	全省小学生均公用经费				全省初中生均公用经费			
	全省	城镇	农村	城乡比	全省	城镇	农村	城乡比
2006	196	225.69	165	1.37∶1	247	265.74	223	1.19∶1
2007	506.86	512.9	499.38	1.03∶1	642.55	641.98	643.41	0.99∶1
2008	641.01	662.03	613.53	1.08∶1	871.03	460.18	862.01	0.53∶1
2009	689.08	870.13	693.83	1.26∶1	864.03	686.00	850.38	0.80∶1
2010	853.55	899.45	775.06	1.17∶1	1088.54	1093.63	1075.55	1.02∶1

资料来源：根据《中国教育统计年鉴》2006—2011 年的相关数据整理。

表 2 - 3　　　　　江苏省义务教育生均事业经费城乡比较

年份	全省小学生均事业经费				全省初中生均事业经费			
	全省	城镇	农村	城乡比	全省	城镇	农村	城乡比
2006	2474	2631	2310	1.14∶1	2282	2468	2048	1.21∶1
2007	3679.97	3704.61	3649.53	1.02∶1	3595.85	3730.55	3392.54	1.10∶1
2008	4306.54	4342.48	4259.54	1.02∶1	4464.21	4592.74	4255.95	1.08∶1
2009	5820.2	5786.69	5871.93	0.99∶1	5903.74	6066.06	5540.36	1.09∶1
2010	7252.39	7199.34	7343.1	0.99∶1	8385.89	8365.82	8437.06	0.99∶1

资料来源：根据《中国教育统计年鉴》2006—2011 年的相关数据整理。

2. 地域间义务教育经费差距依旧明显

从表2－4、表2－5可以看出，江苏省2006年事业经费区域间的差距十分明显。从地域上看，苏南地区明显高于苏北地区，这与经济发展的水平有密切关系。全省初中平均标准是2282元，而最高的苏州达到了5260元，比最低的徐州高了4038元。到了2010年苏州比徐州高了7673元，这说明地域差距还在扩大。这5年间，只有苏南地区高出省平均标准，苏北地区仍然没达到平均水平，地域间的义务教育经费差距依旧很大，甚至有扩大的趋势。

表2－4　　　　　全省义务教育事业经费地区间比较

市别	初　中					小　学				
	2006年	2007年	2008年	2009年	2010年	2006年	2007年	2008年	2009年	2010年
全省	2282	3596	4464	5904	8386	2474	3680	4307	5820	7252
南京	3546	5190	6090	8573	11599	3722	4895	6153	7748	9845
无锡	4365	5678	6517	9787	12184	4030	5009	5692	7833	9043
徐州	1222	2143	3203	3820	5385	1723	3026	3600	4298	5396
常州	3245	4124	5265	8096	9857	2911	3809	4396	7401	8347
苏州	5260	6828	8197	9917	13058	4711	6257	6886	8011	9879
南通	2418	3874	4356	5852	8257	2462	3595	4117	6141	7838
连云港	1241	2348	2775	3311	4657	1478	2279	2781	3068	4217
淮安	1481	2686	3363	4026	5710	1680	2667	3140	3989	5669
盐城	1847	3682	4515	5475	7638	2244	3791	4132	4884	6157
扬州	2303	3562	4518	5404	8232	2392	3328	3859	4767	7387
镇江	2717	3736	5046	6388	9045	2811	3898	4843	6496	8348
宿迁	1536	2453	2700	3943	5364	1523	2756	3127	4080	5538
泰州	1988	3405	4388	5772	7920	2298	3610	4099	5455	7063
高低比	3.42：1	3.18：1	3.03：1	3.00：1	2.43：1	3.19：1	2.75：1	2.48：1	2.00：1	2.34：1

资料来源：根据《江苏教育年度报告》2006—2011年的相关数据整理。

表 2 - 5　　　　　　　　　全省义务教育公用经费地区比较

市别	初　中					小　学				
	2006 年	2007 年	2008 年	2009 年	2010 年	2006 年	2007 年	2008 年	2009 年	2010 年
全省	247	643	871	864	1089	196	507	641	689	854
南京	536	851	920	1073	1197	524	795	1010	1001	1142
无锡	385	602	839	793	994	342	448	506	608	754
徐州	118	551	998	694	1161	88	369	553	481	806
常州	379	589	704	825	1038	264	423	530	541	942
苏州	654	856	1029	1092	1248	509	830	901	1008	1094
南通	178	639	715	740	916	144	456	458	514	618
连云港	197	574	636	774	995	131	454	413	414	708
淮安	152	739	1047	855	1027	100	468	650	450	743
盐城	162	738	874	816	1003	113	597	743	561	654
扬州	164	594	1011	741	860	128	403	648	514	677
镇江	319	583	998	1022	913	161	422	832	848	820
泰州	155	369	591	686	761	112	329	395	459	554
宿迁	200	678	860	952	1254	130	577	774	671	941
高低比	5.54:1	2.32:1	1.74:1	1.59:1	1.65:1	5.95:1	2.49:1	2.56:1	2.24:1	2.06:1

资料来源：根据《江苏教育年度报告》2006—2011 年的相关数据整理。

3. 义务教育办学条件仍然存在较大的城乡差距

从江苏省的情况来看，城乡办学条件存在着较大的差距，截至 2005 年，农村学校生均图书册数才达到省定标准，农村学校教学设备达标的只占总数的 69%。通过江苏省教育厅对苏北的 4000 多所学校卫生设施进行普查的数据可以看出，在其中 1000 多所寄宿制学校中，只有 39.4% 的学校人均住宿面积符合要求，只有 22.9% 的学校的食堂功能符合要求。图书、实验室药品、体育器材、教学电脑等硬件设施无法及时地更新添置。一些对设备要求较高的实验课程难以正常开展，有时候甚至连教师的日常办公用品都无法保障及时供应①。

---

①　曾超满、丁小浩等：《效率、公平和充足——中国义务教育财政改革》，北京大学出版社 2010 年版，第 172—174 页。

4. 城乡师资队伍水平差距令人担忧

21 世纪初，教师队伍的现状也是令人堪忧。一是教师学历未能整体达标。2004 年，江苏省农村小学、初中教师的高中以下学历、高中（中师）、专科、本科、研究生学历比例分别为：2.22%、57.64%、38.00%、2.14%、0.01% 和 0.19%、8.50%、72.31%、18.94%、0.06%。二是教师队伍年龄结构不合理。由于乡村学校地处偏远，交通不便，信息闭塞，导致师范毕业大学生不愿去乡村学校，原有的年轻教师又纷纷涌向城市学校。无奈之下，偏远的乡村学校多由年龄较大的"民转公"教师任教，有些地区的乡村学校甚至出现年轻教师"断代现象"。三是城乡教师教学水平差距较大。乡村学校教师多由"民转公"的老教师担任，这在相当程度上决定了这部分教师教育观念落后，教育教学能力不高。再加上乡村教师群体缺乏高层次可持续的专业发展培训，教师对课程改革的理念与要求处于一知半解的状态。四是优秀教师流失严重。由于区域经济差距等影响，欠发达地区大量优秀教师流向经济发达地区。苏北 G 县，仅 2000 年至 2005 年，流失优秀教师就有 66 名。五是城市代课教师的出现。随着城市工业化的蓬勃发展，经济发达地区的教师队伍建设也面临着新的问题。大量涌入的新市民子女，致使城市学校的容量骤增，而在编教师的招用又受制于体制之困，城市学校出现了新的"代课教师"。截至 2009 年 12 月底，仅 W 市 B 区就有代课教师 283 人。

5. 出现了"流动儿童"与"留守儿童"问题

根据《中国 2010 年第六次人口普查资料》样本数据推算，全国有农村留守儿童 6102.55 万人，占农村儿童的 37.7%，占全国儿童 21.88%。留守儿童高度集中在中西部劳务输出大省四川、河南、安徽、广东和湖南，其留守儿童占全国农村留守儿童的比例分别为 11.34%、10.73%、7.26%、7.18%、7.13%。另外，从农村儿童中留守儿童所

---

① 教育部发展规划司：《中国教育统计年鉴 2004》，人民教育出版社 2005 年版，第 84 页。

占比例来看，江苏省的比例也已超过 35%。可见，无论是中西部省份还是东部发达地区，都存在着大量的农村留守儿童，江苏省仅苏北、苏中八市留守儿童就有 570578 人。

与此同时，流动儿童的数量还在急速增长。根据《中国 2010 年第六次人口普查资料》样本数据推算，全国 0 ~ 17 岁城乡流动儿童为 3581 万人，在 2005 年基础上增加了 41.37%，且有增长趋势。在这些流动儿童中，户口性质为农业户口的流动儿童占 80.35%，据统计全国有农村流动儿童 2877 万人。从分布来看，流动儿童高度集中在中东部发达地区，流动儿童最多的省份是广东，占全国的 12.13%，规模达 434 万人。浙江、江苏两省分别为 278 万人和 283 万人。

总体来说，留守儿童的学习和生活是有保障的。但是，与非留守儿童相比，由于缺少父母的关爱，他们在日常行为以及心理性格方面会存在不同程度的问题。如生活上缺少照顾，行为上缺少监管，学习上缺少辅导，心理上缺少沟通，安全上缺少保护等问题不一而足。相对于留守儿童，流动儿童的问题更加突出。截至 2010 年年底，全国正在接受义务教育的流动儿童中，仅有 69% 的流动儿童在流入地的公办学校就读。而以接纳流动儿童为主体的打工子弟学校，无论是基本办学条件，还是学校管理、师资队伍与教学质量都与当地公办学校存在很大差距[1]。

二 优质均衡：义务教育均衡发展的时代使命

义务教育均衡发展是一个历史范畴，呈现出相对的、动态的发展过程。在早期发展阶段，义务教育均衡发展的主要内涵是确保受教育权的实现，为每一位学生提供尽可能均等的接受教育的机会。随着经济社会的发展和教育水平的不断提高，义务教育均衡发展的目标进一步提升为为更多的人提供更优质的教育，即在保证每一位学生"有学上"的前提下，回应人民群众"上好学"的诉求[2]。义务教育均衡发展可分为横

---

[1] 王会贤：《流动儿童教育问题依然长期存在》，《公益时报》2014 年 9 月 23 日第 3 版。
[2] 朱永新、许庆豫：《论基础教育均衡发展》，《中国教育学刊》2002 年第 6 期。

向和纵向两个维度：在教育横向结构方面涵盖地区之间、地区内部的学校之间、学校内部的群体之间；在教育的纵向结构方面重视教育资源尤其是优质教育资源的均衡配置，提供相对均等的教育机会和条件，保障每一个受教育者平等的受教育权利，使每一位受教育者都能得到充分的发展①。

由此可以看出，义务教育优质均衡发展既是破解当下义务教育均衡发展困境的需要，更是公平发展城乡教育，促进社会和谐发展、教育内涵发展的时代要求。

1. 义务教育优质均衡发展是实现教育公平的途径

教育公平始终是我们所关注的一个重要问题，推进义务教育均衡发展是实现教育公平乃至于整个社会公平的重要尺度。而要实现教育公平，首先在社会公共教育资源的分配上要达到均衡与公平。而义务教育均衡发展的目标就是要实现教育资源合理有效的配置，从而保证教育公平的实现。罗尔斯的公平原则有三个部分，即平等、差异、补偿。在推行义务教育均衡发展的时候，首先要遵循的是平等原则，每个学龄儿童都有平等的机会接受到义务教育；其次是差异原则，遵循个性差异，合理配置适合每个人的教育资源；最后是补偿原则，补偿处于不利境地的学龄儿童，对他们要差别对待。而目前从我国的实际情况出发，尤其要重视补偿原则，通过政策倾斜，逐步解决教育的地域、城乡之间的不均衡。

义务教育优质均衡发展是实现真正意义教育公平的途径。张国栋指出，由于我国教育资源分配上的严重不均等，实质意义的教育公平尚未实现。而义务教育优质均衡发展是通过合理分配教育资源，实施差异补偿创造相对平等的教育机会和条件，着力质量提高，注重内涵发展，从而实现教育公平。也就是说，义务教育优质均衡发展是实现义务教育公平发展的基础和必由之路②。

---

① 贾晓静：《我国基础教育均衡发展研究综述》，《教育导刊》2007 年第 12 期。
② 张国栋：《江苏省义务教育均衡发展的问题及对策》，硕士学位论文，河海大学，2007 年，第 6 页。

2. 义务教育优质均衡：发达地区义务教育发展的新追求

随着社会经济的发展进步，以及国家科教兴国战略的实施，我国义务教育得到了巨大的发展，2000 年时全国"普九"的人口覆盖率和初中入学率已经达到 85% 以上，到 2009 年，我国已经基本普及九年义务教育，"两基"人口覆盖率高达 99.7%。我国义务教育已经进入了巩固普及成果、着力提高质量、促进内涵发展的新阶段。根据《国家中长期教育改革和发展规划纲要（2010—2020 年)》的要求，江苏率先在全省开展了"义务教育优质均衡改革和发展示范区"创建工作，以义务教育优质均衡发展回应人民群众新时期对优质教育的诉求。

教育资源是教育事业发展的根本，教育资源配置的均衡是实现义务教育均衡的前提。然而有了教育资源并不代表着有了优质的教育。目前我国各地都致力于外在的物化教育资源的合理配置，这诚然是好事，但是更重要的是要推进义务教育的内涵发展，提升义务教育的质量，推进义务教育的质量均衡。特别是在经济发达地区在实现基本的物化资源的均衡后，人民群众更加渴望的是获取优质的教育资源，而目前优质教育资源还比较紧缺，这种供需的矛盾，需要义务教育要进一步实现优质教育的均衡。优质均衡已经成为经济发达地区义务教育改革与发展的新目标。

三　政策窗口的打开：义务教育优质均衡发展政策的产生

事实上，教育问题总是或多或少地存在，而且对每一位社会成员发生影响，但不是所有的教育问题都会成为教育政策。只有当这些教育问题成为教育决策部门所考虑的问题时，才能成为教育政策问题。美国的社会问题研究者赫伯特·布鲁默曾把政策问题形成过程分为 5 个阶段：(1) 社会问题的出现；(2) 社会问题取得合法化；(3) 动员种种活动研讨该问题；(4) 形成官方行动；(5) 将官方计划付诸实施的执行[1]。这个阶段的划分，清晰地表明了一般社会问题与政策问题的界限。因

---

① 　袁振国：《教育政策学》，江苏教育出版社 2000 年版，第 20 页。

此，我们可以说，教育政策问题是教育决策部门认为有责任、有必要加以解决的一种教育问题。

教育现象是无时不在的，但如果尚不为人们所察觉，就不足以成为我们的教育问题。教育政策问题最初并不为社会成员所察觉，呈现着一种潜在的状态；当问题明显，为更多的人所察觉和体认以后，人们才明白原先认为不成问题的某些现象恰恰是问题的根源。当社会上大多数人感受到这一问题对他们的利益有损害和威胁时，问题的程度在加深，影响的范围越来越广泛，一种巨大的力量在积聚，这一问题遂上升为政策问题。

当教育政策问题确认以后，教育政策问题还将纳入政策机构的行动计划，即政策议程。政策问题只有以一定的形式，经过一定的渠道进入议程，才能得到解决处理。美国政策分析学者科伯和埃尔德将政策议程分为公众议程和正式议程。在一般情况下，政策问题必须先通过公众议程，然后才能进入正式议程。但实际上，很多教育政策问题可能不经过公众议程而直接进入正式议程。因为政府决策者可能根据自己对教育发展变化的研究分析，主动寻找问题，把它列入自己的议事日程。还有一种特殊情况存在，即政策议程在政策已被确定后建立。教育政策已被决定后之所以建立议程，是为了寻求社会大众的理解与支持。当教育政策问题确认进入政策议程后，教育政策制定还将经过政策规划、政策合法化与政策采纳三个阶段。

义务教育优质均衡问题，同样也经历了从社会问题发展到政策问题，再进入到政府议程、政策规划、政策合法化与采纳等过程。21 世纪以来，我国教育行政部门颁布了大量的教育政策法规，有力地规范和促进了我国城乡义务教育的均衡、协调和快速发展。2001 年，国务院颁布了《关于基础教育改革和发展的决定》（国发［2001］21 号），其中对农村义务教育学校布局调整作了相关部署，要求各省在调整过程中遵照小学就近入学、初中相对集中的原则，合理配置教育资源。2003年《国务院关于进一步加强农村教育工作的决定》（国发［2003］19号），对东部经济、教育发达地区学校对口支援西部经济欠发达地区学校工作进行安排。为进一步提高乡村教师学历层次，优化乡村教师队伍结构，教育部于 2004 年启动实施"农村学校教育硕士师资培养计划"。2006 年，国务院办公厅下发《关于做好清理化解乡村债务工作的意见》（国办发〔2006〕86 号），明确规定，对各地农村义务教育发展进程中形成的债务予以化解。2005 年，国务院办公厅转发财政部、教育部《关于加快国家扶贫开发工作重点县"两免一补"实施步伐有关工作的意见》（国办发〔2005〕7 号），要求相关地区对国家扶贫开发工作重点县义务教育阶段贫困学生，免费发放教科书、免杂费，并补助寄宿生生活费。作为经济发达地区的江苏省也颁布了大量的促进义务教育发展的政策。2001 年 4 月 30 日，江苏省人民政府颁布了《江苏省人民政府关于加快基础教育改革与发展的意见》（苏政发〔2001〕68 号），对"十五"期间全省基础教育工作的主要任务进行部署。2002 年 6 月，江苏省人民政府又颁布了《江苏省政府关于完善农村义务教育管理体制的通知》（苏政发〔2002〕66 号），明确指出要在限定时间内消除农村中小学危房、推进中小学布局调整工作的落实。2003 年，江苏省教育厅下发了《关于全省农村中小学实施"三新一亮"工程的意见》，为每个学生配备符合标准的课桌凳、讲台和照明设备的工作正式启动。2004 年，江苏省教育厅下发《关于全省农村中小学实施"六有"工程的意见》（苏教办〔2004〕24 号），文件要求全省农村中小学校全面实施"六有"工程，即有整洁的校园，有卫生食堂，有冷热饮用水，有水冲式厕所，有安全宿舍，寄宿生每人有一张床。2005 年 7 月 28 日，江苏省教育厅下发了《关于加快推进"校校通"工程建设的意见》（苏教办〔2005〕28 号），要求公办乡镇中心初中、乡镇中心小学，配置一个 50 台计算机的网络教室和一个多媒体教室；农村定点完小，配置 1 个 20 台计算机网络教室。2006 年 4 月 30 日，江苏省教育厅下发《关于继续推进全省农村中小学基本办学条件合格学校建设的实施意见》（苏教合〔2006〕1 号）首次提出了改善中小学办学条件的"四项配套工程"，即实验设备、图书资料、体育器材、艺术教育器材设备的建设。2009 年 5 月 10 日，江苏省人民政府印发了《关于中小学校舍安全工程实施意见的通知》（苏政办发［2009］62 号），就全省中小学校舍安全工程实施作出部署。应当说，从中央政府到地方政府，为解决义务教育均衡发展的问题做出了持续不断的努力。一系列政策的颁布，有效地解决了义务教育发展中教育体制、经费保障和办学条件改善等问题。但我们也清晰地看到，在义务教育均衡发展的前期，最先进入政府政策视野的往往是指向于"物"的资源均衡。而愈演愈烈的"择校问题"，城乡教师队伍水平差距问题，流动儿童、留守儿童公平接受教育问题和教育信息化水平城乡差距等种种问题逐渐汇聚成义务教育优质均衡发展的问题源流。与此同时，教育公平越来越成为人们追求社会平等与正义的迫切要求，并逐渐成为社会进步与发展的追求。至此，促进义务教育优质均衡发展的政治源流快速形成。当问题源流与政治源流在 21 世纪的第一个十年后期的经济发达区域遭遇，义务教育优质均衡发展问题逐渐进入政府决策的议程，并进而成为政府政策予以实施。

第二节　政策行动

一　全国各地义务教育优质均衡发展政策行动

"让更多的人接受更好的教育"，已经成为我国部分经济文化发达地区普遍的社会诉求和教育发展的基本价值取向。从《国家中长期教育改革和发展规划纲要（2010—2020 年)》和《关于贯彻落实科学发展观进一步推进义务教育均衡发展的意见》可以看出，义务教育优质均衡发展已经提升至国家发展战略的地位，国家已经制定了分阶段、分区域实现义务教育优质均衡发展目标的时间安排和具体路径，可以说是义务教育优质均衡发展中国模式构建的"日程表"和"路线图"。在此前后，全国各地从区域实际情况出发，纷纷开展了义务教育优质均衡发展的政策行动。

1. 北京市义务教育优质均衡发展的政策行动

2008 年，北京市政府办公厅印发了《北京市推进义务教育优质均衡发展督导评价方案》，在全国率先建立了省级义务教育实施情况和均衡发展状况数据分析系统和信息平台，连续三年对全市各区县进行督导监测。针对义务教育均衡发展中的难点，制定时间表和路线图。为促进目标责任的落实，市政府教育督导室、市教委联合制定《北京市区县义务教育均衡发展责任落实评价验收方案》，并于 2012 年完成了 11 个区县义务教育均衡的评估认定工作。在义务教育优质均衡发展政策行动过程中，北京市坚持行政决策、执行和监督反馈相结合；坚持教育过程和教育结果同等重视；坚持教育发展水平与均衡水平同等提升；坚持硬件建设和软件建设的相互统筹。2015 年 4 月，北京市委常委会讨论通过了《关于义务教育优质均衡发展的意见》，着力均衡配置教育资源。为充分发挥优质教育资源的示范、辐射和带动作用，各区县和学校深化集团化办学、名校办分校、学区制管理等改革试点，以强带弱、以城带乡，开展教师互派交流、"影子校长"、共同开发课程、联盟学校资源合作等活动，以多种方式扩大和延伸优质教育资源。为进一步推进义务教育学校校长、教师轮岗交流，各区县利用绩效工资、职称评定、晋升渠道等杠杆，采取挂职交流、定期支教、区域内流动和城乡一体化管理等方式，引导干部教师在城乡间、校际间进行合理流动，逐步实现校长、教师交流工作制度化和常态化。在教师管理方面，北京市积极推进"区管校用"改革，严把教师入口关，做好中小学教师"国标省考"改革和定期注册工作，全面实施义务教育教师职务制度，改革北京市特级教师、学科带头人评审办法，强化各区县行政部门对教师的统筹管理。

2. 上海市义务教育优质均衡发展的政策行动

2011 年 6 月 10 日，上海市人民政府办公厅印发了《关于进一步推进本市义务教育均衡优质发展的实施意见》（沪府办［2011］32 号）分阶段描述了上海市义务教育优质均衡的发展目标。2012 年，全市各区县实现区域义务教育基本均衡发展，并通过市政府认定。义务教育普及实现全覆盖，进城务工人员子女、残障儿童、家庭经济困难学生教育权益全面保障。义务教育学校在办学条件、办学经费、教师队伍数量及结构等方面配置基本均衡，学校办学条件达到规定标准要求。2015 年，基本均等的义务教育公共服务体系进一步完善，适龄儿童少年包括进城务工人员子女、家庭经济困难学生、残障儿童在城乡均能受到良好的教育。学校教育资源的布局与人口分布结构相适应，基本满足常住人口适龄子女的教育需求。课程改革深入推进，义务教育质量全面评价的体系初步形成，全市义务教育学校办学水平继续稳步提升。2020 年，全市实现义务教育现代化，形成城乡义务教育一体化发展格局，校际差距、城乡差距和区域差距明显缩小。适龄少年儿童包括进城务工人员随迁子女、残障儿童、家庭经济困难学生都能接受公平及高质量的义务教育。基本建立市级统筹为主的义务教育财政投入机制、义务教育教师合理有效流动机制。基本形成全面推进素质教育的新局面，义务教育质量全面提升。近年来，上海市在创新管理制度和机制上不断推进优质教育资源的辐射与共享。一是发挥市区优质教育资源的带动效应，定点帮扶提升薄弱学校办学水平，9 个中心城区分别与 9 个郊县区建立了教育对口合作交流制度，实行城郊结对联动。二是实施"委托管理"，郊区农村义务教育薄弱学校委托市区品牌中小学或教育机构管理。2007 年至今，全市共有 109 批次学校参与了三轮委托管理项目。三是采取教师柔性流动，"三名"工程等措施，不断提升区域内部教师队伍的"造血"能力。此外，上海市注重学校内部自主发展，极大地促进了义务教育基本均衡。一方面，全市广泛实施"绿色指标评价"，确立全面育人的正确导向。在借鉴 PISA 测试和国家教育部质量监测经验的基础上，于 2011年出台《上海市中小学生学业质量绿色指标》。另一方面，积极推进"新优质学校"建设，全面落实"办好家门口每一所学校"的办学理念。

3. 浙江省义务教育优质均衡发展的政策行动

2013 年 4 月，浙江省人民政府颁发了《浙江省人民政府关于深入推进义务教育高水平均衡发展的实施意见》（浙政发［2013］25 号），并确定了"三步走"的阶段性目标。到 2013 年，全省实现区域义务教育基本均衡发展，基本均衡的县（市、区）比例达到80% 以上，义务教育在办学条件、办学经费、教师队伍数量及结构等方面配置基本均衡，义务教育学校教育质量和办学水平明显提升。到 2015 年，全省基本实现教育现代化，实现基本均衡的县（市、区）比例达到90%以上，基本均衡的义务教育公共服务体系进一步完善，学校布局与人口分布结构相适应，基本满足常住人口适龄子女的教育需求，课程改革深入推进，义务教育学校教育质量和办学水平全面提升。到2020年，全省全面实现教育现代化，实现义务教育公共服务均等化，义务教育校际差距、城乡差距和区域差距明显缩小。

在此意见的指导下，全省各地开展了义务教育优质均衡发展多种路径的探索。以浙江省湖州市为例，"五大工程""三项计划"和"五项机制"有力地促进了义务教育高位均衡发展。"五大工程"即：农村学校"多媒体进普通教室、塑胶跑道进每一所学校、电脑空调进教室办公室"的"三进工程"、标准化学校建设工程、交通安全保障工程、阳光厨房工程和阳光招生工程。"三项计划"即：扶困助学计划、新居民子女入学计划、普及残疾儿童教育计划。"五项机制"即：义务教育教师校长交流机制、学校组团联盟发展机制、教师专业发展提升机制、名师名校培养机制和创新育人机制等。杭州市在"城乡学校互助共同体"构建上也做了探索，从教育教学管理、课堂教学示范、教学专题研讨、教育资源共享、干部教师培训、学生交流结对、新课程改革全面实施、农村小班化教育研究等方面构建互动机制。至2012年，全市义务教育阶段共组建城乡学校互助共同体288个，共有751所中小学校参与城乡学校共同体，占全市义务教育阶段学校的98.1%。全市共组建教育集团241个，六城区中小学名校集团参与面为71.57%。"名校集团化"战略和"城乡学校共同体"建设加快了优质教育资源扩张的速度，缩短了学校和教师的成长周期，提高了杭州市优质教育覆盖率。

二　江苏省义务教育优质均衡发展的政策行动

为呼应国家关于义务教育进一步均衡的政策要求，促进省域范围内义务教育高位均衡发展，江苏省一方面贯彻执行国家制定的有关支持义务教育均衡发展的政策，另一方面结合本省社会、经济发展情况，制定实施了具有超前意识且富有本省特色的促进义务教育优质均衡发展政策，使全省义务教育优质均衡发展一直沿着正确的路径快速推进。从江苏省义务教育优质均衡发展的政策内容来看，其主要从优质均衡示范区创建、教育现代化工程等方面开展政策行动。

1. 江苏省义务教育优质均衡改革发展示范区建设

为推进义务教育优质均衡发展，江苏省教育厅及相关部门于 2010 年 5 月印发了《关于江苏省义务教育优质均衡改革发展示范区建设意见》，明确把推进义务教育优质均衡发展作为教育改革发展的重中之重，并对加强示范区建设，推进义务教育优质均衡发展的工作进行具体安排。文件公布了全省范围内的 13 个义务教育优质均衡改革发展示范区建设单位名单，其中包含 48 个县（市、区）。计划用 3 年时间，使示范区在学校办学条件、学生受教育机会、教育质量、教师资源等实现优质均衡。2012 年 3 月，江苏省教育厅又颁布《江苏省县（市、区）义务教育优质均衡发展主要指标》，明确规定了普及巩固与机会均等、规划布局与办学条件、师资配备与教师素质、素质教育与学生发展、教育管理与经费保障五个方面考核评估内容。在义务教育优质均衡改革与发展示范区建设的过程中，各个示范区在义务教育优质均衡发展的各个方面进行了深层的探索。在学校办学层面，农村学校布局调整和薄弱学校改造全面完成，探索出以"促农改薄"为重点推进义务教育优质均衡发展全面展开的实践路径。在学生受教育机会层面，创造性地开展工作，深入落实"两为主"政策，凸显了对弱势群体学生特别关照的教育公平理念。在课程开发与教学质量方面，科学制定教学质量评估区域监测标准，建构课程体系，推动了义务教育向质量提升、内涵发展转型。在教师资源配置上，持续推进区域内教师队伍的科学管理和合理流动，力求实现优质教师资源共享。2013 年 11 月，W 市下辖的所有市（县、区）全部高水平通过国家义务教育均衡发展督导认定。2014 年 1 月 16 日，江苏省人大常委会第八次会议批准了《W 市义务教育均衡发展条例》，这标志着作为优质均衡示范区整体推进单位，W 市持续 5 年推进义务教育优质均衡发展的工作进入了立法保障的阶段。该条例共计 9 章 41 条，全面规定了义务教育均衡在入学机会、办学条件、师资配置、学校管理、教育质量等方面的目标要求，明确了相应的标准规范和保障责任。2014 年 12 月 19 日，W 市政府又出台了《关于贯彻 W 市义务教育均衡发展条例的实施意见》。目前，全市 91% 以上的义务教育学校达到江苏省现代化办学标准，90% 以上的新市民子女在公办学校就学，"择校率"逐年下降，市民群众对教育均衡的满意度不断提高。

2. 江苏省教育现代化工程

江苏省的教育现代化在全国属于领先水平。早在 1993 年，江苏省就开启了教育现代化试点工程，此后又相继颁布多项政策指导教育现代化的建设。在教育现代化创建过程中，江苏教育发展取得了令人瞩目的成绩：学前三年入园率达到 96% 以上，全省小学适龄儿童入学率达 100%，初中毕业入学率达 98%，高中阶段毛入学率达 98%，小学初中在校生巩固率分别达到 99.5% 和 98.7%。学校办学条件显著改善，办学水平和教育质量得到明显提升，教育公平迈出重要步伐，"学有所教"的目标基本实现。

2010 年，江苏省委、省政府召开全省教育会议，发布《江苏省中长期教育改革和发展规划纲要 (2010—2020 年)》，对新时期教育现代化建设作出部署。其中明确提出到 2020 年全省率先实现教育现代化的目标。这为全省教育现代化的全面推进和深入发展指明了方向。相比前期区域基本教育现代化，省域层面的教育现代化明确了更高的标准和要求。一是提出了更高的目标，教育发展主要指标目标定位以发达国家为参照，力争达到国际先进水平；二是建设重心上移到省域层面，综合程度、复杂程度、难度系数更高；三是覆盖的范围更广，涉及各级各类教育、教育的内外部关系、学习和教育向社会的延伸等。

为推进全省教育事业健康持续发展，顺利实现省教育规划纲要确定的 2020 年教育现代化建设目标，2013 年 1 月，江苏省人民政府又正式颁布《江苏教育现代化指标体系》（苏政办发 ［2013］ 8 号）。八个一级指标涵盖教育普及度、教育公平度、教育质量度、教育开放度、教育保障度、教育统筹度、教育贡献度和教育满意度等内容。其中的教育公平度一级指标下设 "社会均等" "资源配置" 两个二级指标，主要反映对各类群体，特别是弱势群体平等的受教育机会的保障和教育资源的均衡、合理配置情况。规定残疾儿童少年享受 15 年免费教育的比例达到 100%，进城务工人员随迁子女与户籍学生享受同等待遇的比例达 100%，义务教育城乡、学校间条件均衡化比例达 100%。在教育保障度一级指标下设"投入水平""师资水平""信息化水平"三个二级指标，体现了从教育投入、教师队伍、教育信息化三个维度加强义务教育优质均衡发展保障体系建设的重视。特别是提出生均预算内教育经费在全国排名前三、教师领军人才人数占全国 10% 以上、国家信息化标准达标率 90% 以上等目标，体现了江苏教育现代化指标体系的超前性。

2013 年 5 月 13 日，江苏省人民政府办公厅颁发了《江苏省政府关于推进教育现代化建设的实施意见》（苏政办发〔2013〕85 号），并把深入推进义务教育优质均衡发展作为首要任务。具体要求为完善义务教育学校布局，加强示范区和学校标准化现代化建设，均衡配置教育资源并向农村学校和城区薄弱学校倾斜，保障外来务工人员随迁子女等困难群体平等接受义务教育。健全校长和教师合理流动机制，提高优质高中招生名额分配到区域内初中的比例，严格控制择校生的数量。此意见还分年度、分区域地制定三个年段的目标任务，对照省定现代化指标体系，到 2015 年，苏南、苏中、苏北分别要有 80%、30%、15% 县（市、区）达到综合得分 60 分的要求；到 2018 年，苏南、苏中、苏北分别要有 95%、80%、60% 县（市、区）达到综合得分 80 分的要求；到 2020 年，全省单项指标实现程度为 90%，综合得分达到 90 分。2014 年 10 月 21 日，江苏省教育厅又颁布《江苏省教育厅关于教育现代化示范区建设的指导意见》（苏政法〔2014〕9 号），即对照江苏教育现代化指标体系，要求位于苏南、苏中和苏北的示范区分别于 2016 年、2017 年、2018 年综合得分达 90 分以上，单项指标实现程度达 80%，提前达到省定指标体系要求，实现更高标准的普及教育，形成惠及全民的公平教育，提供更为丰富的优质教育资源，建设更加先进的教育设施，构建更具活力的体制机制，实施富有成效的社会服务，从而提升人民群众对教育的满意度。到 2020 年，现代教育治理体系基本形成，教

育优质均衡发展能力增强，教育现代化水平进一步提高。从 2014 年 1
月起，江苏省采用实地抽测、问卷调查和动态监测等方法，在省域范围
内开展教育现代化建设监测评估工作。

　　3. 江苏省千校万师支援农村教育工程

　　在以区域性整体项目方式推进义务教育优质均衡之前，江苏省已经
就义务教育优质均衡发展中的一些突出问题制定了相应的政策，并在全
省范围内实施。为进一步缩小地区、城乡、学校间师资队伍的差距，
2006 年 12 月 11 日，江苏省教育厅、财政厅下发《关于实施"千校万
师支援农村教育工程"的通知》（苏教师〔2006〕23 号）。《通知》明
确提出：从 2007 年到 2010 年年底，在江苏全省遴选千所优质学校、万
名骨干教师，与苏北农村千所薄弱学校实行"校对校"结对帮扶、对
口支教，全面提升苏北农村学校的教育教学质量和办学水平。2007 年 3
月 7 日，江苏省教育厅办公室、省财政厅办公室下发了《关于公布
"千校万师支援农村教育工程"结对帮扶项目学校的通知》（苏教办师
〔2007〕4 号），公布了"千校万师支援农村教育工程"1000 对项目学
校名单。2007 年 3 月 11 日上午，江苏省"千校万师支援农村教育工
程"在连云港市举行启动仪式。2011 年，江苏省教育厅、财政厅又联
合印发《关于继续实施"千校万师支援农村教育工程"的通知》（苏教
师〔2011〕15 号）文件，要求在"十二五"期间，全省将继续组织实
施"千校万师支援农村教育工程"，通过结对帮扶，使受援学校在教学
管理、课程实施、师资素质、教科研工作和教育教学质量等方面有显著
提高，以全面提升苏北农村学校教育教学水平和师资队伍整体素质，充
分发挥城镇优质教师资源优势，促进义务教育优质均衡发展。2014 年 7
月 4 日，江苏省教育厅办公室下发《省教育厅办公室关于调整"十二
五"期间江苏省"千校万师支援农村教育工程"结对帮扶项目学校的
通知》（苏教办师〔2014〕49 号），确定新一轮 1000 所受援学校。《通
知》要求支援学校要根据受援学校教育教学和师资队伍建设需要，与
受援学校共同研究结对帮扶方案，突出针对性和操作性。帮扶方案可以
采取选派骨干教师定期支教、骨干教师团队不定期送教、安排受援学校

教师来校跟岗实习、指导受援学校开展校本培训、建立网络平台共享校本研修资源等多种方式展开。

4. W市义务教育高位均衡发展示范区建设

2008年，W市在所辖市（县）、区全面启动了"W市义务教育高位均衡发展示范区"创建工作，以此促进全市义务教育学校在办学条件、师资队伍、管理水平、教育质量等方面的高位均衡，努力办好每一所学校，为每一个孩子提供公平教育机会和优质教育条件。2010年5月，W市以整体加入的方式成为江苏省13个义务教育优质均衡改革发展示范区建设单位之一。近几年来，围绕市义务教育高位均衡发展示范区创建和江苏省义务教育优质均衡发展改革发展示范区创建工作目标，主要做了以下几个方面的工作：一是改造相对薄弱学校，提升办学条件。从2009年起，W市对薄弱学校高度重视，并提供大量的资金扶持。市委、市政府每年计划改造提升60所相对薄弱学校，安排专项引导资金1000万元，连续三年改造了191所义务教育相对薄弱学校，投入资金高达24亿元。优化了校园的配置，学校面貌焕然一新。至2013年年底，全市义务教育现代化学校实现100%全覆盖。二是推动教师轮岗交流，促进师资均衡配置。从2010年开始，W市以每年按照不低于专任教师总数15%和不低于骨干教师总数15%的比例，推动区域内公办义务教育学校教师轮岗交流。同时，完善轮岗交流激励机制，对到薄弱学校任教达到一定期限且绩效突出的教师，在职务晋升、职称评定、业务进修、考核评优等方面给予优先安排。通过教师轮岗政策的实施，有效地缓解了教师资源配置不均衡的情况，薄弱学校的教师队伍建设水平得到提升，促进了办学水平的提高。2010—2014年，全市共轮岗交流教师1.5万余人、校长600余人，有的学校几乎100%的教师都有轮岗交流经历。同时，W市把建设高素质教师队伍放在突出位置，做到队伍建设规划优先落实、财政资金优先保障、资源政策优先提供。此外，着力实施"W市中小学教育名家"培养工程，加强中小学名教师、名校长工作室建设，培育了一批名师名校长。三是创新体制机制，优化教育环境。为了破除义务教育高位均衡发展的瓶颈障碍，W市着力深化管理体制改革，推进落实义务教育"以县为主"管理体制；深化办学体制改革，全面清理"公有民办"学校，彻底解决了"校中校"问题；深化招考制度改革，坚持义务教育免试、就近入学，严格限定"择校"比例，要求每一所公办学校的择校生比例控减在10%以内，持续推进中招制度改革，提高市区热门高中招生指标分配比例，热门高中计划内招生分配指标2012年提高到60%，2013年提高到70%，2014年起实行除自主招生外的计划内招生指标全部分配。同时，大幅度降低分配指标录取分数的限制，严格执行初中借读生不享受热门高中招生分配指标政策，有效缓解了"择校"压力，推动了义务教育生源合理分流。数据表明，2014年，W市范围内择校率已降至10%以下。在B区，中小学择校比例仅为1.48%和3.62%。四是规范学校管理，实施素质教育。2014年，W市教育局相继出台《关于严格禁止中小学在职教师从事有偿补课的若干规定》《W市基层学校公共服务规范》等文件，严格规范中小学办学行为，严格控制学生在校时间和作业量，严格禁止中小学违规补课，严禁社会办学机构和中小学合作搞学科类的培训和竞赛。同时，创新实践"关注课堂、聚集课堂、推进有效教与学"活动，努力提高课堂教学效率，使课堂成为全体学生学、思、知、行有机结合的阵地，确保"减负增效"落到实处。此外，切实推进素质教育，坚持育人为本、德育为先、能力为重、健康第一的教育质量观和人才观，广泛开展学生社会实践活动和校园文化活动，深入推进省市体育、艺术和科技等"一校一品"学校特色建设，引导学校深入挖掘区域优势资源，增强学校发展的品牌特色优势。经过六年的努力，全市义务教育高位均衡发展取得了突出成效：校际办学差距进一步缩小，教师队伍素质进一步提高，"择校热"问题进一步得到解决，义务教育内涵质量进一步提升，群众对义务教育的满意度进一步提高。2012年，W市所辖市（县）、区全部通过"全国义务教育发展基本均衡县（市、区）"省级评估，全部建成"W市义务教育高位均衡发展示范区"，W市被国务院表彰为"全国'两基'工作先进地区"。2012年年底，W市教育局、国家统计局W调查队共同组织了义务教育高位均衡发展示范区建设满意度问卷调查。调查数据显示，全市中小学校的办学条件、规范收费、师资水平、师德表现、家校沟通等方面得到了普遍认可，社会公众对全市义务教育高位均衡发展的总体满意度达到 94.07 分①。2014 年 5 月 1 日，《W 市义务教育均衡发展条例》颁布实施，意味着全国首部关于义务教育均衡发展的地方性法规由此诞生，义务教育优质均衡发展在 W 市正逐步成为现实。

---

① 相关数据参见 2015 年 12 月 30 日 W 教育网"W 市义务教育高位均衡发展工作回顾"。

第三章

个案域情：W 市 B 区的社会
经济发展与教育

  义务教育的发展与所处地域的社会经济发展有着十分紧密的关系。江苏省位于华东地区，是沿海经济发达省份之一，但因区位、历史等种种原因，其省内的经济发展水平并不均衡，苏南、苏中、苏北三个区域存在着较为显著的差异。义务教育的发展水平受经济发展水平制约，也同样表现着这种区域性的差距。W 市 B 区是江苏省经济发达地区，其社会经济发展水平一直处于全省领先的位置，曾有"华夏第一县"之美誉。近 20 年来，W 市 B 区经历了从传统农村到近代城郊再到城市核心区的演变，加之传统的工商业文化影响，W 市 B 区形成了具有自身鲜明表征的区域性社会文化，这种社会文化也深深地嵌入到 W 市 B 区经济、文化教育的发展之中，以或外显或内隐的方式影响着当地人民的生活。其实，无论是哪一个县区，都是一个国家的一部分，此中都带有国家的印记，就像李书磊在《村落中的国家》一书中说的丰宁县一样，作为国家政权建制的一部分，它与中国任何一个县份都别无二致[1]。但是每一个区域因为地方历史和生活区域环境的不同，其社会文化又显现着它有别于其他区域的独特性。由此来看，W 市 B 区是普通的，又是特殊的。从社会科学研究的视角进行选题，普通而又具有特殊性的研究往往更有价值和意义。

---

  ① 李书磊：《村落中的国家》，浙江人民出版社 1999 年版，第 2 页。

　　B区的自然条件怎么样？B区的社会经济发展及文化教育状况如何？又具有什么独特的特点？B区的义务教育现状如何？是否达到优质均衡发展？而B区又采取了哪些支持性政策？这些政策又取得了怎样的成效？这些问题，都是本章所要做出解答的问题。在本部分，笔者将沿着"B区社会经济发展——B区教育变迁——B区义务教育均衡发展政策行动"这一线索，首先对B区自然条件和社会经济发展状况进行描述，然后从地域文化的视角去回溯B区的教育发展和教育变迁，最后对B区义务教育均衡发展的支持性政策的运行及其遭遇的问题进行整体性分析，为后续章节对B区实施优质均衡的义务教育政策执行的深入考察提供基础。

第一节　B区的社会经济发展

一　自然条件

　　W市B区位于W市西南部，江苏省东南部，属于长江三角洲腹地。B区是由具有"华夏第一县"之称的W县部分乡镇和具有"神州第一郊"的郊区和马山区组建而成。B区东面靠近苏州地区，距上海128公里；南面濒临太湖水域，与浙江省交界；西面接壤常州市武进区，离南京183公里。B区全区总面积629.37平方公里，其中陆地面积258.45平方公里，耕地面积34.87平方公里。B区境内环太湖公路、京杭大运河、锡宜高速公路等交通要道纵横交错，张家港、江阴港、虹桥机场、浦东机场、南京禄口机场均相距不远，B区通向外界的交通非常便捷。B区不仅是近代中国民族工商业和现代乡镇企业的发祥地和中国吴文化的发源地之一，还是目前W市的行政、休闲度假、科教研发、商务、生态等中心区域。

　　W市B区属于北亚热带湿润季风气候，四季分明、气候差异较大，雨热同期，无论是热量还是雨水，都非常充沛。由于受来自海洋的季风影响，B区夏季盛行东南风，不但炎热而且多雨；由于受来自大陆的季风控制，B区冬季盛行偏北风；春季天气多变，冷热不定；秋季天高气爽，温度适中。据 1981—2010 年 30 年统计资料显示，B 区常年平均气温 16.2 摄氏度，降水量 1121.7 毫米，雨日 123 天，日照时数 1924.3 小时，日照百分率 43%。B 区临近太湖，一定程度上受到太湖水汽影响，再加上宜南地势较高，丘陵山区等因素的影响，B 区局部地区也存在着多种多样的小气候，因此 B 区土壤具有南北农业皆宜的特点，适宜种植的农作物种类繁多。

W 市全市共有大小河道 3100 多条，总长 2480 公里。而 B 区全区水域面积约 370.26 平方公里，占总面积的 58.94%。河道总长 448.86 公里，家塘 229 支。B 区境内拥有 WL 湖、ML 湖、GH 水域，全区沿太湖湖岸长达 112.6 公里。

就 W 市总体而言，全市境内的地势特点是在以平原为主的基础上零星分布低山、矮丘。W 市的南部分布着纵横密布的水网以及广阔的平原；与南部地区相反，北部地区则为高沙平原；W 市的中部是低地开辟而成的水网和圩田；西南部的地势较高，分布着低山和丘陵。W 市 B 区的地貌属太湖冲积平原，低山矮丘环湖，山体由泥盆系石英砂岩、粉砂岩组成。土质以黄棕壤和黄红壤为主，质地黏重，颗粒甚粗。受湖水长期侵蚀，致使港湾和浪蚀崖较为发达，东部是太湖冲积平原，地势低平，为黏土，粉质黏土、粉细砂、中粗砂堆积而成。地层隶属于扬子地层区江南地层分区。山、平、圩交错，以惠山三茅峰（海拔 328 米）为最高点，山丘高度大部分在 100~320 米。平原区高程在 3.5~6.2 米之间（吴淞高程，下同），圩区高程较低约 1.0~3.5 米左右。B 区旅游资源丰富，濒临烟波浩渺的太湖，紧靠"江南第一山"惠山，拥有风光秀丽、长达 112.6 公里的太湖湖岸线，作为中国最佳旅游城市和十大旅游城市之一的 W 市的旅游景点大部分集中在 B 区，境内有 5A 级景区 3 个［灵山胜境、央视基地（三国城、水浒城）、鼋头渚］，4A 级景区 4 个［梅园、蠡园、太湖欢乐园（动物园）、锡惠名胜区］，3A 级景区 5 个（龙头渚、雪浪山生态园、龙寺生态园、太湖花卉园、唐城），全国农业旅游示范点 7 个（九龙湾乡村家园、雪浪山生态园、龙寺生态园、唯琼农庄、太湖花卉园、慕湾生态园、红沙湾农业观光区）。

二　社会经济

W市B区历史悠久，古称W县。W县始于西汉高祖五年（公元前202年）建县，谓W县，属会稽郡。三国时，孙吴废W县，分W县以西为屯田，置毗陵典农校尉。西晋太康二年（281年）复置W县，属毗陵郡。元贞元年（1295年）升W县为州，属江浙行中书省常州路。明洪武元年（1368年）又降州为县，属中书省常州府。清雍正二年（1724年），分W县为W、金匮两县，均属常州府。民国元年（1912年）两县合二为一，复称W县，属苏常道。民国16年（1927年），W县直属江苏省。1949年4月23日W县解放后，分W县为W市、W县，W市直属苏南区。1953年建江苏省，W市为省辖市。1983年3月1日实行市管县体制，W市辖江阴县、W县、宜兴县3县。1987年4月、1988年3月江阴、宜兴先后撤县设市。1994年将W县坊前镇所辖的金桥、群星、同心、春丰、春潮5个村，新安镇所辖的西宅、过家桥、宅基、金华、旭明、高浪度、东裕7个村，梅村镇所辖的荆协、荆同、香一、齐心、高田、北张、联心7个村划出合并设立金梅乡，金梅乡和W县的硕放镇、胡埭镇划归W市郊区管辖。1995年6月，撤销W县，以其原辖区域设立XS市（县级）。2000年12月，经国务院批准，撤销XS市，设立W市锡山区和惠山区。原县级XS市的坊前、梅村、新安、华庄、东绛、雪浪、南泉7个镇并入W市郊区，并更名为W市B区。

W市B区经济繁荣，各种项目发展迅速。B区（原W县）在新中国成立后第一次百强县评比中居于首位，故名华夏第一县［1980年起连续十年位居全国百强县之首，后又连续三届（1991年、1992年、1994年）位居国务院经济研究中心和国家统计局评定的全国综合实力百强县之首］。以2010年为例，全区实现地区生产总值（GDP）492.52亿元。从行业情况看，工业实现增加值220.72亿元，建筑业实现增加值34.79亿元，交通运输仓储业实现增加值5.07亿元，批发零售业实现增加值 33.62 亿元，住宿餐饮业实现增加值 15.36 亿元，金融保险业实现增加值 31.68 亿元，房地产业实现增加值 54.27 亿元，其他营利性服务业实现增加值 45.42 亿元，其他非营利性服务业实现增加值 48.45 亿元。财政收入增长较快，全区完成财政总收入 139.18 亿元，比上年增长 82.6%；财政收入占 GDP 的比重为 28.3%；其中一般预算收入 55.19 亿元，比上年增长 31.3%。财政支出 87.01 亿元，比上年增长 179.6%。

B 区 2010 年实现农业总收入超 4 亿元，"万顷良田"建设工程、太湖花都等加快推进。全区新增适度规模农业面积 340 公顷，比例达 75.15%；新增高效设施农业面积 66.7 公顷。都市农业收入 3100 万元，实现目标任务的 103.33%；农业项目投入 1.5 亿元，全部实现目标任务；实现生物农业销售收入 1 亿元，培育生物农业规模企业 1 家，规模以上农业龙头企业销售收入增幅 13.8%。无公害、绿色、有机食品"三品"种养面积比例达 75%。

B 区工业经济增长平稳。2010 年，工业总产值规模以上工业企业（800 万元以上）完成工业总产值 494.9 亿元，比上年增长 19.9%。规模以上工业企业从经济类型看，国有工业企业完成工业总产值 1.65 亿元，同比下降 12%；集体企业总产值 3.87 亿元，增长 26.9%；股份制企业总产值 302.93 亿元，增长 23.4%；股份合作制企业总产值 8.19 亿元，增长 5.7%；三资企业总产值 153.27 亿元，增长 15%。规模以上工业企业从行业情况看，化工工业增长 35.9%，冶金工业 32.1%，生物医药 19.9%，机械工业 18.8%，纺织服装 16.4%，轻工工业 14.8%，信息产品制造业 14.3%。列入统计的 35 个主要工业产品中，产量比上年增长的有 23 个，占全区统计产品数的 65.7%，增幅在 10% 以上的有 19 个，占 54.3%。工业经济效益规模以上工业企业实现主营业务收入 503.21 亿元，比上年增长 21.5%；实现利税 59.07 亿元，增长 24.8%；利润 41.06 亿元，增长 31.4%；完成纳税销售收入 1140 亿元，比上年增长 15.4%。规模骨干企业完成纳税销售收入 421.3 亿元，比上年增长 21.5%。累计培育国家高新企业 56 家，新增省级工程技术研发中心19家。新城工业安置区新扩展面积134.3公顷，完成主辅分离20家。工业投入结构进一步转型优化，技改投入占比达52%，技术装备投资占全部工业投入比重超过70%，五大新兴制造业投入增幅35%，新上企业和项目实现100%入园率，年度工业集中度达88%。

B区新兴产业发展迅猛。2010年，八大新兴产业实现纳税销售收入130亿元、比上年增长37%。服务外包接包合同金额5.4亿美元，离岸外包合同金额3亿美元，分别比上年增长62.6%和33.5%，物联网企业销售收入50亿元，5家企业入围"123计划"（到2010年年末，全市企业集聚国际服务外包和软件出口企业100家，每家企业从业人员超过2000人，年出口超过3000万美元）。软通动力、"万人计划"、生物医药三大工程启动实施。发挥中电科、Softtek、同捷汽车、药明康德等项目引领作用，加快产业向专业园区集聚，生物医药、物联网等产业产出分别占全市的30%、15%。W市国家数字产业园区、国家生命科学国际合作基地在B区正式挂牌，中国物联网创新研发中心、复旦大学W市研究院在B区启动建设。

B区旅游业规模不断放大。2010年全年接待旅游总人数1009.4万人次，旅游总收入100.3亿元，入境游增长42.6%。喜来登大酒店、灵山元一丽星温泉度假酒店建成投运，吴都阖闾古城遗址公园、灵山佛教博览园、荣巷历史文化街区等项目加紧建设。举办第七届W市太湖山水文化节和第六届W市太湖生态旅游节。开展亚洲五国（地区）畅游B区活动。按照"瞄准W市、强攻长三角、拓展中长线、发展东南亚"的思路，在上海、贵阳、昆明、天津、唐山、台北，以及本地社区举办多场旅游推介活动。针对"食在B区"目标，组建区餐饮协会，举办乡村美食节、烹饪及服务技能操作大赛。全区新增27个公共自行车站，销售会员卡近7000张；做好山水丽景大酒店创绿色饭店、16家农家乐升星创星、九龙湾乡村家园农业休闲旅游服务标准竞创省标和国标等工作。

在开放型经济领域，2010年，B区成功举办春秋两季经贸签约会，引进银乾生物、捷太格特开发中心等一批新兴产业项目，华润万家、宝大祥、美的加点等一批城市商业总部落户 B 区，全区到位外资 1.8 亿美元。28 个重点项目推进总体良好，华莱坞电影产业园、金源科技大厦、华达电机等项目启动建设。全年出口 11.2 亿美元，比上年增长 30%，境外及港台投资协议总额 5180.4 万美元。新建金源香港、信捷电子韩国公司等 6 家境外及港澳台企业。国内贸易十分活跃，B 区 2010 年实现社会消费品零售总额 147.19 亿元，比上年增长 19.0%，其中批发零售贸易业零售额 132.00 亿元，比上年增长 19.1%；住宿餐饮业零售额 15.19 亿元，比上年增长 18.4%。在限制以上批发和零售业零售额中，文化办公用品类比上年增长 97%，建筑及装潢材料类比上年增长 8.3%，肉禽蛋类比上年增长 7.7%，粮油类零售额比上年下降 10.3%，日用品类比上年增长 23.7%，服装类比上年增长 40%，汽车类比上年增长 42.9%，石油及制品类比上年增长 23.2%，家用电器和音像器材类比上年增长 14.2%，家具类比上年增长 18.2%，化妆品类比上年增长 16.6%，中西药品类比上年增长 16.1%。[①]

三　文化发展

B 区地处太湖精华区域，是中国吴文化的发源地之一。B 区的 5A 级景区有 3 个，4A 级景区有 4 个，除此以外，B 区还有 7 个全国农业旅游示范点。近几年 B 区秉持"山水为形，文化为魂"的文化建设理念，大力推进"佛文化、吴文化、工商文化、影视文化"四大特色文化建设，探索出了一条传统文化与现代文化、城市建筑与城市文化交融共生的文化发展新道路。

B 区享誉全球的灵山圣境，当年只是一片荒芜的不毛之地。B 区人民在没有任何旅游开发模式的借鉴之下，大胆创新、发挥 B 区人民的集体智慧，大刀阔斧地对这一蛮荒之地进行大改造、大开发，从而成功建造了天下第一掌、华夏第一鼎、中华第一壁等十一项中国之最，使灵

---

① 《长江三角洲城市年鉴》编辑部：《长江三角洲城市年鉴 2013》，中国文史出版社 2014 年版，第 63 页。

山大佛、九龙灌浴、梵宫、五印坛城四大景观落地建成。不仅如此，一大批盛大的佛教文化配套景观也相应配套建造，推动了灵山胜境的佛文化内涵的重新定义与传播，灵山圣境成为全国闻名的佛教主题博览园。为了发展灵山胜境的旅游产业，B区人民还建成众多度假酒店以及温泉等配套设施，开发灵山品牌的旅游产品。据不完全统计，灵山胜境的年总收入近30亿元。

春秋战国时期，地处太湖之畔的吴都阖间城在吴越争霸之际成为当时中国政治文化发展中心之一。2008年，国家文物局将吴都阖间城的挖掘考古发现评为"全国十大考古新发现"，吴都阖间城从此成名。2010年，遗址博物馆正式启动建设，相继启动的还有阖间文化村、十八湾度假酒店、艅艎大舟、古船博物馆、古胥湖水上旅游五大旅游项目的建设。长篇历史小说、电影以及电视剧版《阖间王朝》的相继问世，标志着B区以吴都阖间古城遗址为基础，成功打造了集历史文化、影视产业等于一体的多元文化旅游品牌样本。

B区人民不仅在开发山水方面有着自己独特的经验，在富有乡土特色的建筑群的保护与开发方面，也独居特色。从旧社会到新中国，以荣氏为代表的民族工商业家族，曾在中国的经济发展历史上留下浓墨重彩的一笔。在B区的RX街道，至今保存着新中国成立前兴建的一条长约380米老街和152处近代建筑群。B区政府按照"修旧如旧、修复为主"和"整体协调、特色突出"的原则，以"善文化、商文化、住文化"为三大文化主题，通过纪念馆、善文化街、商文化节等文化项目的启动实施，不仅展示了荣氏家族发展历史以及B区的民俗文化，还完好地保存了现有的街巷格局和民族风貌等文化遗产资源，赋予了荣巷建筑群以居住、旅游、休闲等新的现代功能，进一步带动了当地的文化娱乐、古董鉴赏等文化消费活动。

W市国家数字电影产业园地处B区XL山，数字电影产业基地不仅仅是用来进行电影拍摄、制作和发行，B区人民还将它作为打造文化产业链上的重要环节，着力推动灵山胜境、吴都阖间城、荣巷历史文化街的数字电影化，提升品牌知名度，从而促进B区文化产业基地的生产与繁荣。

B 区在"山水为文化添彩、文化为山水铸魂"理念的指引下，建设灵山胜境，打造佛文化集聚区；以阖闾城遗址发掘为基础开创吴文化历史文化保护范例；以影视基地建设创生苏南地域文化品牌。B 区将传统的文化资源进行创新性再造，进而转变为现代的文化资本，创造了富有个性、独具一格的文化生态。

第二节　B 区的教育变迁

W 县是江南文明发源地之一，始于西汉高祖五年（公元前 202 年）建县，属会稽郡，有文字记载的历史可追溯到 3000 年前的商朝末年。公元前 11 世纪末，周太王的长子泰伯为让位于三弟季历，偕二弟仲雍，从现属陕西的岐山东奔江南，定居梅里（原 W 县梅村），筑城立国，自号"勾吴"。从泰伯让位到季札让国，吴地至德礼让蔚然成风。孔子有言："泰伯其可谓至德也已矣，三以天下让，民无不德而称焉。"司马迁赞道："延陵季子之仁心，慕义而无穷。"千百年来，经过吴地人民世代传承，"至德化浇漓为纯朴，息争夺为廉让"，涵养出了吴地人民"仁爱、谦卑、诚实、守信"的至德精神。从历史上看，W 地区原以农桑为主。东晋南朝起，大批士人南下，吴地实现了尚武到崇文的转变。以后唐五代、北宋末年都有大批避战乱的北方世族大家随皇家贵族南下，给吴地带来了先进的中原文化。吴地人逐渐形成崇文重教之风，大批书香门第出现。男耕、女织、子读渐成乡中风俗，"寒可无衣，饥可无食，诗书不可一日失"成为吴人同识。唐末，W 地区就开始举办书院，最为著名的是北宋正和元年兴办的东林书院，其"风声、雨声、读书声，声声入耳；家事、国事、天下事，事事关心"之佳句流传至今。W 地区历史上第一个状元蒋重珍，即南宋时期 W 县富安乡人。据《W 县志》记载，明代李氏家族曾"一门五尚书，四代九进士"。至清乾隆年间，W 地区科举至仕几近巅峰，某年，一榜九进士，三科全解元，全被 W 地区囊括。近代以来，W 地区出现了前所未有的兴学景象。

光绪二十三年（1897年），W地区举人杨模捐资办竢实学堂，俞复等人办立三学堂，开新学之先。1926年，陶行知先生为寻找改进乡村教育之根据，来到W县KY乡，考察了KY小学等多所学校，深为W县学校教育之开明而感慨，回宁不久写出了《W小学之新生命》一文。至抗战前，W县已有454所公私学校。

新中国成立后，W县的教育事业蓬勃发展。1954年，W县城乡有各级各类学校748所。其中完全中学1所，共有16班，在校学生936人；初级中学23所，共有135班，在校学生10610人；小学724所，2025班，在校学生103957人①。1958年，全县有小学756所，在校学生170642人；有中学51所，其中公办中学40所，民办中学11所，共有421个教学班，在校学生总数达到23664人②。同年，刘少奇同志提出两种教育制度并行，全国各地兴办农业中学。W县也出现了大办农业中学的"大跃进"热潮，仅4、5月间，开办农业中学28所，计51个班级，2521名学生。至1958年年底，全县开办农业中学298所，在校学生12400人。因片面强调实践而忽视书本知识的教学，加上师资队伍薄弱等影响，1960年以后，农业中学逐步萎缩。1962年贯彻国民经济"调整、巩固、充实、提高"的方针，W县农业中学只保留5所。此段时期，W县各中学学习上海育才中学"紧扣教材、边讲边练、新旧联系、因材施教"的教学经验，克服多而杂、"满堂灌"的偏向，教学质量取得明显的进步。"十年动乱"时期，W县教育遭受严重破坏，学校停课闹革命，教育教学质量严重下滑。从1967年起，小学1～4年级学生只要求背诵《毛主席语录》，兼学识字，学唱革命歌曲，学习一些算术和科学常识；5～6年级学习《毛主席语录》，"老三篇"和"三大纪律八项注意"，学习"十六条"，学唱革命歌曲。中学则重点学习毛主席著作，还有一些工业农业常识，更多的时间是参加军训和生产劳动。1975年，邓小平主持中央日常工作，提出"文化教育也要整顿"的要求，强

---

① W市档案馆XC28—1—6号档案《1954年W县学校事业概况》。
② W市档案馆XC28—1—10号档案《1958年W县文教局学校统计材料》。

调要让学生学习文化科学知识。9 月中旬，教育部在 W 市召开四省七市"城市中小学教育工作座谈会"，贯彻教育部部长周荣鑫关于改革教育的指示精神，给 W 县全体师生以极大的精神鼓舞。但刚到 11 月，周荣鑫就受到造反派的冲击，"城市中小学教育工作座谈会"形成的一些改革措施被斥为"奇谈怪论"，W 县的教育又陷入迷茫与停滞阶段①。

党的十一届三中全会以后，W 县的教育事业迈入了健康快速的轨道。至 1978 年年底，全县有普通中学 68 所，1164 个教学班，在校学生 58452 人；小学 636 所，2635 个教学班，在校学生 103506 人②。1979 年，W 县深入贯彻国家关于教育"调整、巩固、整顿、提高"的指导思想，制定了"巩固小学、优化中学，调整中等教育结构、发展职业技术教育"的教育发展方案，各级各类学校教育较为协调而有序地发展。1986 年，W 县有中等专业技术学校 2 所，10 个教学班，在校学生 461 人；普通高中 34 所，158 个教学班，在校学生 8402 人；初级中学 50 所，816 个教学班，在校学生 35389 人；农村职业中学 3 所，49 个教学班，在校学生 2102 人；小学 532 所，3133 个教学班，在校学生 114770 人；聋哑学校 1 所，3 个教学班，在校学生 48 人③。20 世纪 90 年代中期，W 市进行区划调整，W 县更名为 XS 市。1999 年，XS 市有中等专业学校 2 所，在校学生 4970 人；普通高中 23 所，278 个教学班，在校学生 14236 人；初级中学 28 所，855 个教学班，在校学生 38921 人；农村职业中学 9 所，130 个教学班，在校学生 4257 人；小学 305 所，2629 个教学班，在校学生 90206 人；特殊教育学校 2 所，21 个教学班，在校学生 772 人④。

2000 年 12 月，县级 XS 市再遇区划调整，其部分乡镇并入 W 市郊区，更名 W 市 B 区。进入 21 世纪，W 市 B 区贯彻教育优先发展战略，发挥教育基础性、全局性、先导性作用，深化教育改革，大力度增加教育投入，教育教学质量全面提升。一方面在基础教育巩固和发展的同

---

① 华志栋：《太湖教育史》，中华书局 2000 年第 1 版，第 280 页。
② W 市档案馆 XC28—1—20 号档案《1978 年 W 县文教局学校统计报表》。
③ W 市档案馆 XC28—1—180 号档案《1986 年 W 县文教局学校事业统计表》。
④ W 市档案馆 XC28—1—565 号档案《1999 年 XS 市教委各类教育概况》。

时，教育发展向两头延伸，学前教育整体模式推进，高中教育基本普及，职业、社区教育联动，公民办教育相互补充；另一方面按照"整体规划、合理布局、分步实施"的原则，积极推进教育布局结构调整，优化教育资源配置。2003年，B区被评为江苏省中小学布局调整合格县区。2007年年底，B区在苏南地区率先通过"江苏省教育现代化县（市、区）"评估验收。2008年，B区以"建立现代学校制度，促进学校自主发展、内涵发展"为主题的"学校校本提升战略"全面实施。到2010年，全区有幼儿园25所，中心小学、直属小学14所，初中11所，九年一贯制学校1所，高中2所，省四星级职业学校1所。在校学生高中4585人，初中10835人，小学25553人，幼儿园15098人，职业教育6666人。全区各类教育快速协调发展，学前教育不断普及，幼儿园省级合格率100%，优质率68%；义务教育基本均衡，义务教育学校中现代化学校比例达83.33%；高中教育稳步特色发展，2所高中全部达到三星级以上标准；职业教育基本完成从规模发展向内涵发展的转型；LX中等专业学校被评为四星级中等职业学校和江苏省高水平示范性中等职业学校。师资队伍素质不断优化，全区小学教师大专学历达87.7%，初中教师本科学历达82.2%，高中教师研究生学历达21.4%，有江苏省特级教师9人，W市名师5人，W市学科带头人3人，区级以上骨干教师508人。

2011年8月10日，W市B区人民政府办公室下发《W市B区"十二五"教育事业发展规划》（2011—2015），明确了"十二五"期间B区教育发展的总体目标，即到2015年，率先全面实现教育现代化，率先基本建成学习型城区，率先建成教育体系完善、教育理念科学、教育多元开放、优质资源充裕、城乡教育一体、发展高位均衡的强区，为率先建成全国一流的人力资源强区打下坚实基础。此外还确立了区域教育跨越发展的四大战略，即高位均衡发展战略、文化品牌引领战略、人才兴教强教战略和体制机制改革战略。2012年，B区被江苏省教育厅评为"江苏省学前教育改革示范区"；2013年，B区通过"江苏省示范性县级教师发展中心"评估；2014年，B区以高分通过了"全国义务教育发展基本均衡示范区"验收；2015 年 3 月 27 日，B 区又以全省第二名的成绩被评为"江苏省义务教育优质均衡改革发展示范区"。

第三节　B 区义务教育优质均衡发展的政策行动

21 世纪以来，B 区积极实施"科教强区"战略，深入推进义务教育均衡发展。其支持义务教育优质均衡发展的政策主要集中在如下几个方面：一是加大教育资金投入，为义务教育优质均衡发展提供经费保障；二是结合江苏省提出的义务教育均衡发展的多项政策，制定本区域的相应政策，积极创建江苏省义务教育优质均衡改革发展示范区，加速推进区域教育现代化的进程；三是切实推进校长、教师城乡交流常态化、制度化，建立促进师资均衡配置、整体提升教师队伍素质的政策；四是坚持贯彻"以公办学校为主、以流入地政府为主"的"两为主"理念，实行外来务工人员随迁子女义务教育阶段公办学校全纳政策。

一　完善义务教育优质均衡发展经费保障体制

改革开放以来，江苏经济一直处于全国领先地位。进入 21 世纪，江苏区域经济持续强势发展。苏南地区依托传统工业优势，进一步拓展开放型经济，社会经济发展保持着良好的上行态势。以 2012 年为例，B 区所在的 W 市，全市人口 470.07 万人，其地区经济生产总值7568.15 亿元，人均地区生产总值 117357 元；全年社会固定资产投资3618.07 亿元，地方财政一般预算收入 658.03 亿元；全市工业企业实现增加值 3056.09 亿元，比上年增加 7.1%，八大新兴产业生产总值6043.66 亿元，比上年增长 9.3%；城乡居民收入不断增长，2012 年，居民可支配收入 35663 元，农民可支配收入 18509 元①。

---

① 《长江三角洲城市年鉴》编辑部：《长江三角洲城市年鉴 2013》，中国文史出版社2014 年版，第 75 页。

表 3 - 1　　　　　　　2010—2012 年 3 年间 W 市城乡居民收入情况　　　　　　单位：元

居民收入	2010 年	2011 年	2012 年
城市居民人均可支配收入	27750	31638	35663
农民人均收入	14002	16438	18509

资料来源：根据《长江三角洲城市年鉴》2010 年、2011 年、2012 年相关数据整理。

快速发展的江苏经济，对科技、文化、教育等领域产生了深刻而长远的影响。在 W 市，全市新认定的国家火炬计划重点高新技术企业 7 个，省级高新技术企业 79 个，67 个企业通过省级复审，省级高新技术企业累计 229 个。全市拥有国家级工程技术研究中心 57 个，其中物联网产业取得重大突破，《WX 国家传感网创新示范区发展规划纲要》成功获批。全市年末拥有各级各类学校 424 所，在校学生 72.29 万人，专任教师数达到 49579 人。2012 年，全市教育经费总投入达 150.2 亿元，比上年增长 5.6%。全市在省、市优质幼儿园就读的幼儿比例达 88% 以上，在义务教育现代化学校就读学生比例达 100%。在 W 市的高校达 12 所，本专科在校学生 10.9 万人。全市公共文化设施总面积 108 万平方米，万人拥有量 1662 平方米，覆盖率达 99.2%[①]。

B 区经济实力的增强与快速发展，为区域义务教育的优质发展提供了坚实的经济基础。为进一步推动义务教育优质均衡发展，加快教育现代化进程，B 区通过多种途径筹措教育经费，大力度增加教育投入，确保教育经费"三增长一优先"政策的落实。预算内教育经费、预算内义务教育生均经费逐年增长，新增的教育经费优先投向农村学校。2010 年，B 区实现地区生产总值 492.52 亿元，比上年增长 13%；全区完成财政总收入 139.18 亿元，同口径比上年增长 25%。全区 2010 年财政教育经费支出 95966 万元，比上年增长 39.2%[②]。（见表 3 - 2、表 3 - 3）

---

① 《长江三角洲城市年鉴》编辑部：《长江三角洲城市年鉴 2013》，中国文史出版社 2014 年版，第 322 页。

② 引自《2011 滨湖区概览》，第 29、313 页。

表 3-2 B 区 2010—2011 年教育行业固定资产投资及其增长速度 　单位：万元

年度	实绩	同期	增长率
2010	43400	36300	19.6%
2011	52310	43400	20.5%

资料来源：根据《长江三角洲城市年鉴》2010 年、2011 年相关数据整理。

表 3-3 　　　　B 区 2009—2010 年财政预算及教育支出统计表 　单位：万元

数据指标	2009 年	2010 年	增长率
教育支出	68932	95966	39.2%

资料来源：根据《长江三角洲城市年鉴》2009 年、2010 年相关数据整理。

　　2009 年，B 区政府按照建立公共财政的要求，不断增加对教育的投入。一是预算内教育拨款 61041 万元，较上年的 48676 万元增长了 25.4%，财政经常性收入为 260504 万元，比上年的 207764 万元增长了 25.38%，教育经费拨款的增长高于财政经常性收入的增长。二是预算内义务教育事业经费，2009 年小学 10030 元/人，比上年增加 3316 元/人；初中 13632 元/人，比上年增加 4920 元/人。三是义务教育生均预算内公用经费，小学为 755 元/人、初中为 984 元/人，超过了省定基准定额标准。B 区还按省定标准安排了义务教育贫困寄宿生补助金、普通高中贫困生助学金、中职学生助学金。四是安排了校舍维修改造资金 2210 万元。教职工工资、医疗保险、住房公积金等纳入财政预算。五是财政预算内教育拨款占财政总支出的比例达 23.52%，比上年提高了 1.33 个百分点。六是征收教育费附加、地方教育附加 13832 万元，基本做到了足额征收，除上缴省、市 2580 万元外，拨付教育使用 10431 万元，主要用于义务教育学校基本建设、职业教育和弥补公用经费不足。到 2010 年，B 区已建立比较完善的教育经费保障机制，义务教育生均公用经费拨款最低标准已提高到小学每人每年 900 元，初中每人每年 1100 元。而直到 2014 年，江苏省义务教育生均公用经费财政拨款基准定额的要求是小学每人每年 610 元、初中每人每年 850 元。从这些数据来看，B 区义务教育各项经费投入一直是处于江苏省的高位水平。也正是因为充足而可持续的义务教育经费保障，B 区义务教育才有优质均衡和高位均衡的发展局面①。

二 创建义务教育优质均衡改革和发展示范区

早在 2007 年，B 区就在全省率先通过江苏省县（市、区）教育现代化建设水平评估，并被省政府命名为首批"省教育现代化建设先进县（市、区）"。但因历史及区域结构原因，区域内学校发展水平并不均衡。B 区原属 W 县，有着典型的二元分野的城乡结构特征。在教育上，城乡学校之间无论是基本办学条件、师资配备还是教育教学质量都有着明显的差距。如 B 区 YH 小学，地处 W 县城区 HLK 中心板块，是改革开放后江苏省首批命名的实验小学。校园基础设施完备，教师队伍教学素养扎实，连续多年小学毕业生考入江苏省 XS 高级中学、江苏省 TY 中学的人数遥遥领先于其他小学。加之长年致力于学校特色品牌建设，学校在 W 县，即使是在后来的 B 区，都有着较高的社会声誉。而处于 B 区西部的 HD 镇，由于地处农村，学校办学布点多而分散、办学条件落后、教师队伍不稳定等因素，一直影响着学校教育教学质量的进一步提高。为此，我们访谈了 B 区 HD 中心小学原校长 TJY。她说：

> 我是 2004 年到 HD 中心小学工作的。刚来的时候我只担任校长职务，不是校长书记一肩挑的，我的前任校长退二线任书记。那时学校已经进行了两轮布局调整，还剩下 8 所小学。我听老 Z 校长说第一轮调整之前，全镇共有 26 所小学呢。其中有三所都是单人独校的，学生四五十人。由于这些学校校长教师就一个人，学校的教学秩序很不正常，什么时候上课，什么时候放假，随意性很大。有时下了点小雨，学生也就不用来校。再加上一个人上好几个年级的课，还是不同学科，教学质量之低也就不用说了。这些单班独校

---

① 引自江苏省教育督导团《关于 W 市 B 区人民政府 2009 年教育工作督导考核意见》。

的学校都是相对离镇上比较远的，有的就是村里自己办起来的，年轻教师不愿去这些学校，只好安排老同志到这些学校任教。房子大都是村里通过集资办学兴建，多为简易两层小楼，至于教学设施，村小学很少。我来做校长后，这八所小学最好的是 HD 中心小学，那时校园刚搬迁过来，教学楼都是新的，相对来说教学设施也比较齐全，有图书馆、阅览室、体育馆，一个有 200 米环形跑道的田径场①。

从 2005 年开始，B 区坚持实施教育优先发展战略，相继启动了教育现代化建设工程和义务教育均衡发展示范区创建工程，不断加大对教育的资金投入。2007 年至 2012 年，B 区仅在教育技术装备投入就达 8000 多万元，全区校园网建有率、"一网新三机进教室"工程覆盖率，均达到 100%。计算机生机比、师机比分别为 7.56∶1 和 1.08∶1，全区义务教育现代化学校达 100%，全区（包括进城务工人员子女）孩子均能够接受机会均等的义务教育。

近年来，按照教育发展规划和城市化推进顺序，B 区新建了 XL 中学、TH 幼儿园、LR 幼儿园，全面推进区社会事业建设重点项目 LR 高中、GZ 中学、YY 小学等工程建设，LR 高中、GZ 中学一期工程、TH 实验小学、YY 小学等已全面完成投入使用；GZ 中学二期工程已完成工程招标并开工建设。"十二五"期间，B 区加快推进 TH 新城、MS、HD、HL 地区学校布局调整，新建 LY 中学、LR 小学、YYJY 小学、LX 中等专业学校等 12 所学校，改扩建 JD 附中、BH 中学、HL 中心小学等 5 所学校，基本形成均衡发展的教育格局，为广大群众提供充足、优质、均衡的教育资源。如建成于 2012 年的 HD 镇 LR 小学，占地 70 亩，建筑面积 21360 平方米，投资总额 1.5 亿元。学校的建成，合并了 HD 地区此前仅存的 3 所村小学，办学条件更加均衡。学校现代化设施齐备，建有 48 间专用教室，配有报告厅、图书馆、阅览中心、微格教室、

———————

① 来自访谈录音：2013—6—4—TJY。

信息技术教室、科学教室、数字化航模教室、劳技教室、音乐教室、美术教室、体育场等多项教学辅助设施，普通教室全部配备交互式电子白板。至 2012 年，B 区义务教育阶段在校学生生均校舍建筑面积、生均图书量、每千人计算机台数等指标远远高于省定标准（见表 3 - 4）。

表 3 - 4　　　B 区城乡义务教育阶段学校办学条件情况统计表

办学条件指标	小　学			初　中		
	全区	城市	农村	全区	城市	农村
生均校舍建筑面积（平方米）	11.8	9.8	12.9	11.6	11.2	11.9
生均占地面积（平方米）	29.3	27.8	32.6	28.7	26.9	29.2
生均绿化面积（平方米）	10.6	8.9	12.4	8.1	7.5	9.1
生均图书册数（册）	28.6	28.3	28.9	36.5	36.8	36.4
学生与计算机台数之比	6.6	6.9	6.4	7.5	8.2	7.0

资料来源：根据《B 区教育事业发展年度报告 2012》相关数据整理。

三　推行校长教师城乡学校间有序流动

随着城镇化建设的全面铺开以及义务教育学校规划的整体实施，一些教学水平高的优秀教师纷纷向城市中心区域或优质学校流动，一些地处偏远的乡村学校大都是由一些年纪偏大的老教师或是一些临时代课教师在教学一线上课，义务教育城乡学校之间教师队伍素质差距越拉越大。从全国范围来看，边远地区的优秀教师由于工资待遇低、工作环境恶劣等原因，多向发达的沿海东部地区流动；从江苏省来看，因为苏南、苏中、苏北的经济发展水平呈阶梯式由高至低态势分布，教师收入水平存在较大的差距，大批苏中、苏北的骨干教师向苏南学校流动。以地处苏北的 GN 县为例，仅 2011—2014 年三年间，流失骨干教师就达 16 名，其中省特级教师 3 名，市级名师 1 名，市级学科带头人以上的 10 名，市级骨干教师 2 名。这 16 名教师中，流向苏南地区的 11 名，流向邻近地级城市的 3 名，流向一线城市的 2 名[1]。那么，作为发达地区的 B 区在大规模

---

[1]　来自访谈录音：2015—2—11—CJM。

的城市化进程中，教师队伍的流动状况如何？笔者通过田野调查收集了一些数据，并对这些数据进行分析，发现 B 区教师流动呈现着鲜明的区域内流动特征，即多为在 B 区内乡村学校向城区学校的逆向流动。2005 年至 2009 年，从乡村学校流动至 HLK 地区和 TH 新城地区学校的共有 178 人，而同期从 HLK 地区学校和 TH 新城地区学校流向乡村学校的只有 46 人。大量的乡村学校优秀教师流向城区学校，特别是一些优秀教师的流失，进一步拉开了城乡学校间的教师队伍素养水平上的差距，一些乡村学校甚至出现找不出一个合格备课组长的境地（见表 3−5）。

表 3−5   B 区 HD 镇 2005—2009 年教师进城和流失情况统计表   单位：人

类　别	2005 年	2006 年	2007 年	2008 年	2009 年	合计
进入城区的小学教师数（骨干教师数）	7 (3)	9 (3)	6 (2)	11 (5)	12 (3)	45 (16)
进入城区的初中教师数（骨干教师数）	10 (4)	7 (3)	6 (2)	4 (3)	8 (2)	35 (14)
进入其他学校数（骨干教师数）	1 (1)	0	2 (1)	0	0	3 (2)
合计	18 (11)	16 (9)	14 (11)	15 (8)	20 (9)	83 (32)

资料来源：依据 B 区 HD 镇中心小学提供的 2005—2009 年全镇教师流动情况统计表整理。

从一个乡镇的教师流动状况可以看出（见表 3−5），B 区在 2005 年至 2009 年，教师流动状况非常频繁，并呈现由乡村学校向城市学校的逆向流动态势。这一方面归因于城市规划区域性调整的影响，更多的是乡村学校区位劣势使然。城市化进程的加速给教师流动带来了向城流动的机会与可能，而乡村学校交通不便、生活设施不配套等因素促进了教师离开乡村心理因素的滋生。在流向城区和其他学校的 83 名教师之中，骨干教师多达 32 人，而截至 2009 年年底，B 区 HD 镇学校中区级以上骨干教师总数仅为 41 人，骨干教师流失率达 78%。

大量的乡村学校教师流失，导致义务教育乡村学校教师队伍出现结构性断层，教育教学质量呈现逐年下滑的趋势。为了改变这种城乡教师队伍不正常的流动状况，促进城乡学校均衡有序地发展，B 区在 2010

年出台《关于完善义务教育学校教师交流工作的意见》，明确职称评聘中教师交流的硬性指标要求，凡是在近五年评聘职称或嘉奖表彰人员必须要有一定年限的交流经历。在教师交流的人员安排上，既有数量较大的专任教师流动，也有一定数量骨干教师流动，即双 15% 的底线指标。对于在某一学校任职时间超过 6 年的校长一律安排调整至其他学校任职，并定期进行轮换交流。与此同时，B 区积极推进区域内名校学校共同体建设，区内 YY 和 YH 两所小学相继实施集团化办学，两个集团分别辖有 4 所小学。集团内部实施教师统一调派，也就是教师不再是单纯的"学校人"，而是以"集团人"的存在方式参与着集团内部学校之间的流动。义务教育学校教师交流制度的建立，有效地扼制了乡村教师向城流动的单向趋势，有序地化解了农村学校骨干教师紧缺、城市学校优秀教师"扎堆"的供需矛盾，乡村学校教师队伍逐渐呈现相对稳定和有序流动的局面，乡村学校的教育教学质量得到有效的保证。在访谈中，B 区 FY 小学的 ZZX 校长告诉笔者：

> 因为我们学校紧靠常州，远离 B 区中心，以前每到暑假，就是我最难过的时候。我们学校的好多教师通过这样那样的关系找我，让我签字同意他们调走。我真是为难，从心底里不想让他们走，但又却不过人情，有的人干脆就赖在我家不走。后来，我是一到暑假就关机。自 2010 年教师交流有了制度约束后，我们校长才稍稍轻松，也没有那么多人天天闹着要走了，因为他们知道如果没到交流的时间，制度不允许，同时个人的职称、绩效、竞岗都受到影响。近年来暑假前，还有几个城里学校的教师主动和我联系，要到我们学校来①。

与此同时，优秀教师到乡村学校交流，"鲇鱼效应"慢慢生发出来，乡村学校教师专业成长意识不断提高。对此，B 区 HD 中心小学的 ZYJ 校长说：

---

① 来自访谈录音：2013—11—12—ZZX。

DXL 副校长原来是在城区的 YH 小学工作的，因为教师交流工作的安排，她来到我们 HD 中心小学任副校长，并兼教一个班级的语文课。她的到来，不是单单一个副校长的交流，更为可贵的是她对我校青年教师的专业引领。DXL 校长是南京师范大学本科毕业，有厚实的教学理论修养和扎实的课堂教学技能。她给教师们开语文讲座，上示范课，评课、研讨，盘活了一个学校的教研，带出了一批好学上进的教师[①]。

B 区教育局在充分调研的基础上，同时推行了教师跨学段交流的创新举措，在一些小学和初中间实行教师流动。此举措打破学段的壁垒与束缚，融通学科整体之间的联系，特别是为小学和初中之间有效而顺畅的衔接进行了有益的探索。同时，跨学段的教师交流，也缓解了部分区域小学与初中之间教师队伍数量与结构不尽合理的矛盾。除了义务教育阶段学校，B 区的高中学校、幼儿园教师队伍也实行轮岗交流。全区全学段全方位教师交流体系的形成，优质教育的核心资源得以公平均衡配置。仅 2010 年，全区专任教师交流就有 446 人，其中骨干教师 61 人（见表 3 - 6）。

表 3 - 6　　　　　　2010 年 B 区教师轮岗交流情况统计表　　　　　单位：人

学校	专任教师总数	骨干教师总数	交流教师总数		
			其他专任教师	骨干教师	合计
高中	399	88	20	0	20
初中	1023	114	105	26	131
小学	1730	231	249	35	284
幼儿园	218	30	11	0	11
合计	3370	463	385	61	446

资料来源：根据《B 区教育事业发展年度报告 2010》相关数据整理。

————————————

① 来自访谈录音：2014—7—22—ZYJ。

四 落实进城务工人员随迁子女入学 "两为主" 政策

从 20 世纪 80 年代初开始，随着改革开放的不断深入，城市和农村各自封闭的壁垒悄然打破，当代中国逐渐进入流动社会。流动社会在我国显著的特征一是城镇化进程不断加快，二是农村人口持续而大规模地向城市流动。2011 年，我国流动人口就达到 2.3 亿人，其中农村人口1.89 亿人，流动性正在成为中国经济社会发展与之伴生的典型特征，大量的流动人口的出现，推进了中国社会城市化的成熟与进步。与此同时，持续规模化的人口流动也在深刻影响改变着中国城乡间固有的结构和关系。B 区，地处长江三角洲腹地，江苏省东南部，W 市西南，境内土地肥沃，物产丰富，依山傍水，名胜众多，工农商各产业发达，经济繁荣，是近代中国民族工商业和现代乡镇企业的发源地。自 20 世纪80 年代开始，因乡镇工业的蓬勃发展，全国各地大量的务工人员涌向B 区。进入 21 世纪，B 区经济社会快速发展和城市建设大规模推进，又创造了大量就业机会，对外来劳动力产生了很大吸引力，近年来外来流动人口数量呈大幅增长趋势。1985 年，W 市暂住人口为 18 万人，到1995 年达 36 万人，10 年中翻了一番；到 2001 年仅 5 年时间内又翻了一番，达 73 万人；到 2004 年年底达 169 万人，3 年间再翻了一番还多；到 2010 年年底，全市登记暂住人口近 256 万人，其中 B 区暂住人口就有 76.38 万人，占比 29.8%，并呈持续增长的态势（见表 3 - 7）。

表 3 - 7　　　　　2006—2010 年 B 区流动人口情况统计表　　　　单位：万人

年份	2006	2007	2008	2009	2010
流动人口数	24.51	28.73	31.66	42.32	76.38

资料来源：根据《B 区年鉴》2006 年至 2010 年相关数据整理。

2013 年 7 月，笔者曾对 B 区 HD 镇的流动人口情况进行调查。从调查统计的数据发现，至 2010 年年底，全镇户籍人口 34254 人，流动人口 42356 人，流动人口总量超过原住民人口数。流动人口来源复杂，来自全国 19 个省，以经济欠发达地区居多，其中河南、安徽占比份额较大。在河南省的流动人口群体中，他们多因地域或亲缘的关系结伴来到 B 区，有的几乎是整个村庄的整体流入。ZXQ 是河南流动人群在 B 区 HD 镇的实际领导者，或者说他是第一个来到 B 区 HD 镇打工的河南人。正是因为他的引领，现在有将近 1.3 万河南固始县的老乡在 HD 镇从事各种工作。ZXQ 说：

> 我是 1982 年到 W 市的，没办法啊，家里太穷。那年刚过完春节，我就带着全家老小来到 W 市，看看能不能找点事做做。两个月后，我们在 HD 镇算是安顿下来。因为这边镇上有好几个茶场，清明前新茶要采摘，需要大量劳力，而本地人不想做这种累活。接着这地方人看我们做事勤快、认真，又相继把收小麦、水稻插秧这些事都包给我做，人手不够，我就去家叫人。就这样，三十多年过去了，人越来越多，现在在 HD 镇的河南人大多是我带过来的，我们老家公社（他还是用以前对乡镇政府的称谓）就有八九千人，我老表（他的表兄弟 YZL）那乡镇也有四五千人在这，都是亲戚带亲戚，一家一家过来的比较多。现在他们多在厂子上工的（他们叫打工也叫上工)①。

在 B 区，像 HD 镇这样接纳大量流动人口的区域还有很多，如 HZ 街道、HL 街道、MS 街道、XL 街道等都拥有一大批来自全国各地的进城务工人员。20 世纪 80 年代，进城务工人员多是家中男性劳动力，他们以"单身独人"的方式外出打工，而妻子与孩子则留在老家。进入 20 世纪 90 年代，进城务工人员渐趋以"举家迁徙"的方式进入城市或务工或经商或从事其他职业。日益扩大的家庭化趋势，进城务工人员中随迁子女也越来越多。为了解 B 区接纳进城务工人员随迁子女入学情况，笔者对该区 TH 小学、LR 小学、HD 小学、HZ 小学、JN 小学五所

---

① 来自访谈录音：2013—7—16—ZXQ。

小学进行调查，情况统计如下（见表 3 - 8）。

表 3 - 8　　2013 年 B 区 TH 小学、LR 小学、HD 小学、HZ 小学、

JN 小学五所小学进城务工人员随迁子女统计表　　　　单位：人

学校名称	随迁人员子女数	学校总生数	占比份额
TH 实验小学	961	1015	94.6%
LR 小学	912	1083	84.2%
HD 中心小学	644	1826	35.3%
HZ 中心小学	675	1825	36.9%
JN 实验小学	1018	1340	76.1%

资料来源：根据《B 区教育局教育事业学年报表》2013 年相关数据整理。

　　从五个学校的进城务工人员随迁子女入学情况来看，五个学校分属于两个乡镇，TH 实验小学、JN 实验小学和 HZ 中心小学属于 HZ 街道，LR 小学和 HD 中心小学属于 HD 镇，进城务工人员子女占所在乡镇学生总数的比例均超过 50%。从表 3 - 8 中可以看出，乡镇中心小学进城务工人员子女人数相对较少，进城务工人员子女多集中在非中心小学就读。通过进一步了解我们得知，TH 实验小学、JN 实验小学和 LR 小学都是近年来新办的小学，其多由原乡镇中心小学下属的村小学合并而成，由此我们可以看出，在此之前，进城务工人员的子女多是在流入地的村级小学就读的。

　　随着苏南经济发达地区城市现代化进程的加快，江苏省外及省内苏中、苏北地区的农村劳动力大规模地向 B 区集聚。因此而伴生的随迁子女入学问题，现实而严峻地呈现在社会面前。有效解决进城务工人员随迁子女入学问题不仅是解决流入地劳动力需求的需要，它还关联着一个社会的公平与正义。但是，在 20 世纪 90 年代，甚至是 21 世纪初期，B 区的中小学校根本不具备完全接纳流动人员随迁子女入学的条件。学校教室紧缺、教师队伍数量不足，学校缺乏配套的教学设施，一系列的问题影响着进城务工人员子女在流入地上学愿望的达成。2005 年，江

苏省进一步调整进城务工人员子女在流入地入学政策，把"以流入地政府管理为主"的政策要求改为"由流入地政府负责为主"。并要求各级政府把进城务工人员随迁子女的入学问题纳入本地区社会事业发展规划，落实进城务工人员随迁子女接受义务教育"由流入地政府负责为主、以公办学校接纳为主"的政策要求。此政策的颁布，进城务工人员随迁子女在流入地接受义务教育得到充分的保障。2006 年，江苏省实行义务教育阶段学生免收学杂费政策；2008 年，实施义务教育阶段学生免费提供教科书制度；2011 年春学期起，实施义务教育阶段学生免费提供作业本制度。这些政策惠及全省城乡义务教育阶段所有学生，不论是公办学校，还是民办学校；不论是本省户籍居民子女，还是外来务工人员随迁子女；不论是城市，还是农村，每一个适龄儿童人人都享有这一政策赋予的权利。但由于教育资源的有限，B 区区域内公办学校尚无法全部接纳外来务工人员随迁子女入学，2005 年到 2010 年间仍然存在一批办学条件、师资水平、教学质量等相对落后的农民工子弟学校。为了提高农民工子弟学校的办学质量，政府给予了大量的经费与设备的扶持。从 2005 年开始，省财政每年安排 1500 万元专项经费用于农民工子弟学校建设，2010 年省财政专项补助经费达 3000 万元。2012 年 11 月 17 日，江苏省人民政府颁发《省政府关于深入推进义务教育优质均衡发展的意见》（苏政发 [2012] 48 号），文件对相关进城务工人员随迁子女入学等问题又提出新的要求。要求各地区坚持实施"以流入地政府负责为主、以公办学校接纳为主"的"两为主"政策，落实进城务工人员随迁子女入学同城同等待遇，确保进城务工人员子女在公办学校就读率达 90% 以上。2012 年，W 市政府印发《关于进一步做好 W 市区外来务工就业人员子女义务教育工作的意见》，明确要求各县（市、区）坚持"以流入地政府负责为主、以公办学校接纳为主"政策要求，履职尽责，以公办学校接纳为主、民办学校积极补充的方式，优化服务流程，统筹安排外来务工人员子女入学。2009 年至 2013 年，B 区结合教育整体规划对区内进城务工人员子女相对集中的学校进行新一轮的规划和建设，先后新建 GZ 中学、XL 中学、TH 实验小学、JN 实验小学、LR 小学、LY 中学、YYJY 小学、YYRC 小学、YHWK 小学，并对 HL 小学、XL 小学等一些相关中小学进行改扩建。2010 年秋，B 区农民工子弟小学全部撤并，其所有学生进入公办学校就读。

进城务工人员因远离家乡、在 B 区人地生疏、工作繁忙等原因，其对随迁子女入学的相关文件精神缺乏深入了解。对此，B 区着力建构外来务工人员随迁子女入学服务体系，建立外来务工人员子女入学预报名制度。根据实际情况，明确就近公办学校或定点公办学校的接纳标准，同时采用入学条件评分等办法，根据学额情况有序接纳外来务工人员子女入学。强化外来务工人员子女入学招生统筹，外来务工人员子女申请就读居住地公办学校，如不完全符合规定条件，由居住地政府职能部门或学校受理登记后，统一报当地教育行政部门进行统筹安排。严格外来务工人员子女义务教育收费管理，外来务工人员子女由居住地教育行政部门安排进入公办学校就读，实行与本地学生同等收费政策，免收学杂费，免费提供教科书和作业本，不收取借读费、捐资助学费等费用。此外，B 区还着力加强对外来务工人员子女的关爱指导，坚持教育公平和育人为本，建立与外来务工人员子女家庭沟通联系制度，加强对外来务工人员子女学习生活、心理健康的指导，促进外来务工人员子女健康成长。针对进城务工人员工作忙、子女家庭教育缺失的问题，B 区政府将乡村少年宫建设纳入区政府为民办实事工程，要求各街道、乡镇都要建设一座乡村少年宫，以此解决进城务工人员子女节假日家庭教育不力的问题。至 2014 年，除区少年宫外，全区街道、乡镇共有少年宫11 个，为进城务工人员随迁子女节假日期间提高综合素质等提供广阔的学习空间。由 HD 中心小学主办的 HD 少年宫以书法教育见长，孩子们的书法作品近年来在国家、省、市级比赛中屡获大奖。HD 少年宫的书法指导教师 XJR 老师告诉我说：

　　我原来是在市少年宫从事书法教育的，至今已有四十多年。HD 中心小学举办少年宫后，我深为学校领导为孩子们基本素养发展着想所感动。现在每到周六周日，全校共有九百多人在这学习书法。务工人员子女也很多，他们进步很快。我们这主要练习欧体字，这很适合初学的孩子。①

少年宫主任 FCX 告诉我说：

> 我们这少年宫是不收费的，主要是来弥补进城务工人员子女家庭教育不足问题。现在除书法课程外，我们还开设足球、篮球、乒乓球、科技小发明、围棋、古筝等十二门课程，基本满足学生的多样化需求。近年来，区少年宫也给予我们大力的支持，去年还给我们二十多万元用于添置教学设施。②

此外，B 区教育局每年 3 月都要求各学校开展"进城务工人员随迁子女家访活动"，要求教师深入进城务工人员家庭，了解进城务工人员子女在家的教育、生活状况，并与困难的家庭结对帮扶。

第四节　个案选择的缘由和考察重心

个案研究，是把特定场景中一个人、一群人或一个事件作为研究对象，深入调查，多方收集资料，综合运用多种方法手段，对复杂场景中的问题或现象进行剖析，并深入探究其原因和特征的研究方法。罗伯特·K. 殷也建议，研究者在选择个案的时候要坚持关键性、独特性和启示性的原则③。迈克尔·巴顿（Michael Patton）把个案研究者选择个案的步骤描述为目的抽样，旨在选取能够提供和研究目的相关的丰富信息的个体④。2007 年年底，B 区在苏南地区率先通过"江苏省教育现代

---

① 来自访谈录音：2013—12—11—XJR。
② 来自访谈录音：2013—12—13—FCX。
③ 罗伯特·K. 殷：《案例研究：设计与方法》，周海涛、李永贤、李虞等译，重庆大学出版社 2004 年版，第 14—86 页。
④ 陈向明：《质的研究方法与社会科学研究》，教育科学出版社 2006 年版，第 104—111 页。

化县（市、区）"评估验收。2010年5月，江苏省正式启动义务教育优质均衡改革发展示范区创建工作，B区被选定为首批进行实验的13个示范区之一。2014年，B区以高分通过了"全国义务教育发展基本均衡示范区"验收。2015年3月27日，B区又以全省第二名的成绩被评为"江苏省义务教育优质均衡改革发展示范区"。一系列的政策行动表明，B区在义务教育优质均衡发展领域进行了长时间的探索，表明它已经成为与义务教育优质均衡发展政策执行相关的丰富的信息个体；作为义务教育优质均衡发展政策执行先行先试单位，它又具备了个案选择独特性的要求；其在义务教育优质均衡发展过程中取得了一系列成绩，政策运行过程中产生经验与教训又凸显了个案选择的关键性；B区作为发达地区开展义务教育优质均衡发展行动，政策执行本身对经济欠发达地区义务教育优质均衡发展政策运行的启示作用也彰显了个案选择的启示性特征。基于上述四点原因，研究者选择B区作为研究个案。

　　B区在义务教育优质均衡发展的过程中，其政策行动是多方面的。至于选择哪些政策作为研究的重心，研究者有如下的思忖：首先，义务教育优质均衡发展政策的核心要义是公平与正义，它体现着对弱势群体的特殊关照。在经济发达地区，进城务工人员随迁子女在流入地接受教育情况如何直接反映着区域义务教育的均衡程度。这是笔者选择进城务工人员随迁子女入学政策执行考察的原因。其次，从B区来看，当前发达地区义务教育均衡遭遇的主要问题是教师队伍的不均衡，教师流动是切实缩小校际差距、从根本上治理择校问题的关键。此外，从义务教育优质均衡发展的政策执行来看，校长和教师既是政策执行的主体，同时他们也是政策执行的目标群体。因而，对他们在义务教育优质均衡发展政策执行中的行动及角色行为进行考察也是研究者对义务教育优质均衡发展政策执行考察的重要内容，这是研究者选择校长教师交流政策执行考察的缘由。再次，在义务教育优质均衡发展政策过程中，发挥优质学校的辐射作用，提高薄弱学校的办学质量是区域义务教育办学水平优质均衡的必由之路。不论是优质学校，还是薄弱学校，都是此项政策执行的直接相关组织，其在义务教育优质均衡发展政策运行中经历了什么样利益抉择与组织重组，其行为动机以及对优质均衡发展政策有效执行的作用和影响也是研究者倾向性旨趣，这是选择名校集团化政策执行考察的具体原因。最后，在选择进城务工人员随迁子女、交流教师校长、学校之外，我们还想了解一个区域义务教育学校基本办学条件均衡后教育设施现代化的发展情况，而教育信息化正是教育现代化的主要内容，也是办学条件优质均衡的主要内容。探讨教育信息化政策中信息化基础设施建设、信息技术与课程整合、信息化师资队伍的建设等如何促进区域义务教育优质均衡发展，这是研究者选择 B 区教育信息化政策执行作为考察对象的理由。为此，笔者确立了"学生层面发展——教师和校长层面发展——学校层面发展——教育现代化办学条件层面发展"这一线索来考察 B 区义务教育优质均衡发展政策执行情况，这种从个体的学生、教师、校长到学校再到区域办学水平的考察脉络，体现了研究者对政策执行中微观和宏观层面的整体关注。因而，在本章之后的第四章至第七章中，研究者将沿着这一线索，次第对 B 区进城务工人员随迁子女入学政策、校长教师交流政策、名校集团化政策和教育信息化政策等政策执行情况进行考察。

第四章

B区进城务工人员随迁子女
入学政策执行考察

　　随着我国城市化建设进程的加快，进城务工人员的流动规模也呈现愈加扩大的趋势。如何解决进城务工人员随迁子女的教育问题已经成为全社会关注和亟待解决的问题，为此，全国多个地方进行解决进城务工人员子女接受教育问题的尝试与探索。但是，从历史来看，所有针对进城务工人员子女的教育政策都是在至今仍存的城乡二元结构分明的分割体制下作出的。其突出的问题：一是城乡二元户籍制度仍在阻碍他们流向与融入城市的步伐；二是"两为主"政策与现行教育财政体制的矛盾与冲突，事权与财权的不一致影响了流入地政府解决进城务工人员子女教育问题的积极性。对于W市B区而言，进城务工人员子女的入学政策也经历了排斥、有条件接纳、完全接纳的变迁与发展。其间，流入地公办学校的择校费、借读费和高门槛等诸多现象，使有关政策未能得到实际的执行，进城务工人员随迁子女接受教育的局部隔离局面依然在一定时期存在。那么，在近阶段推进义务教育优质均衡发展的过程中，B区采取了哪些政策和措施支持进城务工人员子女接受教育？这些支持进城务工人员随迁子女接受教育的政策取得了哪些积极的成效？在政策运行的过程中出现了什么问题？产生这些问题的根源在哪里？基于这些问题，本章将从B区进城务工人员随迁子女接受教育的现状调查出发，分析B区进城务工人员子女接受教育政策执行取得的成效，并在此基础上对 B 区进城务工人员子女接受教育政策执行中出现的问题及其原因进行解释。

第一节　B 区进城务工人员随迁子女的发展现状

为了解 B 区进城务工人员随迁子女接受教育的发展现状，笔者对 B 区进城务工人员随迁子女进行抽样问卷和走访调查。通过对 B 区进城务工人员随迁子女接受教育发展现状的调查发现，B 区进城务工人员随迁子女接受教育的现状存在着以下几个方面的问题。

一　家庭文化教育资本较为匮乏

布迪厄认为，资本是一种积累的劳动。它可以分为经济资本、社会资本和文化资本。文化资本又表现为三种形式：第一种是身体化的姿态，表现为人们心中根深蒂固的性情倾向，也叫文化能力。它是通过家庭教育和学校教育储存于个人体内的文化知识、文化技能和文化修养，包括体态、举止、仪表、交往行为等。第二种是客体化形态，也叫文化商品，如书籍、词典、电脑等。第三种是制度化形态，这是一种将个人层面的身体化形态资本转换成客体化形态资本的方式，是两者的中间形态。布迪厄认为这三者是可以相互"兑换"的。由此可以看出，不同家庭出身的学生，其在文化资本的分配上是不平等的。①

从文化资本的角度，我们发现进城务工人员子女的家庭教育环境存在着三个问题。一是父母的受教育程度很低。通过调查我们发现进城务工人员的文化程度普遍不高，小学毕业的文化水平占有很大比例（见表 4 - 1）。

---

① ［法］皮埃尔·布迪厄：《文化资本与社会炼金术——布迪厄访谈录》，包亚明译，上海人民出版社 1997 年版，第 63 页。

表4-1　　　W市经济开发区务工人员文化程度抽样调查统计表

文化程度	人数	占比
小学（含小学未毕业）	13	13%
初中	64	64%
高中	19	19%
大学专科	3	3%
大学本科	1	1%
研究生以上	0	0
合计	100	100%

资料来源：根据对W市经济开发区务工人员问卷调查相关数据整理。

从表4-1中可以看出，100名进城务工人员中，接受大学教育的只有4人，而小学教育的多达13人，其中还有4人小学都未能读完。家长群体中真正能给学生以正确而合适的学科知识辅导的家长不是很多，加上白天在工厂车间工作量大，回家基本上已无过多的精力来过问孩子的学习问题。在这100名进城务工人员的178名随迁子女的观察调查中，其文化资本的身体化姿态差异也是明显的。B区LR小学的德育主任ZZX告诉我：

> LR小学是2013年秋天新办的小学。学校开办之初，我真是急火攻心。孩子们见到老师从不知道问好，头也不点。要么就像没看见，要么就是在见到教师之前就溜到旁边。下课，就更是乱得一团糟，追打皮闹，不是这个鼻子流血，就是那个浑身泥土。上下楼梯一窝蜂，相互推搡。我这个德育主任简直不知从哪开始抓起。①

二是家庭中能提供给孩子学习帮助的物件很少。进城务工人员因为自身身体化形态教育资本的缺乏，使得向客体化形态资本转换的可能大为减少。在同为进城务工人员相对集中的TH实验小学，我们抽样调查

———————————

① 来自访谈录音：2013—12—19—ZZX。

了 200 名随迁子女。发现家中有电脑的 41 人，家中有书柜或书橱的 19 人，家中有适合孩子阅读的期刊和书籍 20 本以上的（教科书除外）仅 14 人。大部分进城务工人员租住在狭小而拥挤的出租屋中，一个家庭往往都有两至三个孩子。工资收入的微薄，使他们已无力过多地顾及孩子们学习必要的物体支持。至于着眼于孩子能力的培养和可持续发展的活动，只要是收费，哪怕只是一些很少的交通费，他们基本上也是不参加。2012 年 6 月，TH 实验小学经研究决定，六年级学生在月底开展毕业修学旅行，地点是浙江绍兴。尽管学校已经告知给予一定的补贴，但在全校 236 个毕业生中，报名参加的只有 29 人。

三是对儿童未来发展没有明确的目标。更为令人费解的是进城务工人员对子女的未来缺乏长远正确的规划。在我所接触的进城务工人员中，谈到孩子的教育，他们大多都认为孩子读完初中就可以在 W 市 B 区的工厂里打工了，家庭负担会轻下来，而考虑孩子通过教育上大学改变命运的人却很少。进城务工人员 LGT 告诉我们说：

> 我有三个孩子，大的是女孩，今年 17 岁，已经上班，一个月能拿 3000 多块。下边的两个是男孩，一个读初二，一个读五年级。这两年刚喘口气，三个人挣钱，老家的房子刚盖起来，还欠人家三万多块。等老二进厂，我们就会还得快点，在老家你欠人家钱抬不起头来。我也想他们能上大学啊，可是我想他们不是那块料，我那时成绩就不好①。

从上述的对话中我们可以看出，进城务工人员作为孩子的监护人，他们把孩子带在身边上学，一是考虑孩子在身边比较安全放心，二是并没有把他们在经济发达地区享有优质教育资源看成是孩子未来更好发展的机会。进城务工人员群体性文化资本的缺失，给随迁子女的教育始终抹着一层浓重的灰色。

---

① 来自访谈录音：2013—12—21—LGT。

二　随迁子女在学校间流动频繁

进城务工人员随迁子女因为父母工作的不稳定性，在不同学校之间的流动非常频繁。在我所调查的随迁子女中，他们在小学阶段更换学校的平均次数为 2.6 次。除了从流出地到流入地变换学校之外，即便是跟随父母来到 W 市以后，他们在小学阶段变换学校的次数也达到 1.7 次。B 区 HZ 中心小学校长 GJ 说：

> 我们学校外来务工人员子女约占学校总生数的 40%。这些外来务工人员在 W 市大都没有固定的工作，有时在这个厂，有时在那个厂，他们经常换工作。在换工作的同时，他们的工作地点也就会发生变化。这样带来的直接后果是孩子们必须跟着父母流动。几乎是每个学期都会有六十人左右转出，同时也会有三四十个人左右转进。就是寒假这个过渡学期，也会有人来找要转学。更为难过的是，有些学生是不辞而别，其实在这部分没有打招呼离开学校的学生中很多人就此成为流生①。

在 HZ 中心小学，我们还遇到了四（1）班班主任 DKR。她告诉我说：

> 我是从一年级开始接手这个班的，一直教到现在的四年级。原来一年级入学时的 41 个人，现在只剩下 22 个。别看我们班现在有43 个人，那 21 个都是后来转过来的。学生每个学期都不一样，我们做班主任的工作就麻烦多了。我们要给他们讲常规，我们要了解新来学生的基本情况。有的学生因为对新学校环境不熟悉，还有一段时间不适应，这些都是我们班主任的事。②

---

① 来自访谈录音：2013—12—18—GJ。
② 来自访谈录音：2013—12—18—DKR。

可见，在进城务工人员子女相对集中的学校，随迁子女流动率是相当高的。频繁的学生流动给学校管理带来诸多不利的影响，班主任及学科教师的工作量不同程度地有所增加。其实，流动对学校及其管理的影响是浅层和外在的，频繁地流动对流动儿童自身的影响却是最为直接和深远的。在 B 区 YY 小学的 HJ 校区，研究者对流动儿童的学习现状进行了调查。调查问卷中有这样的一道题目：你以前学习成绩好吗？现在怎么样？你觉得这样的变化是什么样原因？设计这样的问卷内容，研究者的本意是想了解学校的变化带来孩子学习积极心理的形成，以及新学校给予他们学习的支持和帮助。但随迁子女 PXG 说：

> 我以前学习成绩是全班的前五名，那时候我在 FY 小学读书，一二年级都是在那读的。那里的老师对我也好，不像现在这个学校。那里的同学也好，也不打人。爸爸和老板吵架，不能在 MS 工作了，我才来到这个学校的，我一点点也不喜欢这个学校。这里的老师总是说我们衣服要干净，总是说我们身上有味道。同学又老打人，我现在成绩下降很多。①

这是一段孩子发自内心的独白，在她讲述时，我一直没有打断她。一次转学，带给她变化的不仅仅是学校的更换，更迭的还有她的老师，她的同学，以及她所熟悉和有安全感的环境。正是这个环境的变化，导致她学习成绩的下降和消极心理的形成。

流动还体现在寒假和暑假即将放假的时候，一批批进城务工人员随迁子女就像候鸟一样回到他们的老家去。LR 小学分管教学的副校长 LL 告诉我说：

> 对于流动儿童，学校真是煞费苦心。一来到学校的时候，学习习惯、生活习惯都很差。好不容易上了轨道，养成了一些规矩，一

---

① 来自访谈录音：2013—12—25—PXG。

个假期过来，一切从头再来。因为他们回到原来的环境中，那些旧有的坏毛病又被唤醒。寒假还没放呢，人早就坐上了回老家的车，有的时候期末考试一个班就差十来个人。开学时间已过了两三天，他们还没来校。应当说，暑假这段时光，对于这些处境不利的流动儿童，正是特长素质拓展训练集中学习的好时间。我们学校克服很多困难，办起了少年官，想让他们暑假在这地方接受音乐、美术、科技、体育等方面的特长训练，可是他们根本不领你这个情，早就归心似箭回家了。一个暑假，孩子们在老家，而父母却仍在流入地工作。孩子们基本处于"散养"状态，没有人去有力地监管他们。每个暑假，总有孩子溺水。至于暑假作业，那不完成的人难以计数。①

从以上的访谈和调查，我们发现随迁子女的频繁流动其影响是广泛的。首先，学生的高流动性给学校和教师的工作带来困难，随迁子女的学籍管理、行为习惯养成都在冲击着学校日常管理的正常秩序；其次，随迁子女的频繁流动给孩子带来心理上更多的"不确定性"，他们往往缺乏安全感和归属感，心理问题产生，学习成绩下降；再次，频繁地流动使随迁子女们失去素质特长拓展提高的机会与空间；最后，随迁子女的高流动性也使对他们的监护出现更多的空白地带。

三　随迁子女社会交往路径单一

随迁子女的社会交往是指随迁子女在流入地城市学习和生活过程中，与流入地城市群体，以及同为随迁人群之间的接触与交流。流入地城市群体是指在城市生活中的群体，包括流入地学校的老师、流入地的居民、流入地原住民子女。随迁人群则指进城务工人员以及同为流动的随迁人员子女（流动儿童的非流入地同学）。

1. 与城市群体的现实交往程度低于交往意愿。调查发现，随迁子

---

① 来自访谈录音：2014—1—16—LL。

女大都有着认识城市群体的愿望，这一比例占整个调查对象的 78.46%。而对城市群体有着鲜明排斥的只占样本的 3.54%。由此可以看出，随迁子女结识城市群体的主观倾向性是比较高的。

表 4-2　　　　　　　　　随迁子女与城市群体交往意愿情况

你愿意和城里人做朋友吗?	频数	比例	你和城里人交往多吗?	频数	比例
愿意	776	78.46%	很多	136	13.75%
不愿意	35	3.54%	比较多	372	37.61%
无所谓	178	18%	很少	481	48.64%
合计	989	100%	合计	989	100%
丢失样本	11		丢失样本	11	
合计	1000		合计	1000	

资料来源：根据对随迁子女问卷调查相关数据整理。

　　从表 4-2 我们看出，虽然随迁子女表达较高的与城市群体交往的意愿（78.46%），但现实生活中，进城务工人员随迁子女与城市群体社会交往却是比较少，明确回答与城市群体交往很少的人占 48.64%。这说明随迁人员子女与城市群体交往的主观意愿与客观现实存在很大的差距。

　　2. 随迁子女交往的范围多集中于同为随迁子女的同伴。笔者在调查问卷中设计这样的问题：你平时与哪些人交往比较多？你最好的朋友是什么地方人？调查发现，与随迁人员子女交往最多的人还是他们的父母，其次是老家来的伙伴，再次是老家来流入地的亲戚。这个调查结果显示，随迁人员子女社会交往人群仍多为他们原所熟悉的人群。在回答你最好的朋友是谁的这个问卷中，其结果更说明了随迁人员子女与城市社会的融合是一个渐进的过程。回答最好的朋友是老家伙伴的高达 91%，回答是流入地原居民子女的同学伙伴的只占 4%（见表 4-3）。

表4-3   随迁人员子女社会交往对象情况

你平时与哪些人交往多?	频数	占样本百分比	你最好的朋友是哪儿人	频数	占样本百分比
父母	47	47%	父母	4	4%
老师	8	8%	老师	1	1%
流入地原居民子女	2	2%	流入地原居民子女	4	4%
老家伙伴	43	43%	老家伙伴	91	91%
合计			合计	100	100%
丢失样本	0		丢失样本	0	
合计	100		合计	100	

资料来源：根据对随迁子女问卷调查相关数据整理。

从总体上来看，B区进城务工人员随迁子女社会交往的范围仍然很小，交往的人群大多集中在同为随迁人员及其子女中间，其对城市群体结识的愿望很强，但现实的接触却较少，表现着主观与客观之间尚有着巨大的落差。随迁人员子女在流入地交往的路径还很单一，基本上以同为随迁人员子女为主，一方面说明城市对进城务工人员随迁子女还存在着排斥的现象，另一方面也说明进城务工人员随迁子女的城市世界与原住民子女的城市世界是不同的，还处于"隔离型融合"的状态。

四 随迁子女的学习多呈"困难生"状态

LR小学是B区进城务工人员随迁子女相对集中的学校，2014年秋学期在校学生1187名。其中进城务工人员随迁子女986人，占学生总数的83.1%。大量的进城务工人员子女相对集中，学校的教学质量整体状况处于B区的下游。这可从2014—2015学年度上学期B区某次调研测试成绩统计中看出（见表4-4）。

表4-4　2014年12月B区三年级数学调研考试各样本班成绩统计

样本班	调测学生数	总分	最高分	最低分	平均分	优秀率（%）	不及格率（%）
合计	630	49878	100	4	79.17	20.00	7.14
A	33	2863	100	66	86.76	39.39	0
B	44	3777	97	60	85.84	38.64	0
C	35	2886	94	49	82.46	22.86	2.86
D	35	2862	94	63	81.77	22.86	0
E	38	3073	97	54	80.87	26.32	2.63
F	40	3224	94	43	80.6	25	10
G	47	3755	94	53	79.89	19.15	2.13
H	37	2926	94	56	79.08	21.62	2.70
I	38	2986	94	4	78.58	23.68	7.89
J	42	3268	94	49	77.81	9.52	4.76
K	40	3103	94	52	77.58	15.00	10.00
L	34	2619	94	51	77.03	5.88	8.82
M	43	3310	94	30	76.98	23.26	11.63
N	44	3360	94	34	76.36	11.36	11.36
O	40	3016	91	41	75.40	12.50	10.00
P	40	2850	91	49	71.25	5.00	27.50

资料来源：根据区教研中心《2014—2015年小学教学质量调研情况报告》相关数据整理。

（注：90分以上为优秀，60分以下为不及格。）

从表4-4中我们看到，样本J、M（LR小学）、N、O、P都是进城务工人员子女占学生总数超过70%的学校，其显著特征是平均分低，而不及格率却远远高于其他样本学校。

从学生个体来看，由于流动频繁、方言相异、教材不同等影响，进城务工人员子女的学习成绩多为"困难生"状态。GJP是2014年9月从云南农村小学转到B区LR小学的四年级学生。他到W市B区的第一个障碍就是听不懂吴地的方言。由于LR小学是由三所原乡村小学合并而成，学校还有相当数量年纪超过50岁的当地教师，他们在课堂上虽努力用普通话教学，但自然或不自然之间就讲起方言，这给 GJP 的学习带来很大的影响。特别是数学课，他基本听不懂老师的讲授，只能努力地看老师在黑板上的板书，或者去问那些早来 B 区的其他同学。他说：

> 我现在最怕上数学课了，老师的话我一句也听不懂，一堂课下来我都不知道老师在说些什么。我在老家时数学成绩还是班上前几名，可到这里后，上次只考 63 分。不仅是老师的话我听不懂，我们班同学的话有的我也听不懂。他们也不能完全听懂我的话，有时候我一讲话，他们就嘲笑我，或学我说的话。①

在 B 区进城务工人员子女相对集中的学校，我们了解到大多数流动儿童是来到城市才讲普通话的，他们在老家讲方言交流更为顺畅。同时，那里的老师也多是讲方言的。当他们从老家流入到城市后，他们不曾想到的是在原有的交往群体中通用的语言遭遇了一种新的陌生的语言——流入地的方言或其他地区的方言。在言语之外，来自不同地域的孩子还表现着不同地域文化所带来的差异，诸如生活习惯、认知方式和人际交往等，而由此而产生的情感、情绪的体验直接或间接地影响着他们学习成绩的提高。

除了方言影响以及前文所提到的频繁流动的影响外，对学生学习成绩影响较大的是进城务工人员子女对教材变换的无所适从。2013 年秋天，LXJ、HDM、JFL、DW 四位学生从外地转入 B 区 YY 小学 HJ 校区读三年级。他们中 LXJ 和 HDM 是从河南来 B 区的，而 JFL 和 DW 分别来自江西和湖北。这四个学生都随父母工作区域的变动而改变自己的就读学校，有的已换三个学校，他们都曾面临着不同省份教材的不同而带来的学习困难。

---

① 来自访谈录音：2014—1—17—GJP。

LXJ 说：

> 去年刚过来的时候，我还是很不适应。书跟我老家学校的很多不一样。有的我们已经学过，有的我们就是听不懂。数学还好一点，语文和英语就很难。有的字、词、还有单词我们都不认识。老师提我读课文，我就害怕。[①]

DW 是从湖北转入 B 区 YY 小学 HJ 校区的，之前他已有过一次从老家的乡村小学转入武汉的经历，但不同的是第一次转学是在省内学校之间，而这次是跨省转学。他遇到的第一个难关就是教材的不适应。

> 我到 HJ 小学来的时候，是要测试的。我记得那天是八月三十日，我们一起来参加转学考试的人有七八十个。很多人都做不出来，好几个学生考完都哭了。我没哭，我想做不出来也不能哭。很丢人。[②]

这是一个坚强的孩子，因为教材的不同，这一次转学测试数学考了63 分，语文考了 51 分，外语考了 62 分。他说他在武汉的小学每次考试都是 90 多分的。因为有一门不及格，那一天学校公布的录取名单上没有他的名字，考试时没哭的他却在这时候哭得很伤心。最后，他爸爸找了人，学校同意收，但是必须留级。

21 世纪以来，课程改革深入推进。教材也由"一纲一本"发展为"一纲多本"。原先人教版教材一统天下的局面被打破，好多省份都在使用本省编写的教材。虽说是在一个课程标准指导下的教材编写，但各教材编写者选用的内容却不尽相同，有的差异非常大。有的虽是同样的教学内容，但编排在不同的年级和学期中。内容的不同和教学进度的不同，给流动儿童在不同省份间的转学和学习带来困难。

---

① 来自访谈录音：2014—1—18—LXJ。
② 来自访谈录音：2014—1—18—DW。

为深入了解进城务工人员随迁子女学习成绩，我们在 B 区三个学校选取 1000 名随迁子女作为样本开展了学生自我评价、教师评价、学生家长评价三个维度的调查。我们发现绝大多数的随迁子女的学习成绩处于中间水平或中间偏下的水平。学习成绩优秀和学习成绩很差的人都不是很多（见表 4 – 5）。

表 4 – 5　　　　　　　**学生学习成绩三维评价情况**　　　　　单位:%

评价	学生自我评价	教师评价	学生家长评价
优秀	8.9	9.1	14.9
良好	13.1	13.9	20.5
中等或中等偏下	71.8	68.4	62.2
很差	6.2	8.6	2.4

资料来源：根据在 B 区 LR 小学、TH 小学、MY 小学随迁子女及教师问卷调查相关数据整理。

从表 4 – 5 中统计的数据可以看出，进城务工人员子女对自身学习成绩的评价大致接近于教师对进城务工人员子女学习成绩的评价，而进城务工人员对自己子女的学习成绩评价与随迁子女自身对学习成绩的评价存在着较大的差异。这一方面说明教师对学生情况了解得更真实，而进城务工人员由于工作的繁忙，与子女的交流少，孩子具体的学习情况已不清楚。另一方面也表明进城务工人员自身文化水平不高、对孩子期望值低等因素，都影响其对孩子学习成绩评价指数的偏高。

第二节　进城务工人员随迁子女入学政策执行及其成效

进城务工人员随迁子女是青少年、儿童这一群体中的特殊群体，保障进城务工人员随迁子女公平地接受义务教育不仅体现在我国各级政府的法律法规条文中，也体现在各级政府的行动落实中。进入 21 世纪后，随着进城务工人员规模的迅速扩大，流动人口随迁子女的人数也越来越多。江苏省通过实施多项支持义务教育均衡发展的政策，为全省各地进城务工人员子女接受义务教育提供了坚实而有力的保障。在 B 区，区政府及其有关部门在执行上级政府、部门相关政策的同时，从区域实际情况入手，积极制定有关具体落实的措施，保障进城务工人员随迁子女在本区接受良好的教育。

对于儿童权益保护，联合国在《世界人权宣言》中即规定，"儿童有权享受特别照料和协助，深信家庭作为社会的基本单元，作为家庭的所有成员，特别是儿童的成长和幸福的自然环境，应获得必要的保护和协助，以充分负起它在社会上的责任，确认为了充分而和谐地发展其个性，应让儿童在家庭环境里，在幸福、亲爱和谅解的气氛中成长"。《国际儿童公约》也指出："世界各国都有生活在极端困难下的儿童，对这些儿童需要特别的照顾，确保不违背儿童父母的意愿使儿童和父母分离"。我国的《宪法》明确规定公民有受教育的权利和义务，父母有抚养教育未成年人子女的义务。《中华人民共和国未成年人保护法》则要求父母应当创造良好和睦的家庭环境，依法履行对未成年人的监护职责和抚养义务；应当关注未成年人的生理、心理状况和行为习惯，以健康的思想、良好的品行和适当的方法教育和影响未成年人。《中华人民共和国教育法》规定，"适龄儿童、少年的父母或者其他监护人以及有关的社会组织和个人有义务使适龄儿童、少年接受并完成规定年限的义务教育"。《中华人民共和国义务教育法》也明确规定："父母或者其他法定监护人在非户籍所在地工作或者居住的适龄儿童、少年，在其父母或者其他法定监护人工作或者居住地接受义务教育的，当地人民政府应当为其提供平等接受义务教育的条件。"

随着城镇化进程加快，大量农村人口向城市转移。根据全国中小学生学籍信息管理系统 2014 年 7 月 31 日提供的最新数据，义务教育阶段随迁子女已达 1061.68 万人，数量庞大，因而随迁子女义务教育工作也受到高度关注。我国政府及其相关领导对进城务工人员子女的接受教育的问题非常关注，曾给予多次明确的批示。2015 年 2 月 16 日，中共中央总书记、国家主席、中央军委主席习近平在陕西省考察调研大多为进城务工人员子女的杨家岭福州希望小学。习近平勉励校长加金梅一定要办好这所学校，"教育很重要，革命老区、贫困地区要脱贫致富，从根本上还是要把教育抓好，不能让孩子输在起跑线上。国家的资金会向教育倾斜、向基础教育倾斜、向革命老区基础教育倾斜"。李克强在十二届全国人大二次会议新一届中央政府报告中指出："把有能力、有意愿并长期在城镇务工经商的农民工及其家属逐步转为城镇居民。对未落户的农业转移人口，建立居住证制度。使更多进城务工人员随迁子女纳入城镇教育、实现异地升学，稳步推进城镇基本公共服务常住人口全覆盖，使农业转移人口和城镇居民共建共享城市现代文明。"党和国家领导人对进城务工人员子女教育的关心和批示，为各级政府实施支持进城务工人员子女接受公平教育的政策起到了良好的引导作用。

江苏省委省政府对进城务工人员子女教育工作高度重视。近 10 年来，为帮助市县解决好进城务工随迁子女接受教育问题，江苏省财政不断加大投入用于奖补市县。从 2006 年起安排进城务工人员随迁子女接受义务教育专项补助资金，用于改善接纳进城务工人员随迁子女接受义务教育中小学的办学条件，截至 2012 年累计安排省以上奖补资金 11.13 亿元。2012 年 11 月，江苏省人民政府下发了《关于深入推进义务教育优质均衡发展的意见》（苏政发 [2012] 148 号）文件，文件中再次明确要求坚持"以流入地政府负责为主、以公办学校接纳为主"的"两为主"政策，落实进城务工人员随迁子女在流入地就学的同城同等待遇。若公办学校不能满足需求，可采用购买服务的形式让有质量的民办学校接纳部分学生。2013 年，W 市人民政府出台了《W 市义务教育均衡发展条例》，2014 年 5 月，W 市政府又下发了《关于贯彻 W 市义务教育均衡发展条例的实施意见》。"以流入地政府负责为主、以公办学校接纳为主"的外来务工人员子女入学政策在 W 市得到了有效的落实。

在 B 区，进城务工人员随迁子女接受教育工作越来越受到重视。

2014 年，B 区进城务工人员随迁子女在公办学校就读的比例达99.97%，全区渐趋形成关爱进城务工人员子女的良好环境。政府部门出台了一系列支持进城务工人员子女接受教育的相关政策，并做了大量富有成效的工作。具体体现在如下几个方面。

一 政府"两为主"政策的"落地生根"

21 世纪以来，随着经济社会的快速发展和城市化的快速推进，W市外来务工人员数量不断扩大，其随迁子女入学需求同步大幅增长。调研显示，截至 2012 年 12 月，W 市外来人口总数已达 291.98 万，其中义务教育适龄入学儿童少年 171828 人，占全市义务教育阶段学生总数的 37.57%（其中小学阶段 131959 人，占全市小学学生总数的41.31%；初中阶段 39869 人，占全市初中学生总数的 28.91%）。B 区作为 W 市工业集中建设区，务工人员数量逐年增长，随迁子女数量相应增长。面对日益增长的外来务工人员子女入学需求，B 区各级党委、政府认真贯彻国家、省、市关于保障外来务工人员随迁子女平等接受义务教育的各项要求，坚持"以流入地政府负责为主、以公办学校接纳为主"原则，按照"政府负责、齐抓共管、公办为主、依法规范"思路，积极采取有力措施统筹安排，较好地解决了数量庞大的外来务工人员子女入学问题。2004 年，B 区政府专门制定出台《关于 B 区进城务工就业流动人口子女接受义务教育的若干意见》（滨政办发〔2004〕117 号），明确了"按分级办学分级管理的原则，由流入地政府负责为主，以全日制公办学校接纳为主"解决流动人口子女入学问题的工作要求。2012 年 7 月，B 区政府出台《关于进一步做好 B 区外来务工就业人员子女义务教育工作的意见》等一系列文件（滨政办发〔2012〕171 号），区人民政府督促各乡镇、部门履行工作职责，健全相关工作机制，不断增加教育投入，积极拓展教育资源，切实维护外来务工人员子女的受教育权利。各乡镇、街道根据实际情况，按照居住证、暂住证持有情况进行分类管理，对符合入学条件的进城务工人员子女做到公办学校应收尽收，不符合入学条件的尽量安排接收，形成了公办为主、民办补充，就近公办学校、定点公办学校以及民办学校相结合的有序接纳格局，"以流入地政府负责为主，以全日制公办中小学接纳为主"的政策进一步落实，外来务工人员子女在B区平等接受义务教育得到了良好保障。

二 公办学校"批量化生产"

随着B区加快学校布局调整，进一步合理配置教育资源，逐年新建、改扩建义务教育学校，公办学校接纳进城务工人员随迁子女入学能力进一步提升。2005年至2010年，面对日益增长的入学压力，B区在加强民办民工子弟学校规范管理、严格相关准入条件、依法取缔无证办学的同时，加大资金、师资等方面的扶持力度，积极鼓励和支持社会力量举办民工子弟学校。同时公办学校也积极支持民工子弟学校，在教育设备设施、师资力量、教育教学、管理方式等方面，公办学校都给予民工学校有力的支持，全区民工子弟学校的办学面貌得到较大的改善。2008年，全区共有3所民办民工子弟学校，接纳外来务工人员子女2231人，承担了部分外来务工人员子女接受义务教育任务，在一定程度上缓解了公办学校压力，也满足了部分外来务工人员子女集中就读的需求。2009年至2013年，B区结合教育整体规划对区内进城务工人员子女相对集中的学校进行新一轮的规划和建设，先后新建了GZ中学、XL中学、TH实验小学、JN实验小学、LR小学、LY中学、YYJY小学、YYRC小学、YHWK小学，并对HL小学、XL小学等一些相关中小学进行改扩建。2010年秋，B区农民工子弟小学完全解散，其所有学生进入公办学校就读。B区充分挖掘公办学校资源，义务教育学校全面向外来务工人员子女开放，对符合条件的外来务工人员子女做到公办学校应收尽收。截至2012年12月，全区37所中小学100%向外来务工人员子女开放，共有17865名外来务工人员随迁子女在公办中小学就读，公办学校接纳率达到100%，各地不断探索和完善公办学校接纳机制，在就近公办学校尽可能吸纳的同时，还统筹安排教育资源，建立了入学定点学校制度，集中接纳外来务工人员随迁子女入学（见表4-6）。

表 4 - 6 　　2008—2014 年 B 区进城务工人员子女在义务教育阶段公民办学校入学情况　　　　　　　　　　　　　　单位：人

类别	2008 年	2009 年	2010 年	2011 年	2012 年	2013 年	2014 年
入公办学校	5563	8120	11894	13167	17865	19613	21486
入高收费民办学校	339	59	68	33	0	3	6
入打工子弟学校	2231	3175	1822	928	—	—	—
总计随迁学生数	8133	11354	13144	14128	17865	19616	21492
入公办学校数占比	68.4%	71.5%	90.4%	93.2%	100%	99.98%	99.97%

资料来源：根据 B 区创建义务教育优质均衡县区相关台账数据整理。

三 "关爱制度"的联动协同

在 2009 年之前，B 区进城务工人员子女的教育工作大多由教育部门负责，其他如公安局、财政局、民政局等系统在支持进城务工人员子女接受教育方面没有明确的职责分工，使进城务工人员子女的教育工作处于一个相对封闭的行政系统中，进城务工人员子女的教育问题长年得不到及时而有效的解决。2010 年 3 月，B 区政府召开了"关爱进城务工人员子女教育与发展"工作会议，会上通过了"政府牵头、部门分工、教育为主、社会参与"的支持进城务工人员子女发展的工作机制。此后，B 区采取了一系列关爱进城务工人员子女发展的举措，努力让进城务工人员子女"学在公办学校，身在关爱之中"，渐趋形成了关爱进城务工人员子女发展的区域模式。B 区在建构关爱进城务工人员子女教育及其发展长效机制方面的举措有如下几个方面。

（1）成立多形式的进城务工人员子女关爱中心。一是以各乡镇、街道中小学为主体，校内成立进城务工人员子女成长发展中心；二是依托区少年宫，由乡镇、街道牵头创建少年宫分部，承担进城务工人员子女校外教育的任务；三是由政府部门统筹，乡镇、街道支持，在进城务工人员相对集中的区域建设进城务工人员子女服务中心。进城务工人员子女服务中心设有学生自习教室、电化教室、学生宿舍、餐厅、图书馆、科技教室、乒乓球室、心理保育室等，有专门的学业辅导教师和生活教师。

（2）建立支持进城务工人员子女发展的立体化网络。一是政府牵头。成立了以区长为组长的关爱进城务工人员子女发展工作领导小组，制定促进进城务工人员子女教育与发展工作规划，出台系列政策，加大经费投入，建立经费保障机制。二是部门分工。要求民政、公安、财政、妇联、共青团等部门持续开展"关爱务工人员子女，切实履行工作职责"活动，分工分片负责，每年度进行工作考评。三是教育为主。充分发挥教育部门和学校在支持进城务工人员子女接受教育与发展方面的主阵地作用，努力为进城务工人员子女提供优质公平的教育资源。四是社会参与。通过企业赞助、爱心人士结对帮扶等方式，动员全社会关注进城务工人员随迁子女的发展。近年来，B区不断加强家庭、学校和社会之间的联系和合作，在努力建构进城务工人员随迁子女教育与发展网络方面做了大量的工作。相继建立了以进城务工人员亲友为主体的家庭监护网络，以学校为主体的校园关爱网络，以社会上爱心人士为主的社会呵护网络，以社区为主体的校外管护网络。

（3）建构关爱进城务工人员子女发展的长效机制。为了有序开展对进城务工人员子女教育与发展的管理，2011年，B区构建了支持进城务工人员随迁子女发展的四种长效机制。

一是组织协调机制。在全区层面，纵线成立了以区长为组长的进城务工人员子女关爱领导小组，各街道、镇相继成立了以街道主任、镇长为组长镇级进城务工人员子女关爱领导小组。横线上，教育局与财政局、民政局、公安局、妇联、共青团等相关部门互相配合，联动协调。

二是定期会商机制。B区充分发挥妇女儿童工作委员会的作用，牵头、协调、指导进城务工人员随迁子女关爱工作。每个季度，在妇联定期召开进城务工人员随迁子女关爱工作会议，总结交流本季度随迁子女关爱工作情况，剖析工作中存在的具体问题，研究部署下一阶段相关工作。全区共21个部门成员单位，会同各镇、街道妇联，或以定期集中形式，或以呈现现场形式，分享经验，解决问题。

三是激励评价机制。2012年7月，B区人民政府下发《关于开展B

区进城务工人员随迁子女教育与发展工作专项考核的通知》，其中明确部门、乡镇和街道关爱进城务工人员随迁子女教育与发展工作的评比内容，规定每年固定的评比考核工作时间，并把此考评的最终结果纳入各部门、镇、街道年度综合评估项目。每年区财政拨出专项资金 600 万元用于年度各单位关爱进城务工人员子女教育与发展的支助与考核。

四是社会帮扶机制。进城务工人员作为社会的弱势群体，其随迁子女的成长与发展更需要全社会的关心与帮助。进城务工人员及其子女在 W 市 B 区，人地生疏，言语障碍，在一个十分重视人情的社会中，尤其需要社会各阶层人员的关心与支持。拥有着"泰伯奔吴""三让王位"历史的吴地 W 市 B 区，人与人之间一直传承着帮困扶难的美德。对于进城务工人员子女及其家庭，近年来，B 区政府倡导原住民与进城务工人员家庭结成帮扶对子，工作上相互支持，生活上相互关心，逐步形成进城务工人员子女的社会帮扶机制，有效地促进了进城务工人员子女的教育与发展。

第三节 "割裂脱域" 的政策运行："两为主"政策执行问题与原因分析

吉登斯认为，"脱域即抽离于某种场域，它指一定的社会关系从具体的地域性关联中摆脱出来，抽离时间和空间形式的规约，走向某种没有界限的环境。从学理意义上说，脱域性是指社会关系从彼此互动的地域性关联中，从通过对不确定的时间性的无限穿越而被重构的关联中脱离出来。"① 吉登斯还从理论上直面社会文化跨越时空流动的问题，他认为，"全球化使在场和缺场纠缠在一起，让远距离的社会事件和社会关系与地方性场景交织在一起，我们应该根据时空分延和地方性环境以及地方性活动漫长的变迁之间不断发展的关系，来把握现代性的全球性蔓延。""以流入地政府负责为主、以公办学校接纳为主"的进城务工

---

① ［英］吉登斯：《现代性的后果》，田禾译，译林出版社 2000 年版，第 18 页。

人员随迁子女入学"两为主"政策在体现公共政策现代性的同时，也表征着现代性中时空分离的特质。不可否认，自从"两为主"政策颁布以来，B区在保障进城务工人员随迁子女平等接受义务教育方面做了大量工作，取得较为明显的成效。特别是2012年市、区政府文件出台后，B区认真执行相关政策，进城务工人员随迁子女接受教育的相关投诉明显下降，平等接受教育得到良好保障。但是，我们也清晰地看到，中央政府制定的政策是从地域性场景中"剥离"出来的，政策执行的相关利益人群在去语境化的政策执行中"缺场"，脱离了地域性的政策执行以飘浮的样态割裂地存在。地域性的"缺场"并不意味着地域性的不存在，B区在支持进城务工人员随迁子女接受教育与发展的"两为主"政策执行中遭遇着城市化加快推进、外来务工人员群体进一步扩大等多种脱域性的问题。这些问题的存在，不同程度地影响了B区进城务工人员随迁子女入学政策执行的效果。

一　断裂社会资源的供需困境

20世纪60年代，西方学者提出"多元社会"之说，相对于此，孙立平提出"断裂社会"概念。前者注重对多种利益人群公平认同，以及对不同社会方式、文化价值的尊重；后者则认为，"与多元社会强调的平等的多元相比，断裂社会中存在不同的社会组成，有的几乎是不同时代的东西，在我们的社会中共同存在。"[①] 这种断裂也存在于进城务工人员子女政策的执行中，并表现着明显的供与需的困境。20世纪末21世纪初，W市户籍人口自然增长率不断放缓，义务教育适龄生源逐步下降，有了一定的教育资源富余，各区县市依靠这部分资源较好解决了外来务工人员子女入学问题。近10年来，W市工业化、城市化进程不断加快，外来务工人员及其随迁子女总数不断增长。据统计，全市接纳外来人口义务教育适龄学生2002年仅为4.9万人，2012年12月已达

---

① 孙立平：《我们在开始面对一个断裂的社会?》，《战略与管理》2002年第2期，第9—15页。

17.18 万人，但是 W 市的教育资源有限，全市的公办学校的接受能力已到极限，教育资源利用处于基本饱和状态，然而从地区情况来看，部分地区特别是城乡接合部、工业发达镇的外来务工人员聚集，入学需求大，与有限的教育资源供给之间矛盾突出。从学段情况看，全区进城务工人员随迁子女学生中初中学生占总数的 23.20%，小学学生占总数的76.80%，小学阶段入学矛盾更为突出。此时"两为主"政策的颁布与实施，恰是体现着政策制定与执行时空的抽离与断裂。一边是脱离了具体场域的理想化的政策制定与政策执行，一边是特定时空中现实的政策执行环境，两者之间在政策执行的过程中距离越来越远，忽视地方性场景的政策执行必然产生执行困境。

那么，B 区进城务工人员随迁子女的大量积聚，给 B 区带来了哪些现实的困难呢？研究者在 2014 年 9 月 11 日，也就是在开学后，整个招生工作刚结束的时候，对 B 区进城务工人员随迁子女占比 95% 的 TH 实验小学校长 GLX 进行了访谈，访谈内容如下。

问：G 校长，你好。请问你校本学期进城务工人员随迁子女有多少人？

答：我们学校现在共有 1015 个学生，其中进城务工人员随迁子女 965 名，占全校学生数的 94.6%。

问：这学期新转进的进城务工人员随迁子女有多少人？

答：今年新增加的学生一年级 248 人，二至六年级新转进 69 人，基本上都是进城务工人员随迁子女。

问：今年和往年相比，进城务工人员随迁子女是增多还是减少？

答：近三年，都呈逐年增多的趋势。

问：你们学校的教育资源能否满足进城务工人员随迁子女的教育需求？

答：从目前来看，我校的教育资源还是能满足需求的。但明年肯定不行，因为我们学校原先就是按照 24 班规模设计的。明后两年可能是最难过的时候。

问：你觉得目前，对于进城务工人员随迁子女入学最大的困难是什么？

答：最大的困难是我们原先对进城务工人员随迁子女的数量估计不足。我们学校属于太湖新城板块，商业中心聚集，楼房越建越多，外来务工人员也是越来越多。三年前，我们学校刚建起来时，大家都说这下进城务工人员子女再也不用担心上学问题了。现在看来我们的学校当时还是建得太小了。

问：你觉得应对这种困难，我们应当怎么办？

答：最好的办法还是再建新的学校，只是我们这片区已经建了两所新学校了，估计暂时再建新学校的可能性不大。原先我们这有几个村小学条件也还不错，可惜已经拆除。今年我们满额后有几个学生实在塞不下去，他们只好去了 NQ 的民工子弟小学。①

值得重视的是，随着 W 市经济进一步加快发展，作为工业项目集聚的 B 区，外来务工人员增长趋势还在加快，外来务工人员子女入学需求普遍超出各地预计情况，今后一个时期内，教育资源供需矛盾仍将进一步加剧。与迅速增长的入学需求相比，义务教育资源规划建设相对滞后。一是教育事业规划与人口基数不匹配。市政府 2004 年《关于 W 市区进城务工就业流动人口子女接受义务教育的若干意见》明确，各地应将流动人口子女接受义务教育纳入当地义务教育规划予以保障。B 区政府 2012 年 7 月出台的《关于进一步做好 B 区外来务工就业人员子女义务教育工作的意见》又调整为要以常住人口为基数进行教育事业布局规划。但由于对外来人口增长趋势预计不足，目前一些地方仍以户籍人口基数为标准进行义务教育事业规划。二是配套教育资源无法及时到位。学校的布局与建设从规划到投入使用需要一个相对长的周期，然而学校建设的周期跟不上外来务工人员子女的增长速度；同时，部分地

---

① 来自访谈录音：2014—2—1—GLX。

区因新城开发、商务功能区开发、商品房建设加快，在教育设施配套上责任不明、进度迟缓，特别是拆迁安置房的教育配套问题尤为突出，一些片区义务教育管理保障、学区划分责任未得到明确和落实，与入住群众教育需求不相匹配。三是学校撤并与建设衔接不到位。各地在加强优质教育资源建设的过程中，撤并了部分不达标的民工子弟学校、村小，使优质教育资源相对集中。但个别地区在新建公办学校未启用的情况下，先行撤销民工子弟学校，在教育资源减量与增量上不能保持同步，安置分流压力陡增，加上新增的入学需求，造成局部性入学矛盾激化。从中可以看出，脱离了具体时空的政策执行遮蔽了现实场景中矛盾与问题，政策执行在一系列的执行阻碍中走向失真。

二 政策执行主体的隐性排斥

在中央政府"两为主"政策颁布以后，流入地地方政府或学校对进城务工人员子女的显性排斥逐渐消失，但因政策执行主体得不到正向激励，流入地政府政策执行的积极性下降等原因而产生的隐性排斥却不同程度地存在。我国现行的进城务工人员随迁子女教育政策是"以流入地政府负责为主，以公办学校接纳为主"，这就导致了流入地需要投入大量的经费来解决进城务工人员子女的教育问题。而流入地本着"管好资金，用好资金"的原则，更倾向于把有限的资金用于本地的其他事业的发展上。大量的进城务工人员子女的流入，学位不断地增加，教育投入越来越大，给流入地政府财政增加了很大的负担。而且，这种持续的投入，回报却是长周期的，很难在短期内看到投入的产出。B区HD镇（也称W经济开发区）的财政局局长QDG告诉笔者说：

> 我们开发区的财政情况不是太好，虽然园区内有1400多家工厂，但其税收大部分都交给了市里，真正给我们经济开发区财政的很少。这两年因为工业园区搬迁至我们镇，进城务工人员随迁子女不断增多，前两年投入2.3亿元建了立人高级中学，投入1.5亿元建了LR小学，投入8000万元建了LR幼儿园，今年又启动了HD

初级中学建设，至少又要上去近两亿元，财政压力太大，我们都有喘不过气的感觉。现在我们开发区内有进城务工人员随迁子女近3000人，而我们本区域常住人口子女不到2000人，简单说我们其实是在为别人做嫁衣，我们江苏在为全国其他省份做贡献呢。我听说现在我们HD地区的中小学教学质量都是很差，HD地区的老百姓很不满意啊！投入那么多钱进去，教学质量为什么上不去？外地的孩子没来之前，我们这教学质量在老W县一直是前几名的。这样下去我们本地的孩子可遭殃了。①

教育政策的本质属性是有关教育权利和利益的具体体现，教育政策的根本目的是在全社会范围内进行教育利益的合理化分配。教育资源总是具有稀缺性，这一特点不会因为社会制度和经济体制的不同而改变，也不会因为教育大众化进程而改变。在教育大众化进程中，稀缺性会从一般性稀缺领域向优质稀缺领域转移，而稀缺状态本身并未得以缓解。这一特点使教育资源在当代社会更加成为"拥挤的公共产品"②。按我国现行的财政体制，教育经费是由地方财政支出的。进城务工人员子女来到父母务工的地方读书，流出地政府原有的教育经费并未随着孩子的流出而核减和转移，学生的减少使教育经费的使用显得更加轻松，使得当地义务教育的发展能够获得更充足的经费的支持。而流入地的地方财政需要同时支撑原居民和进城务工人员随迁子女两个群体的教育需求。即便是逐年大幅增加教育经费，在外来务工人员子女逐年增加的情况下，生均公用经费仍表现出平均指数不高的情况。与此同时，进城务工人员子女因父母工作的不稳定而多处于流动状态，频繁的学校更替使进城务工人员子女的学习成绩多为中下水准。大量的流动儿童的加入，在稀释原有地区优质教育资源的同时，也影响着流入地教育水平的总体提升，制约着流入地教育的整体发展。在"两为主"政策执行的过程中

---

① 来自访谈录音：2014—2—1—QDG。
② ［英］米切尔·希尔：《家的政策过程》，成根译，中国青年出版社2004年版，第198页。

发现，因政策制定与执行与具体实施场域的分割与脱离，流入地政府大量的教育投入并没有带来预期的理想收益，再加上流入地政府并未得到流出地相关进城务工人员子女相应教育经费的转移支付，脱域性的政策使流入地政府常常产生一种"被剥夺"的政策心理。政策执行主体长时间得不到正向激励，流入地政府"两为主"政策执行的积极性逐步下降，这就导致了流入地政府在"两为主"政策执行中设置入学证件多、把进城务工人员子女与原住民子女分校分班等多种隐性排斥现象的产生。

三 执行主体间协同机制缺省

B区政府2012年7月《关于进一步做好B区外来务工就业人员子女义务教育工作的意见》明确要求，父母或其他法定监护人在本区取得暂住证半年以上，与本区用人单位签订一年及以上劳动合同或取得工商营业执照，按规定在本区缴纳社会保险，其子女在户籍所在地没有监护条件且符合计划生育政策的，可申请进入居住地公办学校就读。各镇、街道、学校在政策执行中，根据实际情况相继出台实施办法，对入学条件作出了具体规定。因为进城务工人员子女现实的入学需求与流入地所真实拥有的教育资源不对称，部分地区同时还提高了入学条件标准，如规定监护人在居住地暂住要满一年以上，要求提供儿童预防接种证和流出地出具的外出借读证明，要求工作地与居住地相同等。由于地区之间执行政策不尽统一，造成外来务工人员子女哪里条件低就往哪里去，增添了区域间的接纳矛盾；也造成部分外来务工人员因工作地与居住地不同而导致子女无法入学，群众反响较为强烈。租住在HD镇FR花园小区的外来务工人员ZKP告诉我说：

> 今年（2014）的念书实在是太难了。要这个证那个证的，我们腿都跑断了。我们是外地人，找人办事难啦。像前两年，只要厂里老板写个证明，再加上缴纳保险的证明就行，也没有什么年限的规定。明天就要开学，我家老三念书还没有着落呢。听说HS区

STW 小学念书门槛低，我们几个老乡已经把小孩送那去了，我准备今天下午去那看看。就是太远，将近二十里路呢！小孩已七岁，再不念也就晚了。但那么远，也没公交车，我们夫妻俩要上班也没法送。愁死人。①

　　外来务工人员子女接受义务教育工作与流动人口管理密切相关，必须加强部门配合，建立齐抓共管的工作机制。目前，B 区流动人口管理体制正在不断完善的过程中，一些镇、街道和相关学校不能得到外来人员随迁子女相关数据，无法全面、及时、准确掌握入学需求，不少学校处于被动接纳局面，也给教育事业科学规划带来较大困难；暂住登记办法有的不够严密，房屋租赁监管也存在一定缺位，某些区块出现租赁房屋"一房住多户"现象；劳动用工监管有待加强，一部分外来务工人员没有签订劳动合同，但又长期在 B 区居住和务工，到上学季又有强烈的入学需求，入学资格条件难以严格和规范执行。从中可以看出，B区在执行进城务工人员随迁子女"两为主"政策时，在严格机械地遵守上级行政部门相关政策的同时，又遭遇了政策执行本土化的现实困难。脱域化的政策使区域与区域之间、部门与部门之间，家庭、学校与社会之间，多呈各行其是的割裂状态，组织与组织之间缺乏有序而又有效的沟通与协调，使进城务工人员随迁子女入学常常处于尴尬的境地。
　　布迪厄认为，一个场域就是在各种空间之中存在的一个客观关系网络，也可说是一种构型。场域是一种具有相对独立性的社会空间，相对独立性是其区分于其他场域的标志，它是不同场域得以存在的依据。②于此，我们认为，脱域性的政策制定和执行正是在忽视场域本身相对独立性的基础上展开的。我国现行的政策执行多为"自上而下"的行政命令式的执行路径，没有考虑到地方政策执行的具体情况，简单地把政策适用的场域视为定项选择的空间，政策的单一化使政策适用的具体场

---

　　① 来自访谈录音：2014—1—28—ZKP。
　　② ［法］皮埃尔·布迪厄、华康德：《实践与反思：反思社会学导引》，李猛、李康译，中央编译出版社 2004 年版，第 138 页。

域充满着不同力量关系的对抗。从进城务工人员子女入学"两为主"政策制定及其执行来看，从中央到地方的政策执行多呈线性的状态，脱离了场域自主性的政策使地方政府在政策执行过程中不能灵活地应对政策执行环境的差异，利益相关者的利益诉求不能得到合理适度的满足。脱域的政策和割裂的执行导致了"两为主"政策的需求与供给困境，政策执行主体以隐性排斥的方式消解或降低着"两为主"政策目标的实现与达成。

第五章

B区义务教育阶段校长教师
交流政策执行考察

  B区地处长江三角洲腹地，江苏省东南部，W市西南部。南依太湖，北接北塘、惠山两区，东连南长区、新区，西临常州武进区。东西距离长，南北距离较短，W市新行政中心处于其中间地带。2009年前，因城乡地域区划分明，教师流动状况非常频繁，并呈现鲜明的由乡村学校向城市学校的逆向流动态势。这一方面归因于城市规划区域性调整的影响，更多的是乡村学校区位劣势使然。城市化进程的加速给教师带来了向城市流动的机会与可能，而乡村学校交通不便、生活设施不配套等因素促进了教师离开乡村心理因素的滋生。大量的乡村学校教师的流失，导致义务教育乡村学校教师队伍的结构性断层，教育教学质量呈现逐年下滑的趋势。为了改变这种城乡教师队伍不正常的流动状况，促进城乡学校均衡有序地发展，B区在2010年出台了《关于完善义务教育学校教师交流工作的意见》，明确了职称评聘中教师交流的硬性指标要求，凡是在近5年评聘职称或嘉奖表彰人员必须要有一定年限的交流经历。义务教育学校教师交流制度的建立，有效地扼制了乡村教师向城市流动的单向趋势，有序地化解了农村学校骨干教师紧缺、城市学校优秀教师"扎堆"的供需矛盾，乡村学校教师队伍逐渐呈现相对稳定和有序流动的局面。

  2013年11月，党的十八届三中全会通过了《中共中央关于全面深化改革若干重大问题的决定》，其中指出：统筹城乡义务教育资源配置，实行公办学校标准化建设和校长教师交流轮岗是推进义务教育优质均衡发展重要举措。此后，教育部又出台校长教师交流轮岗的相关文件，并将此作为办好人民满意教育的一项重要内容。鼓励各地在未来3~5年内通过建立校长教师交流轮岗的目标、扩大交流范围、创新交流方式方法、强化交流激励保障机制等措施进一步促进校长教师流动工作的制度化与稳定化①。在此背景下，B区结合江苏省义务教育优质均衡发展示范区的创建，从制度建设入手，探索灵活有效的交流方式，加大校长教师轮岗交流的力度，校长和教师正经历着从"学校人"向"系统人"的身份转变。那么，其中，B区采取了哪些具体的政策和措施推动校长教师流动的制度化建设呢？这些校长教师流动政策的实施取得了哪些积极的成效？存在什么样的执行问题？导致政策执行出现偏差的原因是什么？基于对这些问题的思考，本章将从B区校长教师交流政策执行取得的积极成效考察开始，发现其在政策执行过程中存在的问题，并在此基础上探究校长教师交流政策执行中问题的成因。

第一节　B区校长教师交流政策执行与积极成效

一　校长教师交流政策的演进

校长教师的合理流动是一定区域内均衡配置教师资源，促进义务教育优质均衡的有效策略。从20世纪90年代开始，国家、省、市、县（区）各级政府及教育行政部门结合当时当地的实际情况，相继出台了多项校长教师交流的政策文件，保障了教育事业持续、均衡、协调的发展。

1. 国家推进校长教师交流政策

1999年，中共中央、国务院就出台了《关于深化教育改革全面推进素质教育的决定》，要求各地通过选派大中城市骨干教师到基础薄弱学校任教或兼职，乡（镇）学校教师到城市学校挂职进修的方式，加

---

① 古黔、孙志宇：《校长教师交流轮岗，你准备好了吗?》，《中国教育报》2013年11月20日第3版。

强教师队伍建设，推进素质教育的实施。2003 年，国务院颁发《关于进一步加强农村教育工作的决定》，明确要求各地建立健全城市中小学校教师到乡村任教服务期制度。2005 年，教育部在《关于进一步推进义务教育均衡发展的若干意见》中，提出要建立区域内优秀教师巡回讲课、紧缺学科教师学校间流动教学、城市教师到乡村学校支教服务期制度。2006 年，教育部又颁布了《关于大力推进城镇教师支援农村教育工作的意见》文件，规定城市中小学教师去乡村支教、县域内城镇中小学教师定期去乡村任教、大学毕业生支援乡村教育。2006 年修订的《中华人民共和国义务教育法》中要求"县级人民政府教育行政部门应当均衡配置本行政区域内学校师资力量，组织校长、教师的培训和流动"，第一次把组织校长教师流动作为县级人民政府教育行政部门职责写入法律条文。2010 年，《国家中长期教育改革和发展规划纲要》出台，明确提出"实行县域内教师、校长交流制度[①]"。2014 年，教育部、财政部等联合发文《关于推进县（区）域内义务教育学校校长教师交流轮岗的意见》，规定义务教育阶段公办中小学校长、副校长在一所学校任职不得超过两届；在同一所学校连续一定年限的专任教师均应参加轮岗交流。

2. 江苏省校长教师交流政策

2006 年，江苏省教育厅、江苏省财政厅联合下发《关于实施"千校万师支援农村教育工程"的通知》（苏教师［2006］23 号、苏财教［2006］220 号），该工程计划从 2007 年到 2010 年年底，在全省义务教育阶段遴选千所优质学校、万名骨干教师，与苏北农村千所薄弱学校实行"校对校"结对帮扶、对口支教。力争通过 4 年的结对帮扶，使受援的农村学校在教学管理、课程实施、师资素质、教科研工作和教育教学质量等方面有显著提高。2012 年 11 月，江苏省下发《关于进一步推进义务教育学校教师和校长流动工作的意见》（苏教人［2012］19 号），意见指出，今后江苏教师按照每年不低于专任教师总数的 15%、

---

① 史亚娟：《中小学教师流动存在的问题及其改进对策》，《教育研究》2014 年第 1 期。

骨干教师按照每年不低于总数的 15% 进行交流。此后，江苏省教育厅出台《江苏省义务教育优质均衡发展县（市、区）评估标准及评分细则（试行）》，其中规定"实施校长定期流动任职制度，校长在同一学校连任一般不超过两届；根据实际动态均衡配置优秀教师，每年 15% 左右的骨干教师、专任教师按规定在区域、城乡、校际流动"。

3. W 市 B 区校长教师交流政策

2001 年，W 市为发挥优秀教师的辐射作用，推进区域内义务教育的均衡发展，下发了《W 市关于教师轮岗交流的通知》，但因制度设计的缺陷，加上当时推进力度的疲乏，此工作进展非常缓慢，最后不了了之。2004 年，W 市率先出台了《W 市关于实行教师合理流动与退出的通知》，一方面要求各区（市）推选优秀教师、骨干教师到乡村学校、薄弱学校任教，充分发挥优秀教师、骨干教师的引领作用；一方面要求各区（市）坚决清理不合格教师，实施中小学教师退出机制。2010 年 2 月，W 市人民政府下发了《关于加快推进义务教育高位均衡发展的意见》（锡政发〔2010〕36 号），具体提出了校长、教师交流的要求，即："大力推动校长教师轮岗交流，从 2010 年起，各市（区）要按照不低于专任教师总数的 15% 和不低于骨干教师总数的 15% 来安排制定教师轮岗交流计划。校长在一个学校任职原则上不超过两届。"

根据省市有关文件精神，B 区相继出台一系列推进校长教师交流的政策文件。2010 年，B 区教育局制定《2010 年 B 区义务教育学校校长教师轮岗交流方案》，明确两个 15% 的要求，并指导性地要求教师交流在区域化的板块中进行。2012 年，B 区又建立了"以柔性流动为主，刚柔相济"的教师流动模式，在教师队伍稳定的前提下充分发挥骨干教师辐射作用。2013 年，B 区以"名校集团化"为依托，制定集团内教师流动制度，较好地均衡了一定范围内优质教师的资源配置。2014 年，B 区结合新毕业生的招录，建立新入职教师"校用区管"制度，实现了部分教师从"单位人"向"系统人"的身份转变。

二　B 区校长教师交流政策执行与积极成效

在 2010 年之前，B 区的校长教师交流工作基本上是以支教、走教、

对口送教和教育联盟的方式展开的，真正意义上的校长教师交流始于
2010年后教师交流制度的逐步建立及系列化政策的施行。这两个时间
段表示着B区校长教师流动工作从形式化阶段进入了制度化阶段，也
意味着校长教师交流政策的系统建构与正式执行。本章节我们所要研究
的是B区校长教师交流政策执行情况，即2010年后B区校长教师交流
政策执行及其成效。B区校长教师交流政策执行也包含建立组织机构、
运用政治资源、解释宣传、协调控制等政策行动，并在此过程中实现既
定的政策目标。

1. 政策执行

（1）建立组织。按照《2010年B区义务教育学校校长教师轮岗交流
方案》的要求，B区成立了义务教育阶段学校校长教师交流工作领导小
组，区政府分管教育的副区长CH同志任领导小组组长，时任教育局长
QJ同志任副组长，负责B区义务教育阶段学校校长教师交流工作的组织
实施、指导、协调和管理工作。同时在B区教育局成立了B区义务教育
阶段学校校长教师交流工作办公室，地点设在B区教育局组织人事科。
区内各个学校在全区义务教育阶段学校校长教师交流工作启动会议后，
陆续成立了学校层面的校长教师交流工作领导小组，具体落实本校的校
长教师交流工作。从以上可以看出，B区在校长教师交流工作的组织领导
方面，形成了自上而下的三级组织管理机构，即区政府层面义务教育阶
段学校校长教师交流工作领导小组、教育局层面的校长教师交流工作办
公室、各学校的校长教师交流工作小组。三级管理机构的建立，意味着
行政科层制构建，校长教师交流政策的执行得到有力的保障。

（2）加强宣传。为了使义务教育阶段学校校长教师交流政策得以
落实，B区十分注重宣传解释工作。首先，在政策方案讨论阶段，多次
召开方案制定研讨会，参加人员有校长，也有教师；有城区学校教师，
也有乡村小学教师，广泛听取意见，集思广益。B区教育局领导多次参
与会议，给大家讲述校长教师交流工作对促进地区义务教育均衡发展的
重要性以及这项工作推进的紧迫性。此阶段会议的召开，一是修订方
案，为方案制定的科学化、合理化提供基础性信息；二是以点状渗透的

方式宣传此项工作推进的势在必行，以求得教师在政策实施前拥有一定的心理认同。其次，全区召开义务教育阶段学校校长教师交流工作启动大会。在此次会议上，成立区政府层面的校长教师交流工作领导小组，宣读区政府《关于在全区义务教育学校实施校长教师交流轮岗的通知》，并诠释《2010 年 B 区义务教育学校校长教师轮岗交流方案》，并就此项工作的具体执行提出质量标准、时间节点和可能出现问题的处理要求。最后是各个学校召开全体教师会议，学习《2010 年 B 区义务教育学校校长教师轮岗交流方案》，要求全体教师对照方案，提出自己交流计划。各学校的人事秘书负责本年度拟交流人员的遴选以及方案精神的解释。各种层级和渠道的文件精神传达，使全区教师提高了对校长教师交流工作的认识，有效地降低了此项工作执行的难度。

（3）协调控制。在具体的政策执行过程中，政策本身的设计、政策执行主体的素质以及政策执行者与政策目标群体的矛盾都影响着政策执行的效果以及政策目标的达成。为了提高政策执行效率，B 区在加强政策制定的科学化，建立完善、及时、有效、保真的政策信息传输机制，提高政策执行者的素质的同时，非常注重建立有效的政策执行协调机制。如 2013 年 8 月，B 区 LR 小学成立。此学校的前身是 B 区 HD 中心小学下辖的两所完全小学和 MS 街道所属的一所完全小学，2013 年 8 月三校撤销并入新成立的 LR 小学。一方面是新学校成立之初，教师队伍亟须尽快建立；另一方面却遭遇原来三个学校隶属不同街道管理的编制所困。同时，因为新建的 LR 小学属于 HD 镇，原 HD 的两所完全小学的教师到立人小学任教又面临原有教师交流政策中本乡镇、街道内学校流动不算校际交流的政策矛盾。原 LJ 小学的 SMY 老师告诉我说：

> 我原来是 MS 街道所属的 LJ 小学的，前两年刚从 HD 镇划到 MS 街道去，今年学校撤并又才来到 LR 小学。8 月 6 日，中心小学通知我们三个人到 LR 小学报到，而我们的编制却在 MS 小学。还好今天，教育局人事科的 L 科长通知我们，我们三个人算柔性交流，时间一年。一年后根据自己意愿，决定去留。绩效考核由 LR

小学负责，经费在 MS 小学发放。这样一来，我评一级教师关于交流的要求就已达到，明年就可申报一级教师职称。[①]

当原有的政策方案遭遇不可预见的现实时，协调与控制显得尤其重要。政策执行原则性规范以及政策执行自由裁量权的存在，使得政策执行出现弹性空间，政策执行主体需要在选择有利于政策执行方案的同时考虑政策目标人群的利益诉求，以此来规避政策执行风险。

2. 积极成效

从 2010 年到 2014 年，B 区在全区义务教育阶段学校间实行校长教师交流制度。2012 年，义务教育阶段专任教师交流人数 442 人，占专任教师总数的 15.2%；骨干教师交流人数 73 人，占骨干教师总数的 16.3%。校长副校长任满六年的一律交流，2012 年度共流动 18 人。另外，非义务教育阶段也有不少于 5% 的教师进行交流。校长教师交流政策的执行，给 B 区义务教育均衡发展带来了明显的成效。

（1）择校现象显著减少。通过教师流动，教师配置进一步均衡，学生择校现象明显下降。B 区 2011 年初中择校生比例为 7.89%，小学择校生比例为 9.71%；2012 年初中择校生比例为 1.71%，小学择校比例为 4.90%[②]（见表 5 – 1）。

表 5 – 1　　B 区义务教育阶段学校 2011—2014 年择校情况

类别	一年级				七年级			
	2011 年	2012 年	2013 年	2014 年	2011 年	2012 年	2013 年	2014 年
招生人数	4760	4568	5160	5189	3525	3571	3763	3784
择校人数	462	224	216	188	278	61	69	56
择校比	9.71%	4.90%	4.19%	3.62%	7.89%	1.71%	1.83%	1.48%

资料来源：根据 B 区创建义务教育优质均衡发展县区相关台账数据整理。

---

① 来自访谈录音：2014—2—22—SMY。
② 引自《2014 年 B 区教育事业发展报告》。

从表 5 – 1 中可以看出，2011 年至 2014 年，一年级和七年级招生人数都呈逐年增长态势，小学增长幅度大于初中的增长幅度。同时我们也可看出，随着教师交流制度的不断完善，城乡学校教师配置进一步均衡，不论是一年级还是七年级，择校生数均呈总体下降趋势。

（2）巨型学校、大班额现象有所缓解。因为名校长的定期流动、教师交流的制度化，一些原来较为薄弱的学校教育教学质量出现了大幅度的提高，学校的办学特色不断彰显，社会及家长对居住地附近的学校认同度逐渐提高。同时原来名校长名教师相对集中的学校，随着校长教师交流工作的深入推进，名校长名教师纷纷交流至其他学校，社会及家长对原热点学校的选择也慢慢回归理性。2014 年 9 月，刚调任 B 区 YH 小学校长的 LY 告诉我说：

> 早些时候，我也是在 YH 小学工作的。转眼过去五六年了。那时候，我是这所 B 区最好的学校的教导主任，校长是特级教师，全校市级以上骨干教师数全区第一。每年招生时节就是最烦人的季节，校长们除了晚上给我们开会布置相关工作，白天是不敢露面的，找关系开后门的太多。手机也是整天关机，没办法只好另买一个新号码，以便与教育局领导保持联络和安排我们工作。就是这样，每到招生扫尾阶段，Z 校长还是长吁短叹，从口袋里掏出一大把条子。最后，再从中选择，哪些是必须解决的，哪些可以放一放。一年级从以前的 4 个平行班，变成了六个，最后变成了 8 个，最多时开 13 个班，仍然是僧多粥少，每个班将近 70 人。走进教室，里面全是小孩。每到课间，孩子们上个厕所，也要等几分钟，因为人多啊，出教室慢啊。我们这些做行政的人，每天还要听老师们抱怨。怨人太多，作业都批不过来。想想也真是的。一个数学老师，多数带两班数学，一天起码要批一百四五十本作业，还要上课、备课，时间真是太少。现在好多了，今年我回到 YH 任校长，已明显感到学校发生了深刻的变化。招生时节电话少了，学生教室空间多了，老师们有了更多研修的时间。我校本部今年一年级严格

按招生计划，招了6个班，一个班最多42个人。其他几个校区也是这样。①

为了了解更多校长教师交流制度推行后学校招生情况，我又访谈了同在B区城区的DX小学校长YK。（YK是W市名师，也是江苏省特级教师培养对象）他说：

> 我们学校处在HLK地区，也就是B区的中心城区。我来那年这所学校已处于生源逐渐萎缩的境地，一年级招生只招了86人，其中还有不少是进城务工人员随迁子女，因为好多学区内的学生家长都把孩子送到了同为城区的好学校YH或YY小学去了。哪怕是路程远一点，也不在我们DX小学上学。不过，说良心话，假如我是学生家长，我也会那样做。那时候，YH小学和YY小学好教师多，学校教学质量高，每年小学毕业生80%都能考上SXZ（W市内一所有良好声誉的完全中学）。2010年后，区教育局实行校长教师交流，我来到DX小学。5年来，这所小学先后来了有市级称号的骨干教师15人。优秀教师的加入，给学校带来了发展生机。学校教学质量节节上升，去年我们学业水平测试成绩在全区排第五名。生源也出现了回流现象，学区内一年级时去其他学校就读的学生已有19个人回到我校。新一年级招生稳定在180人左右，正好开4个平行班。②

（3）教师队伍建设不断优化。校长教师交流制度的设立，打破了原先城乡教师固化的壁垒，改变了原有教师队伍中愈演愈烈的由乡向城流动的现象。一方面交流的骨干教师至薄弱学校，引领作用得以发挥，个人价值得以充分实现。骨干教师在促进着自身素质不断提高的同时，又

---

① 来自访谈录音：2014—2—24—LY。
② 来自访谈录音：2014—2—24—YK。

· 143 ·

在薄弱学校发挥"鲇鱼效应"的作用，薄弱学校教师队伍有了榜样和示范。另一方面，薄弱学校的教师流动至优质学校，感受着优质学校良好的管理文化，享有着优质学校多年积淀的教研资源，加速了自身的专业成长。通过这种方式，优化了教师队伍的学科、年龄、学历、职称结构，破除了体制上的局限性，消除了教师教育理念、方法的"近亲繁殖"。在访谈中，从城区 GZ 中学交流到偏远乡镇 HD 中学的 ZJP 告诉我说：

> 我原来是 GZ 中学的中层行政管理人员，多年执教初三数学。2012 年，全区推行校长教师交流制度，我来到了 HD 中学。前几年，由于高初中分离，HD 中学经历了阵痛，好多优秀教师去了高中，致使 HD 中学的教学质量出现了下滑的现象。我来到 HD 中学后，我把原来单位 GZ 中学的教学管理经验带到 HD 中学。首先，实行年级组视导制度。每个月都对一个年级实行教学常规视导，确保教学常规管理规范的落实。其次，推行"青年教师成长"工程。把我校的青年教师与我原单位 GZ 中学的青年教师合并编成青年教师成长团队，共享 GZ 中学优良的教研资源。最后，借鉴 GZ 中学的绩效考核方案，建设富有激励性质的 HD 中学绩效分配新方案。现在教师的教学行为比以前规范多了，校长和同志们对我也很信任，我觉得在 HD 中学自己的工作能力得到了锻炼。我也更加了解不同学校间教师的生存状态的差异，每每看到很多青年教师在快速成长，心中常常涌起欣慰之情，他们在教学工作中获奖、进步，我比他们自己还高兴。我是一个不服输的人，2012 年中考，HD 中学数学成绩排名全区下游。经过我们的共同努力。2014 年，我们的各科成绩都已处于全区上游水平。①

从 ZJP 的话语中，我们可以看出他对 HD 中学的感情，而在三年前，他还是城区 GZ 中学的教务主任。三年的跨校交流，他找到了人生坐标。

---

① 来自访谈录音：2014—2—25—ZJP。

因为他和全体同人的努力，HD 中学的教学质量有了很大的起色。在他带领下，HD 中学的青年教师成长得很快，他的人生价值在 HD 中学的发展与进步中不断得以实现。交谈中我得知，在交流这三年中，他因为工作出色被教育局任命为 HD 中学副校长。专业发展也取得了不错的成绩，2014 年被 W 市教育局评为"W 市初中数学学科带头人"。

优质学校的教师交流到薄弱学校，有利于为薄弱学校的师资队伍建设注入活力。那么，薄弱学校的教师到优质学校交流，他们的生存状况又是如何呢？2014 年 12 月 22 日，我访谈了交流在城区 YY 小学工作的女教师 WL。她说：

　　我以前从未想到能来城区小学工作，一切从 2010 年全区实行教师交流政策后有了变化。2010 年全区校长教师交流工作会议召开后，我们教师都认为这可能又是在"走过场"或者是迎接检查，过两天也许再也不会有人提这事。没想到这回是来真的，我原来待的 BH 中心小学当年就有 2 个教师交流到城区小学工作。于是我第二年也报了名，2013 年我就来到了 YY 小学，而且是在本部工作。以前只是听说过 YY 小学如何如何好，可究竟什么样子没有深入的了解。只到交流到这后，终于感受到了。一个是学校从来都不考勤，教师也没有一个迟到的。我们原来的学校，一天点三次名，还是有人迟到早退。这里大家工作都兢兢业业，你想偷懒都不好意思。每周的教研活动真多，校本教研扎扎实实。课上得都精彩，评课也有深度。备课组对我们来交流的教师要求也很严格，一年上三次公开课，每月要交一篇教学反思，我感觉到这两年时间，进步很大。只是两年时间太短，我明年暑假就要回去了，因为我是柔性交流的。①

对于一个长期在乡村薄弱学校任教的教师，他（她）十分想看看传说中城区学校的样子。交流政策的实行使他（她）的愿望有了实现

---

① 来自访谈录音：2014—2—24—WL。

的可能。在城区优质学校，他（她）感受着不一样的管理文化，专业成长也找到了合适的土壤。两年的时间，他（她）已舍不得就这样离开。教师交流政策的推行，城乡学校教师队伍建设有了显著的成效。不过，频繁地流动，我们也感受到了交流教师缺少归属感的无奈。

（4）原薄弱学校进步明显。推行校长教师交流制度后，原优质学校先进的办学理念、管理方式、课程资源、文化资源、教研资源经由交流的校长骨干教师向薄弱学校输出。"一个好校长就是一所好学校。"在 B 区推进校长教师交流政策执行的几年中，薄弱学校的强势崛起也许更能说明其言语的合理性。B 区教育局副局长 MRH 说：

> ZYY 是 B 区的一名资深校长，长期以来，他致力于儿童德育主题化研究，是 W 市德育工作带头人。1996 年至 2007 年，他一直在 B 区 BH 中心小学（原 NQ 中心小学，后改现名）任校长。其间，他以"孝心"教育课题研究为载体，开展德育序列研究，学校内涵不断丰富发展。学校先后获得 W 市文明单位、W 市教育现代化工程示范学校、W 市教育科研实验学校、W 市电化教育实验学校、W 市小学生潜能开发研究基地、W 市德育先进学校、W 市"德育现代化"实验学校、W 市"绿色学校"及"江苏省实验小学"等荣誉称号。2011 年 9 月，他交流至薄弱学校 HL 中心小学任校长。来到 HL 中心小学后，ZYY 校长在充分调查研究的基础上，确立了"同伴教育"的学校研究主课题。在此课题研究中，大家人人参与，努力构建学生素质教育课程体系。学校组建田径队、足球队、羽毛球队、网球队等多支学生体育团队。其中田径队、足球队多次获得区比赛冠军。2014 年学校被命名为"江苏省体育传统项目特色学校"。在艺术教育方面，学校组建多种学生社团，书画社团、雕刻社团、剪纸社团、舞蹈队、合唱队等，培养了学生的兴趣，发展了学生的特长。ZYY 同志在规范办学、进一步改善办学条件巩固和发展教育现代化成果的同时，切实加强教师队伍建设以及各项常规管理，积极推进素质教育，HL 小学的办学水平明显提

高。四年中，学校先后获得 W 市义务教育现代化学校、W 市中小学管理规范先进学校、W 市 B 区文明单位、W 市现代教育技术实验学校、B 区文明卫生单位、B 区安全文明单位等称号。

在推行校长交流的几年中，我们有不少于 12 位优秀校长从优质学校到薄弱学校。如 QWX、TJY、GLX、YK、HM、JCH 等，他们到薄弱学校带去的不仅是具体的方法与策略，还有思想与理念、精神与气度。薄弱学校一旦注入这种内生的力量，学校很快就会发生质的变化。队伍团结了，工作有劲了，质量上去了，学校内涵丰富了。这种交流带来的进步是跃升式的，往往是质的变化。我们会持续坚持下去，把校长教师的交流作为我们 B 区义务教育优质均衡发展的重要抓手。①

校长教师交流政策的执行，从一定意义上来看，是优质学校对薄弱学校教育教学工作的支持。在我国，即使是在 B 区这样发达地区，由于中国社会长期存在的城乡分野和"二元结构"，城乡差距和城乡学校差距仍然存在。因"二元结构"中的城市倾向，大多数优质学校多集中在城市，而薄弱学校多分布于农村。在大力推进义务教育优质均衡发展的当今时代，实施优质学校和相对薄弱学校之间、城乡学校之间校长教师交流政策，也就成为政府推进教育公平的政策选择。一方面，优秀校长和骨干教师交流到薄弱学校可以充分发挥引领示范作用；另一方面，薄弱学校教师到优质学校学习可以接受优质教育资源的浸润与熏陶。校长教师交流政策的实施，改变了以往校长教师流动的"向城化"单一状况，优质学校和薄弱学校、城市学校和乡村学校之间形成了双向互动的流动态势。教师队伍建设走向有序与高效，学校间的管理文化走向融合，教育教学资源配置更加均衡。

---

① 来自访谈录音：2014—2—24—MRH。

第二节　B区校长教师交流政策
执行中的问题

　　自2010年开始，B区通过校长教师交流政策，缓解了义务教育学校中长年不退的"择校热"现象，促进了义务教育阶段学校教师的专业成长，改善了薄弱学校的管理现状，有效地化解了义务教育学校之间优质教育资源分布不均衡的问题。但在研究者开始深入现场与交流的教师、校长就这一话题探讨时，却隐约感到他们对这一政策的抵触与排斥。为了更真实地了解B区校长教师交流政策执行中的问题，研究者走访了校长教师交流人员相对较多的8所学校（6所小学、2所初中），并访谈了相关学校的校长和教师。在访谈对象中有16位参加交流的教师，6位参加交流的校长，还有4位是没有参加交流的教师。此外，我们还通过问卷调查的方式，了解参加交流教师及校长对交流工作的认识与态度。通过对访谈资料和所获得问卷的分析，笔者认为B区校长教师交流政策过程中还存在政策目标不准确、政策要素不完整、政策保障不得力、政策体制尚需完善四个方面的问题。

一　政策目标不准确

　　从2010年开始，B区实行校长教师交流政策。早在此政策之前，B区为了促进农村地区薄弱学校的发展，在全区范围内开展送教下乡、对口帮扶、联盟互动等支教活动已多年。可以说支教是校长教师流动政策执行前教师流动的一种重要方式。2010年开始，B区在全区范围内大面积地推行以教师轮岗为主要形式的校长教师交流政策。从支教到轮岗，B区的教师流动政策促进义务教育优质均衡发展的政策目标非常明确。但从以下几位教师的访谈情况看，教师交流时间太短、交流人群太大、交流动机异化等政策目标不准确的问题都在政策执行的过程中反映出来。访谈中，LR小学LL副校长告诉我说：

　　LR 小学刚成立的时候，MS 中心小学三个教师到我校交流，都为柔性交流。柔性交流就是编制和工资都在原单位，只是人到我们学校上班。交流来的三位教师在我校工作真是千差万别，各不相同。一个是原来长时间在幼儿园教学的教师；一个是工作从来都没有认真过的教师；另一个工作不错，很上进。但是因为交流时间太短，好的教师我们培养了一年，想留人家却走了；工作不认真的教师由于交流时间短，整天吊儿郎当，数着日子盼结束。像这种交流其实是没有意义的，要说有意义，其最多也就是找了个人来上上课。①

　　从 L 校长的言语中我们可以看出：一是政策规定来参加交流的教师都是专业水平普通的教师，到交流学校没有起到示范引领的作用；二是交流的时间只有一年，时间太短不利于教师的培养；三是交流教师多抱有临时观念，在工作中不能安心教学。参与交流的教师 XZ 对笔者说：

　　我是 1991 年参加工作的，一直在 MS 小学工作。这一次因为学校撤并我才来到 LR 小学，主要完成交流的任务，因为我以前都在一个地方工作。时间只有一年，每天上上课，写写字。反正都是老样子，小学生只要把他管好了，不要出事就行，不然考核弄个不合格很难看。这边学校事情太多，比我原来待的学校事情不知多了多少倍。我也不会做，只能选择一些简单的做了。一年后，我们还得回到老学校。②

　　一个是交流来的教师因时间短而不愿下功夫去认真工作，一个是学校管理者因这些教师在交流目的学校时间太短而不愿去培养。那么，这三个教师中工作最为认真的教师其工作动机又是什么呢？为此笔者又访谈了 XM 老师。他很坦率地告诉笔者：

---

① 来自访谈录音：2014—2—26—LL。
② 来自访谈录音：2014—2—24—XZ。

教育局文件规定，教师交流一年是评聘高一级职称的必备条件，是岗位设置、工资晋级的优先条件。我主要是为这一点，跟你也不说假话，我估计全区90%的人都是这样想的。我们学校今年出来三个人，反正大家都有目的，大家都在关注这一点。工作我一定要干好，一是对得起良心，二是一年结束评一个好一点等第，为明年岗位设置竞争打好基础。[①]

由此看出，一个工作负责的教师，一半是源于其职业自觉，还有一半是利益驱动。大多数教师参加交流的动机已经异化成单纯地为岗位设置工资晋级，与校长教师交流政策制定的目的是不相吻合的。为了在更大范围内了解教师参与交流的真实动机，我以"你为什么参与教师交流？"为题对近年来参与教师交流的100名教师进行问卷调查。通过调查发现，教师参与交流的动机在"实现自己的教育理想，体现人生价值""达到评职称的必备条件""岗位设置、工资晋级优先"和"学校安排，自己没有交流愿望"四个选项上所占比例分别为13%、48%、35%、4%。而且，为了实现自己教育理想，体现人生价值的多体现在青年人身上，30岁至45岁的教师对于此选项选择得较少。在样本群体中，我们发现83%的人交流的动机是为了评职称和工资晋级（见表5-2）。

表5-2　　　　　　　　　　教师交流的目的调查

类别	实现自己的教育理想，体现人生价值	达到评职称的必备条件	岗位设置、工资晋级优先	学校安排，自己没有交流愿望
30岁以下教师（人）	9	37	6	1
30岁至45岁教师（人）	4	11	29	3
总计（人）	13	48	35	4
所占比例	13%	48%	35%	4%

资料来源：根据B区交流教师问卷调查相关数据整理。

---

① 来自访谈录音：2014—2—24—XM。

校长教师交流政策执行过程中存在的教师队伍全员轮岗、教师交流动机异化、交流时间短促等现象，意味着校长教师交流政策类型的失真。校长教师交流政策其政策目标在于实现区域内优质教师资源在全区各学校之间的均衡配置，它并不是要求全体教师不分层次地全员交流，或者说是为了交流而交流。这种全员式的流动，不仅难以实现区域内优质教育资源的均衡合理配置，体现教师交流制度的优越性，也违背了教师的成长规律和学校管理的规律，对教师队伍的稳定、教师队伍的专业发展和素质提高必将带来一定的负面影响。

二　政策要素不完整

政策要素不完整，即政策要素不全面、不完善。从2010年算起，B区执行校长教师交流政策已五年，每年暑假时间，B区教育局都会下发年度校长教师交流工作指导方案，教育局人事科还就本年度的校长教师交流工作方案做解释性指导。但是从这五年的政策文本来看，B区教育局虽然对交流轮岗的对象作了范围的划定，但不够全面。仅对拟交流对象的年龄和任教以来是否在其他学校工作过作出要求，方案没有对拟交流对象的资质、职称、能力与专业水平作出细致的规定，十分不利于交流教师的选拔。在相关骨干教师交流要求中，也只简单划定为获得区级荣誉称号以上的教师，而事实上骨干教师是有省、市、区等相当多的等级的。这样就直接导致有的学校为了自己学校利益，在教师交流对象的选派中"雪藏"学校的中坚力量，往往把一些专业称号较低等级的骨干教师、低职称的教师、低水平的教师先行交流出去。JD附属中学的书记DB告诉我说：

初中和小学还是不一样的。小学相对轻松一些，这些教师交流啊，什么素质教育啊等等，都可以搞一搞，而我们初中做得都比较谨慎，因为中考的压力太大。每年暑假，你学校办得好不好，没有老百姓去看你的教学过程，他们只关心中考的成绩。在这样的背景下，名教师、骨干教师就是学校的"命根子"，你说哪个做校长的想放他去交流，除非校长自己不想干了。每年我们在选择交流教师的时候，都会有倾向性地找几个教师谈谈话。一是把真正的骨干教师留下来，二是把专业称号最低等级的骨干教师交流出去，应付一下教育局每年的任务。这也是没办法的事，毕竟质量第一。①

W 市 B 区骨干教师大体有这样几种等级：区教学新秀、区教学能手、区学科带头人、市教学新秀、市教学能手、市学科带头人、市名教师、江苏省特级教师、江苏人民教育家培养工程培养对象。笔者对近 5 年 B 区骨干教师的交流情况做了统计分析（见表 5 - 3）。

表 5 - 3 　　　　　　2010—2014B 区骨干教师的交流情况 　　　　　单位：人

年份	区教学新秀	区教学能手	区学科带头人	市教学新秀	市教学能手	市学科带头人	市名教师	江苏省特级教师	江苏人民教育家培养工程培养对象	合计交流人数
2010	33	11	9	5	2	1				61
2011	36	17	8	5	1	2				69
2012	39	18	9	5	1	1				73
2013	38	21	10	6	2					77
2014	37	31	8	2	1					79
合计	183	98	44	23	7	4	0	0	0	359

资料来源：根据 B 区创建义务教育优质均衡发展县区相关台账数据整理。

从表 5 - 3 中我们可以得到这样一些信息：2010 年至 2014 年，B 区全区骨干教师交流 359 人，其中区级骨干教师 325 人，占交流总数的 90.5%，而市级学科带头人以上骨干教师参与交流的仅有 4 人，占交流骨干教师总数的 1.1%。由此可以知道，因为政策要素的不完整，B 区骨干教师交流的对象多集中在低等级称号教师，各学校在保护既得利益的情况下，很难真正把学校的核心骨干教师派出交流，优质教育资源特别是优质教师资源的均衡分配问题仍然未能得到良好解决。

---

① 来自访谈录音：2014—2—25—DB。

在校长交流政策执行过程中，我们还发现政策要素不完整的问题同样影响着校长交流的真实性和实效性。在B区校长交流的文件要求中，我们只是看到一个校长在一个学校不超过两任的规定，至于一任究竟是三年或是五年，都没有具体的年限。此外，校长满两任后，其交流的方向也没有规定。这样的政策在执行过程中，政策执行者往往会采取"变通"的方式来应对"人情"。其具体表现为城区的学校校长两任期满后仍在城区范围内交流，农村学校的校长多数还在农村学校的范围内交流。在访谈中，B区教育局党委委员、人事科科长ZM告诉我说：

> 我们区在校长教师交流政策推进的过程中，并不是一帆风顺的。城区的校长家都安在城区，谁也不想到农村学校去。有的我们刚征求意见时，就明确表态如果去农村学校就辞去校长职务或调到教育局科室去。有的人就开始运用一些关系来给教育局领导施加压力，以实现不到乡村学校去的愿望。从政策制定层面来看，的确没有规定两任到期后交流的方向，只是说校长在一个学校任满两任必须交流至其他学校。五年间，我们城区的校长任满，交流基本上仍在城区学校，只有两位城区学校校长交流到乡村学校。就是这两个人，我们还做了大量的工作。①

三　政策保障不得力

政策保障不得力主要是指政策的保障措施力度小。校长教师流动，必须直接面对编制核定、岗位设置、评优评先、薪酬待遇等好多现实问题，而我们从B区校长教师流动方案中未见到相关这些方面的具体保障细则。激励机制与保障机制的缺省，交流中的校长教师极易产生"人在曹营心在汉"的感觉。

校长教师由城区学校到乡村学校的交流，面临的一个最大困难是学校与家之间距离的变远。家与学校距离的增加，不可避免的是用于交通

---

① 来自访谈录音：2014—2—24—ZM。

的经济支出相应增加。如果从经济因素去探讨其与校长教师交流的关系，校长教师交流政策中缺乏适度的经济补偿已使交流的校长教师承担了一笔在原单位不需要承担的费用。而在 B 区，校长与教师交流的经济补偿是不同的。交流至 BH 中学的 JDL 告诉我说：

> 去年，我从 JD 附中交流至 BH 中学任教。说教学，到哪儿都是教书，也没有什么大的困难。要说困难，最大是每天要跑四十公里路，每天在路上要花去一定时间外，经济上也是一个负担。我们去年刚买了房子，还贷了款。可是现在交流到 BH 中学，学校离家远，乘公交车也不方便，没办法只好买了一辆汽车，无形中我们的负担又加重了。我们 B 区校长们是有交通补贴的，不管是在城区，还是在乡村，他们每个月都有一定的交通补贴。但具体是多少钱一个月，我真不知道。①

为了了解校长是否真有交通补贴，我先后问了几个校长，他们都含糊其词，语焉不详。最后，我又访谈了 B 区教育局财审科科长 CY。CY科长说：

> 我们区实行校长交通补贴其实是在推行校长教师交流政策之前，一开始是每人每个月一千元。后来，教育局党委又多次研究，参考我区其他单位，又降了一点。现在是校长每个人每个月 800元，副校长每个人每个月 600 元。交流的教师由于人数太多，就没有发放交通补贴。②

在校长教师交流政策的制定与执行的过程中，教师一边以政策执行主体的角色存在，一边又总是以弱势和边缘化的角色存在。一方面是经

---

① 来自访谈录音：2014—2—27—JDL。
② 来自访谈录音：2014—2—27—CY。

济保障的不力；另一方面激励机制也难以得到有力的保障。事业单位工作人员一年工作终了都会进行一个年度考核，其结果一般包含"优秀""合格""基本合格"以及"不合格"4个等第。在B区，连续两年获得"优秀"等第的教师，W市政府发给"嘉奖"证书；连续三年获得"优秀"等第的教师，W市政府给予"记功"表彰。"优秀""嘉奖"和"记功"等奖励都是教师职称评定、岗位设置等考核中重要的加分指标。而交流的教师往往很难评到"优秀"，即便是在交流学校已有一年或两年的教师，也很难在流入学校评到"优秀"以上的等第。笔者通过调查发现，2012年，B区义务教育阶段学校交流教师共442名，当年年度考核被评为"优秀"以上等第的仅占8.60%，"合格"占90.72%，"基本合格"占0.45%，不合格占0.23%（见表5-4）。

表5-4　　　　　　　　2012年B区交流教师年度考核情况统计

类别	考核等第				合计
	优秀	合格	基本合格	不合格	
交流教师	38	401	2	1	442
比例	8.60%	90.72%	0.45%	0.23%	100%

资料来源：根据B区创建义务教育优质均衡发展县区相关台账数据整理。

以上数据表明，对于交流教师的考核，教育主管部门没有专门的交流教师考核制度，交流教师的年度考核都是由流入学校组织实施。交流教师每年都是暑假后开始交流，至年底年度考核，在流入学校工作时间只有半年。因为工作时间短暂、流入学校年度考核过程中"人情"的影响，交流教师流入的学校多倾向于把"优秀"等第给予本校的教师。在HZ中心小学交流的教师FKW对我说：

> 交流到这里，我们一下子觉得自己变成了一个没人管的人。你只要每天把课上完就好，学校的一些比赛、外出听课、表彰奖励都与我们无关。你就是想也想不到，因为要投票，你想想，我们在这

个学校交流的只有三个人，人家要选也选自己学校的人，怎么会选你呢？工作究竟做得如何，全看你学期末你的交流工作小结写得怎么样，反正都是一个"合格"。就是再差，弄个"合格"，大家也不会难为你。至于我们原来的单位在交流的这一年也不会管我们，我们就像一个自由人，什么表彰、外出学习、年度考核等也不会给我们机会。①

因为交流人员经济保障机制和激励保障机制的缺失，交流的教师实际上处于管理的"真空地带"，在交流的时间里没有归属感，没有工作的成就感。工作积极性降低，工作状态低迷，只盼一年的交流时间早点结束。按照校长教师交流政策的要求，交流人员不仅要完成学校分配的教育教学任务，交流人员的课时工作量等也要达到流入学校教师的平均工作量。同时流入的教师还应当发挥自身的专业优势，给予流入学校的教学研究、课题活动等以示范。但是由于政策要素的不完整，交流的教师自身专业发展水平不高，又因为政策保障不力，大部分交流的教师在流入学校工作多表现为不够投入的状态。他们早上从家赶往学校，中午在校吃饭，晚上放学再匆匆赶着回家。由于空间距离太远，他们要用相当长的时间放在来回的途中，基本没有更多的时间用于深度备课与学生课外辅导。在校长教师交流政策执行中，出现教师心系家人、无法专注教学和教学效果不佳的现象；交流教师中多抱着"反正就是一年"的临时观念，以"过客"的心理应对新的工作环境；相当多的教师在流入学校找不到工作的成就感，带着"被强迫交流的"弱者心理，工作中多产生消极情绪等问题，阻碍着交流教师对新的工作环境的适应与融入。也就是说，交流教师与流入学校组织环境产生了排斥。

富兰（Fullan）就曾经提出："决策者往往都过度理性地对变革进行假设，因此他们满怀信心地投入到变革规划当中，并希望自己设计的

---

① 来自访谈录音：2014—2—27—FKW。

变革项目得以推行。"① 但在组织变革问题上，获得成功者却是少之又少。除了政策设计缺陷外，应有的保障机制的缺省给政策执行增添了麻烦与阻力。倘若政策执行者只关注变革项目或者外在专业力量的引进，而忽略了一些可能对变革项目发挥重要作用的相关人员的思想观念和实践经验，其在很大程度上决定了政策执行受挫。

四 政策体制尚需完善

从 2010 年起，B区推行校长教师交流。政策执行五年来，一直遭遇着体制的障碍。

一是编制管理的体制障碍。B区校长教师编制由B区人力资源和社会保障局管理，每年按照所在学校的学生数进行核编，定人定编。B区校长教师交流有两种方式，一种是刚性交流，即人动关系动；另一种是柔性交流，即人动关系不动，编制仍在原单位。严格意义上来说，后者的这种交流方式与近期国家出台的关于"清理事业单位人员在编不在岗"的相关政策相背离。现交流在 HZ 中学的 CXQ 副校长告诉我说：

> 我去年交流到 HZ 中学，现在的人事关系却还在 SX 中学。想来这来不了，只好人先过来。去年 8 月就上报人社局的，直到现在也没有办好调动手续。上个月我去问了教育局组织科，他们说现在学校编制是死的，可能就这样了，反正也不少你钱。可是叫我难堪的是今年 1 月，元旦刚过，学校转发区纪委相关清理吃空饷人员的文件。我一个正在工作的人却成了清理对象，因为我的编制在我原来的工作单位 SX 中学，而人却没有在 SX 中学上班。好在教育局协调了多少天，又是向组织部汇报，又是向纪委写书面说明，总算过了这一关。②

---

① Fullan, M. Planning, Doing and Coping with Change [A]. In Harris, A., Bennett, N. and Preedy, M. (Eds.). Organizational Effectiveness and Improvement in Education [C]. Buckingham, UK: Open University Press, 1997, pp. 205 – 215.
② 来自访谈录音：2014—2—27—CXQ。

二是职称与岗位设置的体制障碍。2011 年，按国家人社部相关文件精神，B 区教育系统开展教师岗位设置工作。B 区人社局组织人员对各个学校教师专业技术的岗位数进行核定。各职级实行"退二进一"的晋级制度，也就是说某一个级别只有当两个人调出或退休后，方可有一个人晋升此职级。如果是刚性交流，而流入的学校没有相应的岗位空缺，交流去的教师就要面临工资降级的现实。如果是柔性交流，又占用原来学校的岗位，影响流出学校教师的岗位晋升。此外，柔性交流教师的编制在原单位，职称评定时又在其他学校工作，职称晋升也会受到影响。在访谈中，B 区 LR 小学人事秘书 WY 对我说：

> 我们 LR 小学是一个由三所村小学合并的小学，原来三所学校的教师全部并入新学校。由于原来三所村小学教师中老教师多，他们大都已取得中级职称（见表 5 – 5）。这给我校教师队伍建设工作带来很大的困难。一是由于只有中级职称空岗才能评定新的中级职称，我校中级职称岗位早已超员，所以近十年都不会有人评定中级职称；二是刚性交流的人员都不想来，学校没有空岗，人家来了职称岗位就要降级，工资就要减少。就是每年区教育局从应届毕业生中招录的新教师也不愿来，因为大家都知道这学校没有空岗，而他们过几年都要评职称的，研究生毕业五年后就要评中级职称的。①

表 5 – 5　　　　　　　B 区 LR 小学教师中级职称情况统计表

类别	共有教师数	中级职称岗位数	已有中级职称人数	空岗数	拟申报中级职称数
人数	75	39	41	– 2	9

资料来源：根据 B 区 LR 小学教师职称相关台账数据整理。

---

① 来自访谈录音：2014—3—2—WY。

通过访谈得知，该校到 2020 年会有两名教师退休，也就是说那时候可设中级岗位数才和已有中级职称人数持平。此后在每有"两人退休或调走"的情况下，拟申报人员中才有一人有评上中级职称的可能。职称评定与岗位设置得不对称，影响教师绩效工资收入，严重制约着校长教师交流工作真正意义上的进一步推进。

第三节 "悬浮的利益相关者"：校长教师交流政策执行问题的原因分析

美国政治学家戴维·伊斯顿明确指出，"政策既是政治系统的一种权威性决定输出，又是为整个社会作出的一种权威性价值分配"。于此可以知道人们形成政治关系的根源、作出社会行动的动因都在于利益，因此可以认为，"价值分配"的实质就是"利益分配"[①]。作为公共政策的一部分，教育政策本质上同样是利益分配，并在分配的过程中产生政策的利益相关者。关于"利益相关者"的概念界定，学者们各抒己见，其中以美国学者弗里曼（Freeman）的定义为典型代表，他将"那些影响组织目标实现或者受到该目标影响的任何群体和个人"统称为"利益相关者"。依据此概念解释，我们认为教育政策利益相关者应当包括那些影响教育政策制定与执行，以及受到教育政策执行影响的任何群体和个人。

在我国，政府官员、专家学者是制定教育政策的主体，即精英决策模式。由于精英总是以少数人的形式存在，信息闭塞、对利益相关群体缺少关注等弊端随政策的产生而产生。经过官僚机构的层层筛选，传递到精英层时信息已被选择性取舍。而多数公众又没有将真实丰富的信息传递给决策精英的途径，教育政策忽视了多数人的利益，致使教育政策的不公。在政策执行过程中，因为没有充分关注相关群体的利益需求和可接受程度，政策执行的效率大为降低。B区校长教师交流政策的执

---

① 王浦劬：《政治学基础》，北京大学出版社 2003 年版，第 77 页。

行，对促进 B 区义务教育优质均衡发展的影响是深远的。但在校长教师交流政策执行过程中也出现了政策目标不准确、政策要素不完整、政策保障不得力和政策体制不完善等诸多问题。透过这些问题的表象，我们发现其问题的根源是政策制定与执行中利益相关者的缺席。在 B 区校长教师交流政策中，从表面上看，仿佛政策涉及的利益相关者都参与了政策执行，但实际上从政策制定的初始时期忽略了政策相关者的利益表达，他们在政策执行过程中是以一种若有若无的"悬浮"样态存在，并以消极应付的方式回应政策目标，给校长教师交流政策的实施带来一些阻碍性的因素。要高质量地推进义务教育优质均衡发展，就要解决这些政策执行中的问题；要解决这些问题，就需要探究产生这些问题的成因。研究者认为，B 区在义务教育阶段之所以出现学校校长、教师交流政策执行问题，主要原因表现为如下几个方面。

一 利益相关者的多重博弈

巴德克（Eugene Bardach）在他的代表作《执行和赛局：法案合法化后的运作》一书中说："政策执行问题的核心在'控制'基础上，因而执行过程中特别会在'议价'（bargaining）、'劝服'（persuasion）、与'策划'（maneuvering）三个不稳定条件下进行。政策执行也是如此，它包含着政策执行人员与相关人员即竞赛者及其利害关系、策略、竞赛资源、规则之间的信息沟通，其所得结果总是体现着不稳定性。"他认为政策的成功与失败，取决于各个利益相关者的策略选择。

在 B 区校长教师交流政策执行过程中，其政策执行者和相关人员有教育主管部门、交流学校校长、教师以及其他相关人员。从巴德克的"赛局"理论来看，这些部门及人员就是政策执行赛局中的"竞赛者"，或者说是利益相关者。交流政策实施后，基于利益分配与取舍，这些"竞赛者"就会利用各自的策略去解读并运用政策。地方教育行政部门会根据自己对义务教育优质均衡发展意蕴与目标的理解，发挥自己既是政策决策者又是政策执行者的优势，选择并制定有利于本地方的推进政策；学校会从既得利益出发，去寻找政策设计本身的漏洞，在"上有政策"的情况下，寻找暂时有利于自身的"对策"；交流的校长教师虽然没有能力去制定政策或变更政策，但在政策执行过程中往往会采取消极应付的方式来应对政策。詹姆士·布坎南（James M. Buchanan）认为："在行动能力内，人们总是理性利益的最大化者。[①]"因此，实施义务教育阶段学校校长教师交流政策所引发的利益分割，自然就会遭遇各政策相关者的利益博弈。政府部门会较多地考虑政治利益，即自身区域内此政策实施对义务教育优质均衡的促进；学校会顾及学校的品牌声誉，即如何促进和保持本校一定时间内教育教学质量。教师则会较多地考虑自己个体的当下利益，即如何解决职称、岗位设置与自身收入等问题。在此政策的利益博弈中，如果有一方政策相关者的利益分配超过一定尺度时，其他各方的利益往往会受到一定的制约或损害。而利益受到制约与损害的一方则又会采取相应的方式或行动阻止与对抗，或消极化解，从而影响政策执行目标达成。

对于政策执行过程中产生的诸多问题，孙绵涛认为这些政策问题属于教育政策执行偏差。它总是表现为教育政策的偏离、教育政策的表面化、教育政策的扩大化、教育政策的缺损和教育政策被替换[②]。霍海燕认为，政策执行中的问题主要来源于政策执行人员。其问题有替代执行、象征执行、选择执行、附加执行和机械执行几种表征[③]。袁振国认为，在实践中，政策执行常常出现包括政策规避、敷衍、附加、替换、缺损、照搬和失控等在内的问题，究其原因在于，政策执行主体自身缺陷、政策本身质量不高以及政策执行机制不健全等[④]。从以上学者对政策执行中问题的描述来看，B区义务教育阶段学校校长教师交流政策执行中出现的问题与其多有相似和吻合。由于利益相关者在政策制定中的缺席，在政策执行中的相关主体往往会从保护自身利益或个人所属主体

[①] James M. Buchanan et al. The Economics of Politics. London：Institute of Economic Affairs, 1978，p. 17.

[②] 孙绵涛：《教育政策学》，中国人民大学出版社 2010 年第 1 版，第 194—197 页。

[③] 霍海燕：《当前我国政策执行中的问题与对策》，《理论探讨》2004 年第 4 期。

[④] 袁振国：《教育政策学》，江苏教育出版社 2001 年版，第 321—322 页。

的利益角度出发对政策进行选择性执行，但这种对政策执行的异化多以隐性而被遮蔽的方式与政策本身发生千丝万缕的关联，以规避其个体或所在组织群体的既得利益遭到损害。B 区骨干教师交流人员的选派、B 区校长流动区域的相对固化等都是政策执行相关主体之间、政策执行主体与政策之间的博弈与妥协。

二 有效监督检查机制缺省

在现实的政策执行过程当中，难免会因为政策执行主体的认知缺陷或政策执行者与政策制定者的利益分歧，而导致政策执行活动偏离政策目标。因而，有效的监督检查机制，是促进政策目标实现的保障。有效的监督、检查有利于维护教育政策的权威性；有利于客观公正地发现问题、及时高效地解决问题；有利于保障政策执行沿着正确方向开展；也有利于减少政策执行过程的错误与偏差。

然而，从 B 区校长教师交流政策执行的情况来看，研究者认为，校长教师交流政策的执行始终存在管理上"真空地带"，缺乏有效的监督与检查。其主要表现在流出学校与流入学校对交流教师缺乏过程性的管理与考核，教育主管部门对实施交流的学校与教师缺乏行之有效的评价机制。例如，B 区虽然提出校长任满两任必须交流至其他学校任职，但 5 年来校长的交流还只限于"从城到城"或"由乡至乡"的学校间交流，没有实现全区城乡之间的交流目标。又如，各校骨干教师交流多选低级别称号的骨干教师外出交流，而"雪藏"高级别称号的学科带头人。再如，交流的教师到流入学校工作敬业程度不够，多现"混日子，盼回头"的工作状态等，无不显现出政策监督与检查机制的缺位。凡此种种现象，或是因为没有明确政策执行者的职责，缺乏政策执行的法规；或是因为没有对政策执行实施过程性管理与评价；或是没有对不执行政策者或违反政策者实行处罚。真实的政策运行，需要建立健全专门的组织机构全面负责教育政策执行的控制，需要建立必要的控制手段，需要建立行之有效的信息反馈系统。要真正实现校长教师交流这一政策目标，我们需要把"悬浮"的利益相关者放到具体的政策制定与执行中，吸纳其合理的利益诉求，从而更好地控制政策执行过程，提高政策执行效果。

三　政策执行评价主体单一

切中肯綮的评价有利于政策的执行，而缺乏真实性评价的政策执行常常出现"悬浮"的形式化等现象。通常，政策执行的评价是由政策制定部门来实施，而政策执行人员、政策目标对象等群体都没有参与政策执行的效果评价。从B区校长教师交流政策执行来说，政策执行过程中的评价很少，仅有的评价也都是由政策制定者教育主管部门来组织实施。政策评价主体的单一，一是很难在政策执行过程中发现政策本身的缺陷；二是容易导致政策评价过程缺乏透明，政策评价的真实性受到影响。例如，教师交流政策执行中出现的工作积极性不高问题，其中就有教师交流的经济利益如交通费用增加等因素的影响。在教师被动执行政策的背后，往往都隐伏着政策制定者对政策执行过程中出现的问题的遮蔽。

对于校长教师交流政策执行的检查，也因为政策评价主体的单一而使评价多流于形式。B区HD中学校长WWD说：

> 教育局来检查教师交流工作，你能说政策有问题吗？不能，因为这政策就是他们制定的。他们来问交流教师的工作情况，你能说人家工作不认真吗？人家在我们学校也就一年，马上就回去了。与人为善吗！相反，如果我们说这些来交流的教师不好，教育局还要怪我们没有管理好。你看这些交流的教师也不容易，天天来回奔波大几十公里，花时间耗力气不说，每个月油费也要花一千块左右。[1]

因为流入学校未能参与交流政策执行的评价，它们就不会以客观公正的眼光来评价交流教师实际工作情况，也就意味着政策制定者或政策

---

[1]　来自访谈录音：2014—2—24—WWD。

评价者得不到真实政策执行评价的反馈信息。政策执行是否依照政策方案实施、政策执行资源是否充足、政策执行机构是否健全、宣传传播的对象是否适宜、政策执行是否因时因事因地制宜及政策执行是否具有监督机制等都不能在评价中体现，这使得政策执行始终在从上到下的强制中，而缺乏政策执行相关者的主动参与。政策评价主体的单一化导致了政策执行和政策评价的形式化。要实实在在地提高政策执行的效果，就要建立透明的多主体参与的政策评价机制。让更多的政策相关者参与到政策评价之中，参与对政策执行的过程监督，参与政策执行中的问题分析，参与政策的改进与完善，以提高政策执行的实效性和政策评价的科学性。如对 B 区现行的校长教师交流政策进行评估时，我们是否可以在政策制定者之外，吸纳政策目标群体校长、教师以及政策相关的学校和学生参与评估，通过政策制定者、政策执行者和政策目标人群对此项政策的感受，让我们去发现政策及政策执行中的真实问题，并找出相应的对策。

公共政策过程是一个动态的过程，具有许多不确定的因素，对公共政策过程的评价和监控是一个必不可少的过程。有效的政策评价是政策决策者与制定者了解政策绩效的基本手段，也是调整、修改、延续和废止政策的重要依据。校长教师交流政策评价的客观与公正有利于义务教育阶段政策资源的配置，它是义务教育优质均衡发展政策科学化、民主化的必经路径。

四 交流政策效能作用受限

政策作用，一般是指某项政策实施对政策目标产生的影响和效果。也有学者认为政策作用就是政策能力，即某项政策改变环境的程度[①]。从这个角度看，政策作用对于一定政策目标产生的影响既有有无之分，也有多少之别。所谓政策作用有限，就是指某政策的能力对政策目标的实现所能给予的影响和效果有限。就 B 区校长教师交流政策来说，校

---

① 郭爱君：《论政策能力》，《政治学研究》1996 年第 1 期。

长教师交流政策的实施对 B 区义务教育优质均衡发展的促进作用是有限的。

　　一是校长教师交流区域空间小。B 区实施校长教师交流政策已经 5 年，但城区校长交流区域多在城区，乡村校长交流多在乡村；教师交流也是如此，总是以邻近区域几个街道作为一个交流单元，真正意义上的城乡交流目标远远没能实现。二是参与交流的骨干教师多为低层次的骨干教师，而具有引领和示范作用的骨干教师很少参与交流。从这个意义出发，城乡教师特别是优秀教师资源的均衡配置仍是任重道远。三是教师交流时间只有一年，教师多存在临时观念，工作敬业程度不够。四是校长教师交流缺乏有效的监督与检查，缺乏适度的经济补偿，缺乏必需的专业引领，实际上校长教师交流处于无人过问的"放散牛"状态。客观地说，B 区校长教师交流政策实施 5 年，尚未进入具有实在意义的政策执行层面，政策执行处于"形式化悬浮"状态，只是为了交流而交流。很多因要评职称或岗位晋级而交流的教师，可能并不是流入学校实际需要的教师。有的学科教师富余，有的学科教师紧缺，很多学校难以通过教师交流实现教师学科结构的合理配置。五是校长教师交流多为柔性交流，从"单位人"向"系统人"转变遭遇很多体制上的障碍。在义务教育阶段学校实施校长教师交流政策的初始时期，人们对此政策促进义务教育优质均衡发展寄予了很高的期望，对政策执行者及政策目标群体施加了很大的压力，但为人们所忽略的是此政策实施需要面对的教师队伍建设中很多积重难返的现实问题，以及人事编制管理等很多体制的阻碍。正是这些因素，使校长教师交流政策作用的发挥受到很大的局限。

第六章

B区名校集团化政策执行考察

　　随着义务教育从基本均衡向优质均衡发展转变，人民群众对优质教育的需求表现得尤其强烈。此时，以实现一定区域内优质教育资源共享的名校集团化办学方式应时而生，它以一所学校多校区或一个集团多所学校的形式回应人民群众不断增长的对优质教育资源的需求。名校集团化作为一项地方性教育政策，其实质是地方政府对优质教育资源的再分配，对优质教育资源的共同拥有和均等拥有是义务教育均衡发展过程中集团化办学政策制定和政策选择的重要基础。过去相当长时期，"择校热"都是制约义务教育均衡发展的"瓶颈"。许多家长通过多种手段让自己的子女上"名校"的现象进一步加剧了优质学校与薄弱学校的分化，进一步阻碍了义务教育的优质均衡发展，实施"名校集团化"办学模式对于缓解此类矛盾不失为一种有益的尝试。所谓"名校集团化"模式就是以名校为核心，发挥名校在学校声誉、教育理念、管理方式、师资力量以及其他优质教育资源方面的辐射作用，促使名校教育大众化、平民化，从而让更多适龄学生接受高质量的教育。全国各地在多年的实践过程中，探索并总结出了多种有效的"名校集团化"办学模式，如"连锁式—名校集团化"模式、"加盟式—名校集团化"模式等。具体来说，义务教育阶段"名校集团化"主要有"名校＋薄弱学校""名校＋民办学校""名校＋新建学校"等办学方式。最早从2002年开始，B区的YH小学和YY小学就进行了"名校集团化"办学的改革与实验，从"名校办民校"，到"名校办分校"，再到"名校集团化"，现在的 YH 小学和 YY 小学各有四个校区。从 B 区"名校集团化"政策实施的效果看，优质教育资源得到重新调配，优质教育资源的覆盖面不断增大，人民群众对优质教育资源的合理诉求得到一定程度的满足。

在 B 区名校集团化政策执行的过程中，名校集团化其运作经历了哪些过程？名校集团化在促进 B 区义务教育均衡发展中发挥哪些具体的作用？以政府整体推动区域义务教育优质均衡发展的 B 区名校集团化具有哪些典型意义？B 区名校集团化办学在发展过程中存在哪些问题？名校集团化发展如何超越发展"瓶颈"，在宏观层面关注政府责任与政策、中观层面关注集团制度与管理、微观层面关注教师与学校文化？基于对这些问题的思考，本章将从 B 区名校集团化的发展现状调查出发，分析 B 区名校集团化政策执行取得的成效，发现 B 区名校集团化政策执行过程中出现的问题，并在此基础上寻找并解释 B 区名校集团化政策执行中问题出现的原因。

第一节　B 区名校集团化的起因和发展现状

和全国大多数地区一样，义务教育阶段的"择校"问题始终阻碍 B 区义务教育均衡发展。自从 20 世纪 90 年代末以来，B 区城市化进程快速推进，城区 HLK 板块新建大量商住小区，中心城区人口急剧膨胀。虽然中心城区中小学区域分布比较合理，但因学校品牌和教学质量等参差不齐，许多家长希望孩子能到老城区的名校就读。就小学阶段而言，很多家长选择的是 YH 小学。一时间，YH 小学人满为患，甚至出现一个班级 80 多个学生的大班额现象，"择校热"现象加剧了城区优质学校和薄弱学校的进一步分化。有幸的是，始于民间探索的 B 区"名校集团化"办学模式，以"放大优质教育资源"为行动目标，进行了有意义的实践探索。具有代表性的事件是 2000 年 B 区名校 YH 小学兴办 YH 实验学校，以输出品牌、师资和管理的方式，实现名校兴办民办学校的改革尝试。2004 年 YH 实验学校从母体分离，正式改名为 W 市 YY 实验小学。2008 年，YY 实验小学回归公办。一个名校分成了两个名校，为后来两个教育集团的成立与发展奠定了基础。虽然 YH 实验学校只存在了四年便从母体 YH 小学分离出来，但教育集团化的成功实践，引起了政府部门的高度重视。2010 年 3 月，江苏省人民政府办公厅转发《省教育厅等部门关于江苏省义务教育优质均衡改革发展示范区建设意见的通知》（苏政办发［2010］65 号），其中指出，要公平配置资源，促进优质资源共享。建立健全公共教育服务体系，改变以往教育资源城乡间学校平均分配或集中资源打造优质学校的做法，建立有计划支持乡村地区及薄弱学校、资源分配有针对性倾斜的动态机制。扩大优质学校与薄弱学校共建的途径，建立稳定的优质教育资源共享机制。2010 年 5 月，W 市人民政府下发了《W 市人民政府关于加快推进义务教育高位均衡发展的意见》（锡政发［2010］36 号），意见要求："要合理调整学区，2010 年内对有较大办学能力的知名学校、近年来经过扩建改造办学能力明显提高的学校，按实际办学能力扩大施教区范围；要严格按国家和省规定的办学条件及标准控制学校的办学规模，坚决制止不惜降低办学标准过度接收择校生的现象。要严格限定'择校'比例，从 2010 年起，少数'择校'热门学校的择校生人数不得超过该校新生总数的 25%，并逐年递减；其他学校'择校'比例也要在 2009 年基础上逐年递减。"① 2011 年 3 月，B 区人民政府颁布《B 区人民政府关于加快发展推进义务教育优质均衡发展的决定》，文件指出"可以区域内品牌学校为龙头，通过输出资源的方式组建名校教育集团，解决现阶段'择校热'问题，加快推进义务教育优质均衡发展。"2012 年，江苏省人民政府又下发《关于深入推进义务教育优质均衡发展的意见》（苏政发［2012］148 号），要求各地通过组建教育共同体、集团化办学、结对帮扶等方式，发挥优质学校的辐射作用，扶持薄弱学校，促进优质教育资源区域共享。在省、市、区相关名校集团化发展政策的指导下，B 区有关学校开展了名校集团化的改革与探索。

为了了解 B 区名校集团化发展的现状，笔者对 B 区名校集团化的

---

① 华博雅：《无锡推进义务教育高位均衡发展》，来自网络 http：//www. ce. cn/xwz。

发展状况进行了调查访谈和抽样问卷。B区前任教育局局长 QJ 告诉笔者说：

> 应当说，我们 B 区义务教育均衡发展工作一直走在全省的前列。2015 年 1 月，江苏省人民政府授予 B 区"义务教育优质均衡发展改革示范区"荣誉称号。回顾 B 区义务教育均衡发展走过的历程，我们 B 区进行过多方面的探索，名校集团化就是我区当时推进义务教育优质均衡发展、满足人民群众对优质教育资源需求的一种政策呼应。通过十多年的发展，我区形成了两个名校集团，都集中在小学。一个是 YH 小学教育集团，一个是 YY 小学教育集团。两个名校集团的校本部原都在 HLK 地区，也就是中心城区。YY 也是从 YH 小学母体中分解出来的，后来慢慢地发展成区域名校。随着老百姓对品牌小学的信任和追崇，这两所小学逐渐向外辐射放大品牌效应。现在两个名校集团都下辖四个小学，四个学校在集团内的管理关系也是不一样的。名校集团化模式，较好地缓解了 B 区义务教育阶段的"择校热"现象，对教育均衡发展的促进作用是非常明显的。[①]

2010 年下半年，是 B 区名校集团化发展的形成时期。此原因一是因为省市区相关义务教育均衡发展的指导意见相继出台，二是人民群众从"择校热"转向对教育公平进行追问。W 市和 B 区为此都对社会进行公开承诺，用两年的时间取消各校跨学区招收择校生。在此政策背景下，B 区 YH 小学教育集团和 YY 小学教育集团渐趋形成。YH 小学教育集团总校长 LY 告诉笔者说：

> YH 小学是一所百年老校，清光绪三十二年，也就是 1906 年，由爱国实业家荣德生、荣宗敬创办，初时谓公益学堂，新学渐起时

---

① 来自访谈录音：2014—3—4—QJ。

名化新小学，后改名为公立开原乡第一小学。民国时期，著名的教育家陶行知先生曾多次来到学校。1926 年 10 月 9 日，陶行知先生用一天的时间在开原小学调研，并写下了《无锡小学之新生命》一文，具体描述了他在开原小学的见闻，盛赞其为"无锡小学之新生命，中国教育之新希望"。新中国成立后，学校更名为 YH 小学。2007 年，学校与另一所百年老校 RX 中心小学合并。2010 年后，为了进一步推进教育均衡，学校加快规模发展步伐，先后接管 GY 小学、MY 小学；2012 年，又在 WK 居民小区建设配套小学。现在学校由四个校区组成，分别是 LS 校区、GY 校区、MY 校区和 WK 校区，学校实行集团化管理模式。现在集团内学校共有 136 个教学班，356 名教职工，5576 名学生。[①]（见表 6 – 1）

表 6 – 1　　　　　　B 区 YH 小学教育集团各校基本情况统计

集团内学校名称	教学班数	学生数	教职工数
LS 校区	56	2358	149
MY 校区	24	982	59
GY 校区	28	1150	75
WK 校区	28	1086	73
合计	136	5576	356

资料来源：根据 B 区创建义务教育优质均衡发展县区相关台账数据整理。

相对于 YH 小学教育集团，YY 小学的办学历史显得较为短暂，直到 2004 年，YY 小学才从 YH 小学分离出来。在 2010 年之后，学校的品牌优势开始辐射周边学校。YY 小学现任校长 HZY 对笔者说：

　　YY 小学原是 YH 小学办的一所民办学校，成立于 2000 年 9 月。2004 年 9 月与 YH 小学正式脱离，成为独立的公有民营学校，

---

① 来自访谈录音：2014—3—4—LY。

2008 年 6 月恢复为公办学校,更名为 W 市 YY 实验小学。经过十多年的磨砺和发展,学校办学规模不断扩大,教育教学质量蒸蒸日上,办学品位逐年提高,学校受到了社会、家长的青睐和赞誉。我们学校集团化的发展是随着 HLK 片区城市化建设,教育布局、资源调整和优化一同进行的。2011 年初,学校接管 HJ 小学;2013 年 6 月,学校又在新建居民小区 R 园建设配套小学 RC 小学;2014 年 6 月,学校又与 LY 开发区管委会联合兴办 YYJY 实验小学。目前学校共有四个校区,68 个教学班,学生 2616 人,教师 185 人,其中拥有各类荣誉称号的骨干教师 60 余人。[①]（见表 6 - 2）

表 6 - 2　　　　　　　B 区 YY 小学教育集团各校基本情况统计

集团内学校名称	教学班数	学生数	教师数
YY 小学	40	1632	119
HJ 小学	7	286	19
RC 校区	11	352	30
YYJY 小学	10	346	26
合计	68	2616	185

资料来源：根据 B 区创建义务教育优质均衡发展县区相关台账数据整理。

从以上访谈可以看出,B 区名校集团化发展过程中,其集团中的龙头学校都是本区域内教学质量高的名校,这两个学校一所是在办学经验、校风、学风建设方面有长期的历史积淀的学校,一所是依托名校长期积累所形成的优良办学经验,有较好的区位优势快速发展的学校。在集团化构成方式方面,两个名校集团较为相似。有邻近薄弱学校的接管与并入,也有学校之间的强强联手,并都有在新建居民小区建设配套小学的经历。唯一不同的是,YY 小学集团 2014 年间兴办的 YYJY 小学其

---

① 来自访谈录音：2014—3—4—HZY。

学校行政人事关系隶属于 LY 开发区管理，而教学业务由 YY 小学管理，这有别于两个集团中的其他学校。

第二节　B 区名校集团化政策执行的积极成效

一　名校辐射圈放大：优质教育资源覆盖面迅速拓展

近 5 年来，B 区围绕"因地制宜、深度合作、资源共享、共同发展"的总体思路，不断扩大名校集团办学领域，名校集团的办学范围逐步由早期的城区学校与城区学校间结盟向城区学校与乡村学校结盟发展、中心城区学校间集团化向城区学校和新城区学校共建集团化发展，优质教育资源的覆盖面不断延伸，B 区的名校集团化办学在原有的"名校 + 民校""名校 + 弱校"等基础上，进一步相继探索出了"名校 + 流动人口随迁子女学校""名校 + 新建学校"以及"优质学校与街道混合体制组团"等新型的办学类型，名校集团办学领域不断扩大。YH 小学原校长、现任 B 区教育局副局长 PWJ 对笔者说：

> 最早的 YH 小学也是一个小学校，规模化发展是从与 RX 中心小学合并开始的。当时的合并主要是因为城区区域规划的调整，其原先的目的不是为了教育均衡发展，最起码不是主要意图。但就是这个不经意的举动，成就了两所学校的"强强联手"。两所学校都是百年老校，当时为整合后用什么校名也是争论不休。此后我们又在城郊接合部把 MY 小学纳入集团管理，这其实是我们 YH 小学与薄弱学校的第一次牵手。2012 年，WK 集团在太湖新城建设居民小区，为满足居民子女的入学需求，我们又进驻 WK 小区新办了 WK 小学。回过头来看我们 YH 小学教育集团的发展方式，除 YH 本部外，三个学校中有老校、也有新校；有教学质量较好的学校，也有合并前面临生存困境的学校。随着教育集团成员学校的增加，我们施教区的范围也在不断地扩展，现在我们的招生责任区域是原来的

四倍以上。通过实施名校集团化办学，区域受益学生人数的不断增加，择校率持续下降，从根本上缓解了优质教育的供需矛盾。2014年我校新一年级报名人数与最后录取人数的比例已由 2010 年 9.5∶1 下降到 1.2∶1。[①]

二　形式化发展式微：名校集团内学校内涵品质提升

早期的名校集团化或集团化发展的初期，多注重形式的完善和量的扩张，而集团内学校之间的深度融合与内涵发展往往不受重视。通过名校集团化的形式，让人民群众享有真正的优质教育才是名校集团化政策制定的初衷，突破形式的障碍实施内涵发展是名校集团化运行的有效途径。"名校集团化"办学模式要想真正实现学校数量与质量、规模与效益的优质均衡发展，就必须以提升办学质量为目标，配合师资培训、教学研究、结构优化以及效益巩固等多种措施。从 B 区的两个教育集团来看，已经取得了显著成效。YH 小学教育集团 MY 小学执行校长 WB 告诉我说：

　　"智爱化新，为公益民"是 YH 小学传承多年的校训。我们 MY 小学并入 YH 小学教育集团后，也确立了"化新教育"校园文化理念，意为在教育教学中"春风化雨，日新月异"，我们希望以春风化雨一样的教育方式，促进学生日新月异的进步，引领教师日新月异的成长，推进学校日新月异的发展。名校集团化政策的实施促进了教师的专业成长，在实行集团化办学后，MY 校区和 LS 校区通过集体备课、跨校走教、优质课展示、集团内师徒结对、定期教学沙龙、集团内各校统一视导等形式，充分发挥名校名教师示范作用，促进了我们薄弱学校教师的快速成长。同时，名校为集团内其他学校培养了一批行政管理人员，像我们 MY 校区执行校长、教务主任和教科主任都是从 LS 校区过来的。因为加入名校集团，我

---

① 来自访谈录音：2014—3—5—PWJ。

们 MY 小学教师的精神面貌也发生了可喜的变化，工作积极性高，专业成长的意识强烈，职业认同度不断提高。现在 MY 小学的教师开设区级以上公开课的人数、承担各类课题研究的人数以及科研成果获奖的数量每年都有新的提升。[①]

学校文化是在长时间的教育教学活动中，全校教师、学生及职工一起创造的、共同认同和遵照的价值规则，和在此价值规则领导下全体教师、学生、职工的行为方式、心理意识和精神气质。文化是一所学校的灵魂，它对于一所学校特色品牌的凝聚，教风和学风的形成，都具有潜移默化的影响。名校集团化的学校管理不同于以单一形式存在的学校，除新建学校外，各集团成员学校都不同程度地带有自身特有的学校文化印记，具体表现在学校办学目标、制度文化、管理规程以及师生行为等方面，这其中还有正向积极的学校文化和负向消极的学校文化之分。因为名校集团化的多元构成，其成员单位间的文化冲突不可避免。为了解决好各成员学校之间文化的传承和发展、融合和创新问题，必须要找到传承与建设学校文化的合适载体。对于这个问题，B 区两个名校集团均主动作为，积极开拓新的实践途径。YH 小学教育集团主要是通过"化新"课程设置来传承学校文化。而 YY 小学教育集团则是通过秉持"雅慧教育——为学生的可持续发展服务"的办学理念，在集团各学校内倡导"做最精彩的自己"校园精神，全力为学生营造一个学习、劳动、生活的"幸福家园"。在国家课程开齐、开足、上好的前提下，采用"X＋Y"的模式（即国家课程与校本课程相结合），开设绅士淑女课程、快乐求知、心路历程、国际交流等多种校本课程，为培养风范儒雅、博学聪慧、品质坚毅的现代文明人奠定坚实的基础。

三 集团化体制创新：现代性学校制度建设步伐加快

现代学校制度是学校发展到一定时期科学化、民主化在学校管理过

---

① 来自访谈录音：2014—3—4—WB。

程中的产物，它一般包括政府权力下放、学校自主办学、校内民主管理、家长社区参与等制度体系，其本质是学校管理体制创新。现代学校制度建设的途径就是合理调整学校与教育行政部门、社区之间关系，科学设置学校组织管理机构，规范部门的具体工作运行。YH 小学教育集团总校长 LY 告诉研究者说：

> YH 小学教育集团现有四个学校，四个学校加入集团的时间不一，其在加入集团前学校的文化状况也不尽相同。一个教育集团的成长与发展，需要突破体制壁垒，建立共同愿景，完善制度建设，理顺集团内部之间错综复杂的关系决策。集团化学校的成功，没有捷径。一个单体学校，规模不大，我们可以采用家长制管理方式，但对于一个拥有数个成员学校的教育集团，唯有建设现代学校制度才能促进教育集团有序、规范和科学的运行。YH 小学教育集团现在采用的是扁平化与网络化管理方式，几年的运行，得到了集团内各学校的认同。如现在我们正在实行的执行校长制、中层管理人员竞聘上岗制度、集团内教师 360 度民主评议制等都是学校民主管理的创新与探索。其中教师 360 度民主评议，有教师同行的评价、任教班级学生的评价、年级组长的评价以及学生家长的评价，各个项目都赋予一定的权重，每学期评价一次，这种多主体、多项目、重过程的评价对促进教师成长的作用非常明显。此外，我们在集团内所有学校建立网络办公平台，整个集团的行政运行大都通过网络平台落实，大大节约了行政运行成本，把人从繁琐的会议中解脱出来。①

由此可以看出，B区在名校集团化办学过程中，各教育集团广泛吸纳现代企业的成功管理经验，逐步摸索出适合名校集团化发展的集团内部管理体制，在集团的扁平化管理、行政网络化管理以及全面质量管理等方面都取得了较高的成效。

---

① 来自访谈录音：2014—3—5—LY。

第三节 名校集团化政策执行中的问题

实施并执行名校集团化政策的目的在于扩大优质教育资源的覆盖范围，推进优质教育大众化、均等化，满足人民群众对优质教育日益增长的需求，可见它是实现义务教育优质均衡发展的有效形式之一。自2010年以来，B区人民政府及教育行政部门非常重视名校集团化发展工作，名校集团化政策在义务教育优质均衡发展过程中也取得了积极的成效。但是从整体来看，名校集团化政策实施的背后也隐藏着诸多问题，如名不副实的办学定位、利益驱动的分校扩张、良莠不齐的学校质量、同质化发展的办学模式、难以突破的配套政策等。这些问题的存在，影响了名校集团化政策执行的效果，制约着义务教育优质均衡发展。

一 子体学校在文化建设中失语

名校集团化政策设计的初衷是促进义务教育均衡发展，而不是改造薄弱学校。但在名校集团化过程中，我们通常看到名校集团化运作中，母体学校总是以强势的文化与质量优势对子体学校进行强加式的改造，而忽视子体学校原有的历史文化符号以及现有的发展根基。在YY小学调研时，研究者收集到这样一份学校发展年度计划表（见表6-3）。

表6-3　　**W市YY实验小学教育集团校本发展规划**

（2012—2013）学年度行动计划

发展领域1：教师发展					
负责人	WYX		完成时间	2013.8	
行动路径	成功标准	负责人	使用成本或资源	监测人	完成/评估时间
①以江苏省教育科学"十二五"规划立项课题《多校区的合并学校教师文化认同的行动研究》为抓手，课题研究与实践结合	做好课题开课和研究工作，成立学校文化建设机构	QYP	以省级课题思想为核心理念	WYX	2013.6

发展领域1：教师发展					
负责人	WYX		完成时间	2013.8	
行动路径	成功标准	负责人	使用成本或资源	监测人	完成/评估时间
⑨组织全体教师进行讨论，形成让全体教师认同的雅慧教师形象标准	出台《雅慧教师形象礼仪规范》，教师能在日常工作中充分展现雅慧教师风采	QYP		ZQ	2013.2

发展领域3：学生发展					
负责人	XJY、GYH		完成时间	2013.6	
行动路径	成功标准	负责人	使用成本或资源	监测人	完成/评估时间
④用足、用好《精彩每一天》《个人成长手册》等，继续开展"校园天使""敏毅少年"等评比、表彰活动，促进学生的全面发展	学生100%参与学校"校园天使""敏毅少年"的评选	XJY GYH		XJY	2013.6

发展领域4：课程建设					
负责人	WB、XJY		完成时间	2013.6	
行动路径	成功标准	负责人	使用成本或资源	监测人	完成/评估时间
①在认真梳理、总结的基础上，进一步丰富雅慧课程内容，提升课程内涵，将"公民教育"纳入绅淑课程，将魅力母语、智慧数学、英语阅读确定为快乐求知课堂三大主要课程，同时整合学校四大节日、节日文化课程和社团课程	初步形成一套比较完善的雅慧课程体系，力求内容丰富、学生喜欢、可操作性强，有具体的课程内容和资料	WB XJY	经费预计2万元	XJY	2013.6
③进一步充分开发和利用社区课程资源，打造特色精品的校本课程。本学年拟新增远望号基地、中国泥人博物馆两个基地，并科学合理地利用资源，开展适合学生的系列活动，丰富心路历程课程的内涵	设计出一套适合学生的系列活动，将其融入校本课程，在每学期的学生活动中进行实施	WB XJY	周边社区的课程资源	XJY	2013.6

续表

发展领域5：教育国际化					
负责人	WB、XJY	完成时间	2013.6		
行动路径	成功标准	负责人	使用成本或资源	监测人	完成/评估时间
①精心构建"教育国际化"课程体系，拓宽国际交流的内容和形式，建立一套国际交流工作的长效机制，通过课程实施、考核评估、表彰奖励等制度的建立，使得国际交流活动成为学校常态工作的一部分	初步形成"教育国际化"课程体系，有具体的系列活动内容	WB		WB	2013.6
②在原有基础上，加大与国外"友好学校"的交流互访、培训合作力度，并通过多种渠道，积极寻求与国外学校建立联系，和友好学校签订协议，并新增路线，开展师生游学互访活动。本学年，学校拟与德国、丹麦等国的学校开展合作交流、师生互访活动	通过与多个国家和地区学校建立友好合作关系，每学年组织学生、教师进行交流互访，不断开阔师生视野	WB	前期联系的一些友好学校及国际教育联盟	WB	2013.6
③加强对游学活动的管理，制订游学计划，明确目标、任务，注重国际礼仪的培训，努力促使游学学生"行万里路，读万卷书"	学生在游学过程中，能学会交往、学会礼仪、学会做一个合格的国际公民	WB	文明礼仪养成手册	WB	2013.6

发展领域6：学校文化建设					
负责人	WYX	完成时间	2013.6		
行动路径	成功标准	负责人	使用成本或资源	监测人	完成/评估时间
①完善管理制度。制定"新育英"管理手册。深化人事制度改革，真正意义上实施全员聘任制，并不断优化绩效考核方案。积极探索"年级化自主管理"和"项目管理"的运行机制。完善和开发网络办公系统，形成操作性强、富有实效的管理平台	通过教代会明确年级组长管理职责与权力，选举出七个年级组长参与对学校的管理，完善学校制度文化	HZY	借鉴其他学校的年级组建设经验	HZY	2013.6
③以活动为载体，加强雅慧办学理念的讨论，引导形成核心价值追求	提高竞聘、教师测评、班子考评、项目管理等方式促进管理团队人员提升				

续表

发展领域6：学校文化建设					
负责人	WYX	完成时间	2013.6		
行动路径	成功标准	负责人	使用成本或资源	监测人	完成/评估时间
④成立学校文化策划小组，邀请专业人士为"新育英"的环境进行文化设计策划。启动学校形象工程设计与建设 ⑤充分调动师生参与学校环境文化建设的积极性，参与雅慧环境的外部形象设计和对雅慧歌、曲（校歌），雅慧操等内在环境的设计	组织教师文化小组参与学校环境设计，对楼宇、花园、过道灯进行命名美化，体现现代学校特征、雅慧教育思想和新育英人的文化精神，坚持儿童立场，充分体现"儿童味、校园味"	SXM XJY WYX	邀请专家进行专项指导投入资金	HZY	2013.6

　　这是一份教育集团年度发展计划（节选），笔者对其文中涉及的人名做了处理。从这份计划可以看出，母体学校在名校集团化政策运行过程中的地位和作用，其积极性的影响显而易见。但其以一种强加与灌输方式对集团内子体学校进行同化与改造，子体学校只好以一种"类跃进"的速度努力保持与母体学校的整体划一，原有的学校文化逐渐被消解。一是子体学校原有的环境文化被消解。MY小学坐落在我国近代民族工业先驱荣宗敬先生的私家花园——梅园附近，由于学校处于城乡接合部，原学校一直以农文化作为校园文化的特色。20世纪80年代中期起，MY小学就以梅园诵幽堂作为校园环境文化建设基调，历时近20年，整个校园环境建设蕴含着农耕文明留下的历史气息，有农业进程展览长廊，有农物农具收藏，有农作物栽培，还有象征着校园特色文化的悯农雕塑体验园。2008年被纳入YH小学教育集团后，这些积淀多年的校园农文化逐渐被母体学校的"化新"文化所取代，到现在，校园已找不到当时的环境文化印记。如在表6-3中的学校文化建设领域，即使是分校的楼宇、花园、过道灯的命名与美化，都被限制于母体学校雅慧教育思想的框框。二是子体学校原有的办学理念、制度文化被统一。如在表6-3学校理念领域中所述："原YY、HJ、HY三校教师在

育人观念、业务追求、工作方式等方面有一定差异，一定程度上阻碍了新育英的融合速度。并校后，如何形成核心的价值追求，让全校师生、家长都认同，这是摆在我们面前的最大难题。"其追求的整合就是简单的统一，使各子体学校理念都统一成一个共同的、核心的价值追求，使得原子体学校各不相同的办学特色和学校文化得到融合。这种简单的统一，看起来是追求核心价值的统一，其实质是对子体学校原有办学理念与文化多样性的否定。此领域中我们还看到 YY 集团在集团中推行"雅慧操""雅慧歌"的要求，而原有的 HJ 小学的武术操早已成为孩子们喜欢的课间活动形式，并已成为 HJ 小学体育特色。三是子体学校原有的特色课程被边缘化。从上表中我们知道 YY 小学作为 YY 小学教育集团的龙头学校，其特色课程是雅慧课程和教育国际化课程。在此年度计划课程建设板块，我们发现其要求集团内各校要在认真梳理、总结母体学校雅慧课程的基础上，建设雅慧课程体系，提升课程内涵，将"公民教育"纳入绅淑课程，将魅力母语、智慧数学、英语阅读确定为快乐求知课堂三大主要课程，与母体学校同步进行整合学校的节日文化课程和社团课程。并要求各子体学校要和母体学校一样，精心构建"教育国际化"课程体系，拓宽国际交流的内容和形式，建立一套国际交流工作长效机制，通过课程实施、考核评估、表彰奖励等制度的建立，使得国际交流活动成为学校常态工作的一部分。由此我们可以知道，在 YY 小学教育集团内，各校的特色课程建设是必须以母体学校的课程体系作为指南的，各子体学校原有的特色课程体系要么是直接被否定，要么是作为可有可无的形式存在，边缘化已是不争的事实。

我们认为，文化是能在不同组织、集群间流动与变化的。但组织间文化的流动并不是强势群体对弱势群体简单地施加与给予，它更多地表现为不同组织间文化的碰撞与包容。名校集团化建设不能主观地把集团内母体学校对子体学校的影响理解成母体学校文化的灌输式注入，而是需要对集团内各学校文化，包含母体学校文化和子体学校文化，充分地分析其文化特质与现实状况，特别是子体学校的文化成因。思考母体学校与子体学校文化相遇时可能出现的碰撞、裂变、融合等现象，并在两种文化间汲取其营养，使母体学校和子体学校成为集团文化进步的协同促进者。因此，名校集团的文化建设不是简单的文化覆盖，而在于在文化认同、融合和创新的基础上，体现集团内各校文化建设的独特性和创造性。只有这样，名校集团化建设才能走出同质化发展的窠臼，体现教育的多样性。

二　利益驱动下的名校无序扩张

近年来，各地在推进义务教育均衡发展过程中，都遭遇着教育地产的现象冲击。在城市化进程中，每当一个新的楼盘产生，随之就会有一个新的学校的产生，而这个学校多依托于区域名校，并成为区域名校集团中的组成部分。这就是通常地产商们炒作的"名盘＋名校"的运作方式，B区也不可避免地融入了教育地产推进名校集团化建设的浪潮之中。如YY小学教育集团中的RC小学，YH小学教育集团中的WK小学都是地产开发的附加产物。尽管大家知道这多是房地产开发商的营销之举，但因优质教育资源的稀缺，居民们也只好用这种方式来寄予对优质教育资源的渴望。在这种教育集团化政策拉动地产销售的背后，是四方利益关系的驱动。政府部门收获了政绩，名校扩大了影响，房地产商卖出了房子，家长们把孩子送进了"名校"。那么，这个学校的建立是否是出于真实的需要？B区教育局基础教育科科长LJZ对研究者说：

> 我们区有两个教育地产配套学校，一个是WK小学，它隶属于YH小学教育集团；另一个是RC小学，它隶属于YY小学教育集团。这两个学校的产生，都不是因真正意义上满足区域内人民群众子女入学的迫切需要而建设的，可以说它是地地道道的商业规划。都是小区还没建，广告宣传已铺天盖地，称之为"名校进驻，优质学区"。因为有名校做依托，房子真的好卖，而且价格远高于周边同类楼盘。房子建好了，学校也造好了，政府领导于是就召集教育局长、学校校长、开发商开会，会上三言两语也就拍板，一个新

的学校就此产生，而且隶属于某某名校。没有人去思考这所学校是否一定需要设立，也没有人去分析名校对于这所新建校的组织影响如何尽快落实。新学期开学，没教师怎么办？那么就从名校里派两个中层行政人员过来，然后就招录新毕业生，这样的教师队伍又如何撑起名校的招牌呢？就是这样，反正外面老百姓是不知道的，开发商也是不过问的。而且从地域上来看，这两所学校离得也很近，RC 小学至少暂时不是亟须建立的学校，这也可从目前这个学校的招生状况看出来，开办已经三年，六个年级的完全建制小学实际招生只有 352 人。其原因一是学区内的适龄儿童很少，二是学校的办学质量还未赢得区域内学生家长的信任。①

在 RC 小学的大门口，等候孩子放学的家长 LWD 也告诉笔者：

孩子已经到这学校三年了，我们好多家长越来越失望。孩子们的学习与成长没有原先开发商说得好，离我们原来设想的目标也差距很大。校园是比较漂亮，但是我们了解没有几个好教师，多数是近年来刚毕业的大学生，没有教学经验，有的也没有教育耐心，孩子回家常对我说不想上学了。我们花钱在这地方买房子，就是想让孩子有一个好的成长环境，童年时能遇上几个好老师。看现在这样子，希望渺茫，好多家长在上次开家长会时已商量下学期转学。毕竟我们只有一个孩子，大人们辛辛苦苦还不是为了他？②

从 B 区教育局基础教育科科长 LJZ 和 RC 小学学生家长 LWD 对学校办学情况的叙述中，我们可以听出 B 区名校集团化办学的一些实际状况。"名盘＋名校"的集团化模式并非是万般皆好的办学方式，它多是利益驱动的产物。政府部门在功利化政绩观的引导下，大力推进房地

---

① 来自访谈录音：2014—3—8—LJZ。
② 来自访谈录音：2014—3—9—LWD。

产建设，在房地产业遇阻的情况下以政府命令的方式加入名校资源给予支持，全然忽视区域教育的需求与名校可分配资源的存量。名校集团化政策的目标是追求教育的均等与公平，而不是功利化的商业运作。名校集团化重在质的"名校化"，而非单纯的量的"集团化"。其核心价值是为了实现名校优质教育资源的合理输出与共享，以"育人为本"而非"唯利是图"是学校集团化与企业集团化的本质区别。

三　集团内复杂多重的行政管理

让学校教育回归教育原点，专心做教育教学的事情；让教育行政回归教育管理，专心做区域教育规划与管理的事情，是义务教育优质均衡发展的应有之义。但 B 区在名校集团化政策运行过程中，名校集团化已简化为让名校去管理薄弱学校或新建学校，并具体承担着相当部分教育行政职能。在名校教育集团内部，名校集团的总校长虽然作为集团内各校的首席管理者，但因体制及学校隶属的行政区域不一等原因，其并没有完全获得相应的行政资源和管理权力，做好集团各校的管理工作，依靠的多是总校长本人的人格魅力和学术素养。但一旦遭遇人事编制和资金问题时，其行政疲弱现象则暴露无遗。YY 小学教育集团总校长 HZY 对笔者说：

YY 小学教育集团现在有四个学校，分别是 YY 小学、HJ 小学、RC 小学和 YYJY 小学。其中前三个学校的人事管理是一体化的，但 YYJY 小学不一样，除执行校长 WB 外，其他人员的编制都是 LY 开发区管理，人员工资也是由 LY 开发区发放，学校的办学经费也是由 LY 开发区负责的。现在比较头疼的是两件事，一是要人，二是要钱。作为一个新建学校，直接划入我们集团也就罢了，也便于我们管理。这种"三不三、两不两"的体制麻烦太多。人由开发区管，钱也由开发区管，业务由我们管，我们又怎么管呢？既没有钱来激励，也没有畅通的教师进出机制。特别是遇到一些好的教师，我们想要，而开发区却考虑到财政负担一直控制着人员编制。有的时候，想要的没来，不想要的倒来了。钱也是大问题，一个新学校，虽说是校舍建得很漂亮，但内在的教学设施却什么也没有。样样东西要购置，可你得去找开发区领导要钱，要申请报批，要政府统一采购，难啊！学校建好快两年了，内部设施还是严重缺乏。①

名校集团化政策其本意是促进区域义务教育均衡发展。对于区域内义务教育阶段学校的管理，从教育行政层面出发，公平公正的分配教育资源给区域内义务教育学校是基本的原则。其行政管理的位置与权限高于学校，客观地说，具备对区域内义务教育学校公正均等地进行教育行政的可能。但名校集团的实际管理者，即集团总校长，多是集团母体学校校长，且在母体学校上班，其对于母体学校的情感倾向性，往往导致母体学校与子体学校之间资源分配及管理上的不公平。教育集团中的母体学校多是名校，集团管理者在管理过程中最为担心的是优质教育资源的"稀释"，在向子体学校派出优秀教师时，总是以一种尴尬而犹豫心态掺杂其中。YH 小学教育集团 WK 小学的 XNL 老师告诉笔者说：

> 我们 WK 小学加入 YH 教育集团已经五年了，但我们始终觉得不是 YH 小学人。外面人都以为我们是 YH 小学的，但我们教师都盼望快一点从 YH 小学独立出来，因为只有那时，我们才会觉得是在自己的小学工作。这五年来，教师开会，校长也是表扬 YH 本部的教师，我们学校教师就是干得再好，校长也看不到。教师外出学习啊、听课啊，基本没有我们这边的分，都是先安排 YH 本部的教师。就是每年的评优评先，说是按教师总数的比例来分配，但实际上到最后，本部的指标数比我们学校多得多。这叫人家心理怎么平衡？大家是一肚子气，只是敢怒不敢言。每到暑假，YH 本部总是要安排教师到我们学校交流，其实我们大家都知道，来的都是那些要评职称的人，真正算得上骨干教师的五年了就来三个。教育局进

---

① 　来自访谈录音：2014—3—9—HZY。

行教学质量调研时，如果本部的平行班没有考过我们，那可是要挨校长批评的。一旦我们学校有一两个专业发展比较快的教师，本部就会把他调走，然后再从本部调一个一般的教师来交换，L校长最担心就是YH本部考不过集团其他学校。[①]

从以上两则访谈中，我们可以看出名校集团化政策运行面临着教育行政多重复杂的矛盾，也产生了集团内部母体学校与子体学校发展新的不均衡现象。名校集团化的健康发展需要我们去分析这些问题的成因，需要我们去寻求有针对性的解决方法。在现行的义务教育阶段以政府办学为主的政策前提下，名校集团化政策是否导致了办学主体责任的转移？是不是让优质学校承担了额外的却难以承担的办学压力？因为名校集团化政策的实施，原有的区域教育行政部门与学校之间的行政关系发生改变，区域教育行政如何处理集团学校和一般学校两类地位不同的学校实体？名校集团内部各学校间新的不均衡现象如何破解？在解决名校优质教育资源的有限性与义务教育需求之间的矛盾时，我们一方面需要理顺教育行政与名校集团之间的体制关系，一方面需要提高集团管理者的管理境界与管理素养，协调好各个利益相关主体之间的关系，从而促进名校集团的可持续、健康发展。

四 母体学校优质资源逐渐削弱

尽管各子体学校对母体学校的资源分配颇有微词，但母体学校对子体学校的资源支持却是真实地存在。B区的两个名校集团，都有四个成员单位。由于子体学校的数量增多，母体学校的优质教育资源就更显出短缺的状态。2010年，YH小学本部共有W市教学新秀称号以上骨干教师38人。B区名校集团化政策实施后，作为母体学校的YH小学先后向三个子体学校派出骨干教师21人（见表6-4）。

---

① 来自访谈录音：2014—3—9—XNL。

表6-4 2010—2014年YH小学教育集团骨干教师交流情况统计表

年份	YH小学派出骨干教师人数（人）	GY小学接收骨干教师人数（人）	MY小学接收骨干教师人数（人）	WK小学接收骨干教师人数（人）
2010	6	4	1	1
2011	8	2	3	3
2012	3	1	1	1
2013	2	—	1	1
2014	2	1	—	1
合计	21	8	6	7

资料来源：根据B区创建义务教育优质均衡发展县区相关台账数据整理。

骨干教师的大幅度减少，给学校教师队伍建设、教育教学质量提高带来诸多问题及其影响。YH小学校长LY对笔者说：

名校集团化政策的运行对于推进义务教育优质均衡发展起到了十分重要的作用，这是有目共睹的。五年来，我们YH小学教育集团逐渐壮大，资源分配更加均衡，老百姓对学校的满意度逐年提高，"择校热"已经逐渐减退。但在此政策执行的过程中，作为母体学校的YH小学付出了很多，最让我们做校长的人纠结的是骨干教师的输出。这几年，我们向三个子体学校派出21位骨干教师，有力地促进了三个子体学校教育教学质量的提升。21位骨干教师输出到子体学校后，输入到母体学校YH小学的则多是年轻教师。年轻教师走上工作岗位时间短，教学经验不足，极大地影响了YH小学教学质量，甚至在一个阶段引起了本部学生家长质疑。在名校集团化政策实施之前，我们YH小学真可谓名师云集，近半数的骨干教师，而且教师专业发展层次感鲜明，梯队建设完善。学校教研氛围浓厚，教师之间传帮带相互促进，年轻教师成长周期短，进步大。名校集团化政策运行后，大批骨干教师交流到子体学校，教师队伍建设出现断层现象，学校有些学科教学质量曾出现一段时间的波动，一些不明内情的家长甚至传说"YH小学现在不行了"等话语，学校家委会代表也给我提意见，加压力，那一阵子我们校长的确很为难。原先的名校，现在教育教学质量下降，社会上一片责难之声。其实主要的原因就是优质教育资源被"稀释"，优秀教师数减少。①

在名校集团化政策执行中，名校集团各成员校要处理好移植和输出之间的关系。名校集团化政策的本意是优质教育资源的放大，而不是简单的资源再分配。作为名校的母体学校，要以输出先进的教育理念、培养优秀的师资队伍、放大成熟的管理经验等为主要方式，对子体学校产生积极影响。要充分考虑名校集团化扩张的规模与速度，顾及名校集团化政策运行对母体学校现有优质资源的合理承载的规模、速度与效益。名校集团化不是规模越大就越好，循序渐进地改良好一所子体学校后再去接管另一所子体学校是稳妥的做法。在较短时间内大量增加子体学校的集团化方式，将会严重影响教育集团内学校的教育教学质量，削弱母体学校的品牌建设。

第四节　教育政策的执行差距：名校集团化政策执行问题的原因分析

弗里茨·萨尔夫（Fritz Scharpf）从组织间关系出发，认为"政策的形成和执行不可避免地产生于具有各自利益、目标和策略的分离的不同参与者之间的多元互动。"② 丁煌和杨代福认为政策执行者基于各自的利益追求与立场，政策执行中形成了或同盟或对立的关系，并在政策执行的网络中进行利益博弈，使政策执行出现阻滞现象。他们认为，政策执行过程中政策执行主体、政策目标群体、政策利益相关者之间相互依赖又相互冲突，他们通过资源交换、目标冲突、利益

---

① 来自访谈录音：2014—3—9—LY。

② Scharpf F. W. Inter organizational policy studies：Issues，concepts and perspectives [A]. Inter organizational Policy Making：Limits to Coordination and Central Control [C]. London：Sage，1978.

博弈等，对政策执行产生复杂影响，形成政策执行差距①。从教育政策制定中的偏差到教育政策执行过程中产生的偏差，都有碍于教育政策的有效执行。

通过对 B 区名校集团化政策实施及其存在问题的分析，笔者认为，B 区在实施名校集团化政策过程中也存在政策机械式执行、政策象征性执行和政策选择性执行等诸多问题，其原因既有政策本身设计的缺陷导致政策目标与利益的分离，也有政策执行者行为缺陷致使的自由裁量无度，以及政策执行中多元利益相关者的利益博弈等因素。

一 "以强并弱"式集团化政策本身的缺陷

政策不仅是政策执行活动发生的直接因素，它也是影响政策执行的重要变量。在很多政策执行研究学者看来，政策设计不周密、政策思考不详尽、政策规划不全面等政策本身的缺陷是政策执行差距形成的重要原因。从教育政策的产生来看，它是政策制定者在一定时期的认识成果，其受制于政策制定者对相关认知领域的理解与自身的水平素养，带有一定的局限性。林水波、张世贤认为，政策本身的规划与推介、政策的合法性、政策的理论基础、政策目标的清晰程度、政策资源、政策执行机构及其人员、政策标准等条件关系着政策执行的效果②。从 B 区名校集团化政策执行中的问题来看，好多问题的根源是政策本身设计的不足。首先，名校集团中子体学校在文化建设中的失语现象，从表面上看是母体学校的品牌强势导致，其实质是政策设计中政策目标笼统不具体使然。由于在名校集团化政策中只突出名校对子体学校影响与辐射的单向度目标，而缺乏子体学校在名校集团化建设中的功能定位与具体追求，子体学校在集团化建设中的整体失语是必然的趋势。政策目标不具体，也致使政策执行者因各自不同的知识

---

① 丁煌、杨代福：《政策执行过程中降低信息不对称的策略探讨》，《中国行政管理》2010 年第 12 期。

② 林水波、张世贤：《公共政策》，台北五南图书出版社公司 1982 年版，第 263—267页。

经验、价值观念和认识水平而产生不同的政策理解，甚至是相互背离的政策行为。因为B区名校集团化政策中只有对母体学校的单向度的目标要求，所以出现子体学校在名校集团化政策执行中无所依据，没有明确的执行行动模式，只好一切听由母体学校安排，子体学校发展的被动性、消极性致使学校发展失去个性，同质化现象愈演愈烈。其次，政策本身的缺陷还体现在B区名校集团化政策目标过低上。在B区名校集团化政策文件中，我们多看到要求母体学校对子体学校的物质支持与师资支持，却很少见到要求母体学校对子体学校管理文化与经验的输出。片面而低水平的目标，影响着政策执行者为实现政策目标而努力的程度。由于政策目标过低，政策执行者的工作目标要求也随之降低。最后，政策本身的缺陷表现在对政策执行环境中的不利因素考虑不足上。在YY小学教育集团中，有一所学校是YYJY实验小学。在前文中，我们曾记述了集团总校长HZY对这所学校管理的困惑。因为这所学校的人员编制、经费投入等隶属于LY开发区街道管理，它不同于其他三所小学，多重而复杂的行政隶属关系牵扯了学校管理者大量的时间和精力。为什么会出现如此一个集团内复杂的行政隶属现象？名校集团化政策制定者在把YYJY实验小学纳入YY小学教育集团时是否考虑到各子体学校所处的环境因素影响？对于这种特殊性，我们是否有相应的针对性措施？在政策制定时，如果我们对政策执行中的环境因素考虑不足，那么那些未被考虑的不利环境因素，就会在政策执行过程中产生普遍的或区域性的阻碍作用。

二　"多重执行"的集团化政策执行者缺陷

政策执行者是指政策执行的组织机构及其相关执行人员。政策执行者本身及其行为特征缺陷也是政策执行出现偏差和失真的重要原因。名校集团化政策执行者的缺陷表现在如下几个方面。

一是B区名校集团化政策执行中出现复杂多重的行政管理现象。这种现象出现的原因就是执行组织机构的层级与幅度整合不当所致。层级是组织机构纵向的层次划分，而幅度则是组织机构横向的部门划分。

就一个组织机构来讲，层级多了，就会影响管理的幅度；幅度大了，就会影响管理的层级设置。针对不同的组织，设置适宜的层级与幅度有利于政策目标的分解以及政策方案的具体实施。以 YY 小学教育集团为例，其管理的行政层级是：B 区教育局，LY 开发区管委会——YY 小学集团总校长——各子体学校执行校长。其幅度却又表现为两条线，一条是从 YY 小学到各子体学校，另一条是从 LY 开发区到 YYJY 实验小学。单从上述层级与幅度的表示我们就能看到 YY 小学教育集团组织机构层级与幅度设置的复杂性。领导层级多，管理幅度大，其对政策本身的淡化与扭曲的程度就越大。

二是 B 区教育集团管理者在资源分配时倾向母体学校、舍不得名教师向子体学校流动、担心子体学校发展过快影响母体学校品牌等现象，都反映着名校集团化政策执行者认识的缺陷，以致管理混乱现象的产生。在政策执行中，政策执行者对名校集团化政策的重要意义及权威性认识不够，则会对政策执行采取消极与抵触态度，进而导致政策执行的失真。名校集团的管理者，往往也是名校发展的既得利益者，如果他们对名校集团化政策与区域义务教育优质均衡发展的意义与关系理解不深刻，那他就会从有利于母体学校这个狭隘的认识角度出发去执行政策，政策执行者与政策制定者之间就会产生政策目标的分歧。政策执行者往往也是政策的目标群体。在名校集团化政策执行中，母体学校就扮演着这种双重角色，它们常常处于整体利益和局部利益的矛盾与冲突中。当名校集团化政策为执行者带来利益上损失时，或遭遇较大困难时，作为双重角色的他们多为了尽可能地保护局部甚至是个体的利益，而与政策制定者或倡导者进行讨价还价，而使政策执行陷入失真与偏差的艰难境地。这就是所谓的"上有政策，下有对策"。

三　名校集团化政策执行中多样化利益诉求

尤金·巴德克认为政策执行就是一场赛局，其过程就是政策执行人员与相关人员在一定的规则下，通过竞争获取资源。他认为政策的成功与失败取决于各方参加者策略与战术的选择，每一个政策执行的相关者都追求在规则许可的范围中获取最大的利益。

在 B 区名校集团化政策执行过程中，无疑也存在着政策相关者的利益博弈。政策制定者希望通过"名校集团化"政策的实施，开辟一条通过向薄弱学校、新建学校输出名校办学理念、特色教育文化、高效管理机制和优质教师资源等，实现区域内义务教育学校均衡化发展。而地产开发商则希望所开发楼盘配套学校依托名校优势，吸引更多的购房者，以获取更大的经济利益。作为名校集团中的母体学校，则希望通过"名校集团化"政策运行，促进学校规模化发展，进一步扩大学校的品牌效应。而作为名校集团中的子体学校则希望通过名校集团化政策的运行，依托名校的品牌优势，汲取名校的管理经验，共享名校的优质资源，以期实现自己学校的品质跃升。作为名校集团化政策设计中最大的受益者学生及学生家长，则希望公平地拥有义务教育阶段优质教育资源，在名校优质的学习环境中，实现个体在义务教育阶段学习获得最大可能的发展。而教师，作为名校集团化政策执行的相关者，其也会因为名校优质教育资源的再分配而在集团内各学校间流动。从目前名校集团化政策执行来看，有积极主动交流愿望的教师多为满足当下评职称、岗位晋级等要求所驱动。他们较多地考虑自己在评职称、岗位晋级的条件中自己所欠缺的项目，却不会去考虑自己的交流行为是否能促进区域义务教育学校间的均衡发展。在名校集团化政策运行中，名校集团的领导者也有着自己的利益表达。如 YY 小学教育集团，它的行政领导是 B 区教育局，但因为体制的关系，集团内的 YYJY 小学又隶属 LY 开发区领导，多重的领导也表达着不同的利益诉求。作为 B 区教育局，因为它同时也是政策的制定者，它更着重于追求区域间学校的均衡有序发展；而 LY 开发区政府，则更希望 YYJY 小学借名校之力、名校之名，办好自己辖区内的学校以满足区域内人民群众对优质教育资源的需求，显示这届政府在此任期内的政绩。

政策的本质就是对利益的再分配与调节。在某项政策颁布实施后，政策执行中各个相关群体就会从自己的利益角度出发，去理解政策并将政策执行灵活化。这样就导致政策执行出现执行活动与结果偏离政策初始目标的现象，袁振国将这类现象称之为政策走样①。在名校集团化政策执行过程中，集团中的龙头学校，也称母体学校，往往同时承担政策制定者与政策执行者双重角色。相对于区域教育集团化政策的实施，它是政策的执行者；相对于集团内部"名校集团化"政策的落实，它又成了政策的制定者。在优质教育资源向子体学校分配时，基于自身利益的保护，母体学校就会对政策执行进行"校本化"的应对。一是从区域名校集团化政策要求必须进行优质教师交流出发，它派出的骨干教师是本校骨干教师中层次最低的骨干教师；二是从维护母体学校品牌形象角度出发，它往往会在教师进修、教师专业成长学习培训、教师表彰与奖励等方面倾向于母体学校的教师。作为政策执行者的母体学校，它无力改变名校集团化政策或阻止名校集团化政策的运行；但作为政策制定者，它却会在政策落实时用消解或变通的方式去应付政策。由此看来，集团中的母体学校，既完成了名校集团化政策中关于骨干教师交流的要求，也保护了作为龙头学校可持续发展与领先其他学校的优势。其实质是没有真实地去执行名校集团化政策，政策目标没有达成或没有完全达成。

巴里·偌顿说："地方是以对自己有利的方式变通执行中央政策的，因为利益的自我选择，政策执行总是存在很强的'执行差距'"②。名校集团化政策的实施，必然要触动一部分人的既得利益，也会因为政策执行者选择自我利益时导致政策执行出现执行差距。这些利益在名校集团化政策执行的"赛局"中如何分配与调节，自然就会引发政策相关主体的博弈。政府部门作为政策的设计者，它在政策执行中的行为表现最趋同于政策目标，即通过名校集团化政策的实施，促进区域义务教育的优质均衡发展。名校集团中的母体学校会处于两难境地，一方面想通过名校集团化政策实现学校的规模扩张，另一方面又害怕子体学校的快速发展会削弱母体学校的品牌优势。而子体学校则多思考借助于名校

---

① 袁振国：《教育政策学》，江苏教育出版社 2001 年版，第 321 页。

② David Bachman（1987），Implementing Chinese Tax Policy, in Lampton, pp. 8 - 12.

的资源实现自己学校的丰满与壮大，为日后一定时期学校的独立做各方面的准备。而教师多从自身利益考量，主要是想通过集团内学校间的流动实现自己职称与岗位晋级。当多方利益交织在一起的时候，就会因为利益的多寡与有无，各政策相关群体产生矛盾和冲突。在这些矛盾和冲突中，相互之间达成默契与妥协，从而降低和削弱政策执行的效果。

　　综上所述，因为教育政策执行系统内在的复杂性，政策执行中个体的利益内涵与公共的利益内涵一直存在着一种紧张关系。B区名校集团化政策实施中，充斥着上级政策与地方利益的冲突，由此产生母体学校优质教育资源削弱、子体学校同质化发展、学校管理体制复杂多重和部分政策执行主体自由裁量失控等问题，于是政策在执行者不断地修正与变通中出现机械式执行、象征性执行和选择性执行现象，其原因既有政策本身设计的缺陷导致政策目标与利益分离的执行差距，也有政策执行者自由裁量无度导致的执行差距，以及政策执行中多元利益相关者的利益博弈导致的执行差距。实践证明，正是我国这种"自上而下"的政策执行结构，致使复杂的教育政策执行处于"混沌状态"，而政策执行组织和个体往往以各自的利益权衡采取政策行动，进而使名校集团化政策的执行差距越来越大。

第七章

B区教育信息化政策执行考察

在前面的第四章、第五章和第六章中，笔者分别对 B 区支持进城务工人员随迁子女接受教育政策执行、校长教师交流政策执行和名校集团化政策执行情况进行了考察，这是沿着从义务教育优质均衡发展中"学生的发展"到"教师的发展"再到"学校的发展"的线索来考察的。但在义务教育优质均衡发展的政策体系中，不仅包含义务教育中"人的发展"和"学校的发展"，它还包括义务教育阶段"人的发展"和"学校的发展"之外的内容，如义务教育学校办学条件、办学水平改善与提高等支持性政策。在义务教育优质均衡发展时期，教育信息化已悄然进入并引发教育均衡发展理念的碰撞与转型。江苏省从发达地区先行先试的点状实验开始，相继在全省范围内推进的"教育信息化"，就是一项指向促进义务教育优质均衡发展的政策。它既有办学条件现代化的政策内涵，也有"人的现代化"政策内涵。因此，本章将要考察的内容主要是从综合的角度来考察 B 区教育信息化政策执行的情况。

大力发展教育信息化，以信息化带动教育现代化，是我国政府和教育部门的重要战略之一。近些年来，我国政府相继出台了一系列关于教育信息化的政策文件，现整理如下（见表 7-1、表 7-2）。

表 7 - 1 21 世纪以来国家颁发的教育信息化政策文件

序号	文件名称	文件号	颁布单位
1	教育部关于在中小学普及信息技术教育的通知	教基〔2000〕33 号	教育部
2	教育部关于在中小学实施"校校通"工程的通知	教基〔2000〕34 号	教育部
3	教育部关于印发《中小学信息技术课程指导纲要（试行)》的通知	教基〔2000〕35 号	教育部
4	关于推进教师教育信息化建设的意见	教师〔2002〕2 号	教育部
5	教育部关于实施全国教师教育网络联盟计划的指导意见	教师〔2003〕2 号	教育部
6	教育部关于印发《中小学教师教育技术能力标准（试行)》的通知	教师〔2004〕9 号	教育部
7	教育部关于启动实施全国中小学教师教育技术能力建设计划的通知	教师〔2005〕5 号	教育部
8	2006—2020 年国家信息化发展战略	中办发〔2006〕11 号	中办

表 7 - 2 江苏省颁发的教育信息化政策文件（部分）

序号	文件名称	文件号	颁发单位
1	关于在苏南地区组织实施教育现代化工程试点的意见	苏教研〔1993〕4 号	省教育厅
2	关于加快推进"校校通"工程建设的意见	苏教办〔2005〕28 号	省教育厅
3	《关于继续推进全省农村中小学基本办学条件合格学校建设的实施意见》（"四配套"工程)	苏教合〔2006〕1 号	省教育厅
4	关于做好优质教学资源下乡工程的实施意见	苏教备〔2007〕36 号	省教育厅
5	江苏省县（市、区）教育现代化建设主要指标	苏政发〔2007〕59 号	省教育厅
6	江苏省教育信息化五年发展规划（2011—2020 年)	苏政办发〔2012〕115 号	省政府
7	江苏省教育信息化三年行动计划（2013—2015 年)	苏政办发〔2012〕211 号	省政府
8	省教育厅关于印发《江苏省教育信息化建设指南（试行)》及《江苏省国家教育信息化达标率评价标准（试行)》的通知	苏教电〔2013〕8 号	省教育厅
9	江苏省"十三五"教育信息化发展专项规划（征求意见稿)	苏政办发〔2015〕13 号	省政府
10	关于推进智慧教育的实施意见	苏政办发〔2015〕24 号	省政府

从教育信息化政策演进过程看来，无论是国家层面的政策，还是江苏省层面的政策，它总是先由区域性的试点和一个个单项政策的实施来促进区域教育的发展，当多个单项政策实施推动办学水平整体提高到一定阶段后，才颁发在一定范围内整体推进教育信息化的政策。也就是说，一个个单项政策也是教育信息化政策的内容，它是后来区域实施教育信息化工程的政策基础。笔者选择"B 区教育信息化"政策作为研究对象，主要是因为，教育信息化政策演进过程伴随着义务教育从均衡发展到优质均衡发展的全过程，并在义务教育优质均衡发展中发挥着独特而重要的作用。教育信息化使教育更有成效、更富于个性、学习更加方便快捷，同时教育信息化可以突破时空的束缚，使教学建立在更为广泛的平台上，供更多的人进行共享式的学习。它既体现着义务教育均衡发展的优质特征，又表征为义务教育优质均衡发展新的均衡范式。这样看来，从教育信息化政策实施的脉络来考察 B 区义务教育优质均衡发展的过程就有了一定的意义。

第一节　江苏省教育信息化的政策历程

江苏辖江临海，扼淮控湖，经济繁荣，教育发达，文化昌盛。自古以来，人文荟萃，崇文重教蔚然成风。1993 年江苏省领全国风气之先，在经济发达的苏南地区实施教育现代化工程试点工作，教育信息化建设在部分发达县区萌芽。进入 21 世纪，江苏省委省政府作出关于加快建设教育强省、率先基本实现教育现代化的决定，明确提出"大力提高教育信息化水平"的要求后，全省各县（市、区）教育信息化基础设施建设快速推进。"十一五"时期，全省各地把创建教育现代化县区，促进区域教育优质高效发展作为当地教育改革与均衡发展的目标与追求，教育信息化建设进入全面发展时期。"十二五"期间，江苏省进一步加大信息化基础设施建设，加快全省数字资源建设和更新的力度，不断提升教育信息化建设网络化、数字化、智能化水平，教育信息化建设进入优质发展时期。

一　教育信息化基础建设时期（2000 年至 2005 年）

改革开放以来，江苏省依托区域优势，经济迅猛发展，经济实力强大，为基本实现教育现代化奠定了坚实的基础。20 世纪 90 年代初期，江苏省教育委员会审时度势下发了《关于在苏南地区组织实施教育现代化工程试点的意见》，开启了发达地区创建教育现代化工作。《关于在苏南地区组织实施教育现代化试点工程的意见》指出，"到 20 世纪末，苏南地区教育现代化水平达到亚洲'四小龙'80 年代末的平均教育水平，21 世纪中叶，接近发达国家教育水平；苏北地区，以教育促小康工程为内涵，加快发展、优先发展教育事业，以达到小康目标中的教育标准[①]"。到 1994 年，参与教育现代化试点的区域也从苏南地区变为沿江区域，涉及 8 个省辖市、22 个县市区、76 个乡镇、近 600 所学校。由于江苏省苏南、苏中和苏北地区区域之间经济和社会发展有着较为明显的差距，江苏省从实际出发，确立了教育现代化创建"因地制宜、分步实施、分类指导"的基本原则，对苏南、苏中地区提出了教育现代化建设分时序不同阶段的建设重点和任务。从此至 20 世纪末，苏南发达地区大部分学校和苏中、苏北地区一些试点学校开始实行了教育信息化的探索。"九五"期间，全省 85% 左右的中小学达到"三机一幕"配备标准，特别是苏南很多中小学实现了"四机一幕"甚至"五机一幕"进课堂。[②]

1999 年，江苏省政府出台《江苏省教育现代化实施纲要》，文件要求用 5～10 年时间，在全省中小学普及信息技术教育，以信息化带动教育现代化。积极创造条件，加快开设中小学信息技术必修课的步伐，促进信息技术的应用与课程教学改革有机结合；努力推进信息技术与其他学科教学的整合，在教学中广泛应用信息技术手段，逐步实现多媒体教学进入每间教室，积极探索信息技术教育与其他学科的整合，促进中小

---

① 引自江苏省教育委员会 1993 年 12 月 15 日印发的《关于在苏南地区组织实施教育现代化工程试点的意见》（苏教研［1993］4 号）。

② 参见《2000 年江苏教育信息化发展报告》。

学教学方式的根本性改变。2001 年，江苏省教育厅下发《关于大力推进中小学教育信息化的意见》（苏教基［2001］32 号），此后，苏南地区、苏中部分地区启动中小学"校校通"工程。省教育厅也将实施"校校通"工程列为教育系统保持共产党员先进性、为民办实事的重要内容之一，由厅长亲自担任"校校通"工程建设工作领导小组组长，并向省委、省政府庄重承诺，2005 年年底前完成"校校通"工程建设任务。为了确保 2005 年全省九年义务教育阶段中小学全面实现"校校通"，江苏省政府拨出专项资金 3.5 亿元，另外通过南北挂钩等办法筹措 3.5 亿元，对苏北经济薄弱地区和黄桥、茅山老区的 41 个县（市、区）进行直接帮扶建设。①

在中小学"校校通"工程建设中，江苏省采取突出抓好省帮扶县（市、区）"校校通"工程建设为重点，同时对非省帮扶建设的县（市、区）农村中小学"校校通"工程建设实行整体推进的思路。省帮扶建设的学校涉及苏北、苏中省财政转移支付、经济薄弱和黄桥、茅山老区 41 个县（市、区）的农村中小学校 4882 所，除 587 所已经基本完成"校校通"工程建设外，实际帮扶建设的学校为 4295 所。其中 837 所农村初中、822 所农村乡镇中心小学，每校配置了一个 50 台学生机的网络教室和一个多媒体教室。2636 所农村定点完小，每校配置了一个 20 台学生机的网络教室。且所有机器全部配置系统、办公、多媒体和杀毒等相关软件。与此同时，全省还专门组织力量帮扶建设学校培训信息技术课教师及网络管理人员 8000 余名。非省帮扶建设的学校，也都严格按照《江苏省农村中小学"校校通"工程建设验收办法》要求，分别根据各自情况采取相应措施，加快建设步伐，在原有建设的基础上，均于 2005 年年底以前全部达到并超过"校校通"工程建设标准，有效保证农村中小学"校校通"的全部覆盖率。其中，张家港、吴江等市不仅中小学网络教室及多媒体教室学校覆盖率达 100%，而且多媒体教室班级覆盖率也达到较高水平，中心小学以上的学校 100% 建成宽带校园

---

① 参见《2005 年江苏教育信息化发展报告》。

网，农村完全小学100％实现ADSL方式接入互联网。据2005—2006学年初教育事业统计，全省义务教育阶段中小学已建成校园网3169个，拥有计算机437369台，拥有计算机网络教室建筑面积926342平方米。此外，进一步提高师资队伍的信息素养、不断强化信息技术应用，也受到了全省各地普遍重视。经过全省各级教育行政部门和各类学校的共同努力，江苏农村中小学"校校通"工程建设经检查，全部通过验收。各类校园的网络设备数量配置及建设质量都达到了《江苏省农村中小学"校校通"工程建设验收办法》所确定的各项要求，这标志着全省农村中小学2005年实现"校校通"的目标任务全面完成[①]。

从2000年开始，苏南地区以先行者的姿态引领着全省教育信息化工程创建工作，各级政府并以此作为推进区域社会发展的重点工作。在W市，教育信息化工程已成为政府行为，其所属县市区召开多次以教育信息化为主题的教育工作会议，并把教育信息化工程建设纳入当地经济和社会发展的任务指标。各街道乡镇相继制订教育信息化实施的年度计划。W市下辖的县级市XS市、JY市和YX市政府都与所辖乡镇签订了教育信息化工程建设责任状，对教育信息化年度目标、项目要求、资金投入、达标时间和具体责任人等进行明确，并分年度进行考核评比。因为政府行为的推动，教育信息化"校校通"工程建设进展快速有序，教育投入的力度不断增大，教育投入的机制不断改善。2000年至2003年，W市政府投入市区学校教育信息化工程的经费就达到1.3亿元，YX、JY、BH三个县市区也通过财政拨款、奖补结合、捐资助学等多种途径，保障教育信息化"校校通"工程的经费投入[②]。在苏南地区教育信息化工程实施过程中，教育信息化建设的发展，农村中小学"校校通"的全面实现，促进了人们教育思想观念更新和教育方式的优化，对推进区域教育均衡发展，深化教育改革，提高教育质量和办学水平产生了重要影响。

---

① 参见《2006年江苏教育信息化发展报告》。
② 王国强：《江苏教育现代化实践》，红旗出版社1999年版，第23页。

二 教育信息化全面发展时期（2006 年至 2010 年）

作为教育现代化的重要组成部分，教育信息化的发展与教育现代化的推进密切相关。2005 年，江苏省委省政府颁发《关于加快建设教育强省率先基本实现教育现代化的决定》，2007 年，江苏省政府办公厅下发《江苏省县（市、区）教育现代化建设主要指标》。两个文件的下发，表征着江苏教育现代化创建工作从乡镇教育现代化建设到县区教育现代化建设的整体推进，意味着教育现代化建设由教育部门主导向省委省政府主导的转变。教育现代化建设已成为江苏教育整体提高办学质量办人民满意教育的有力举措，区域教育现代化建设为教育信息化提供了持续发展的建设契机。

在县区教育现代化的推进过程中，江苏始终把教育信息化列为全局性、先导性的重点工作，将教育信息化看作发展现代教育的基础条件，并以信息化带动现代化、促进教育的跨越式发展。在 2007 年《江苏省县（市、区）教育现代化建设主要指标》中，具体规定着教育现代化建设水平的 16 项指标，其中第 12 项指标对教育信息化建设提出了具体要求："教育信息化建设全面达标。教育城域网与辖区内大部分学校实现光纤连通，网上资源丰富、利用率高，中心小学、初级和高级中学校校建有校园网络、教学组织系统和教学管理系统。"在县区教育现代化评估中，又对该项指标提出具体化的要求。即："网上资源应用包括各类教育信息资源、课程资源、电子图书、校际共享资源等""学校的信息技术装备要达到江苏省中小学教育技术装备标准中信息技术装备的 2 类标准""生机比达到 10∶1，师机比达到 2∶1，校园网络要具有备课平台、教学平台、教务管理、校务管理、图书管理等应用系统"。将信息化建设纳入区域教育现代化建设的范畴，使之成为政府发展教育事业不可缺少的有机组成部分，保证了教育信息化持续稳定又快又好发展。

2006 年后，江苏教育信息化建设进入全面发展时期。一是网络及计算机设施设备日益完善。在"校校通"工程全面实施以及区域教育现代化建设深入推进的基础上，江苏全省各地继续加大教育信息化基础设施设备的投入，至2008年年底，全省13个大市中有11个大市建成了覆盖本地区的教育城域网。全省88.7%的普通高中，72.5%的初中、55.3%的小学建有校园网，经济发达的苏南地区已有相当数量的学校实现了较高层次的"班班通"。全省校均拥有计算机网络教室建筑面积逐年明显扩大，2008年，全省小学、初中、高中校均拥有的计算机网络教室建筑面积数分别为122平方米、215平方米、625平方米，平均年增长率保持在11%以上。同时，每台计算机服务的学生数即生机比逐年下降，2008年，全省生机比为小学11.2∶1、初中10.8∶1、高中6.5∶1。二是全面实施"送优质教学资源下乡"工程。2007年，为切实提高农村师资水平和农村中小学教育教学质量、缩小城乡教育差距、促进教育均衡发展，江苏省政府投入资金近1亿元，在全省实施"送优质教学资源下乡"工程。此项工程在全省范围内组织优秀中小学教师讲授课程，通过制作光盘等现代信息技术手段发送至农村中小学。"送优质教学资源下乡"工程教学光盘以英语、音乐、美术以及小学语文中汉语拼音等农村师资相对比较薄弱的24门课程内容为重点，总长度为2326课时，采用"双师型"课堂教学方式，体现农村中小学教学特点要求，帮助农村教师解决最需解决、最难解决的问题，适应农村中小学中等学生的接受水平。"送优质教学资源下乡"工程共制作光盘400多万张，按照每校1~3套的比例，免费配送至全省13个大城市82个县（市、区）的7200多所农村中小学校及教学点。该项工程的实施，使全省中小学校拥有了一定数量能直接用于课堂的教学资源，有效缓解了教学一线资源短缺的局面。三是加强教师教育技术能力建设。为了形成一支具有较高信息技术素养的教师队伍、一支掌握信息技术专业技能的研发队伍、一支擅长网络管理和维护的专业队伍，江苏大力加强教师教育技术培训。2004年，江苏在全国率先启动中小学教师信息技术与学科课程整合能力的培训工作，共有7万名教师完成了该项培训和考核。2006年，江苏进入全国教育技术能力建设培训的整体框架，并将教师教育技术能力建设纳入全省教师继续教育总体计划中。在计算机及网络设备等基础设施具备之后，江苏省教育厅迅速开展全省中小学教师信息技术能力培训，仅 2007 年全省班主任网络培训就达到 10950 人次①。从 2006 年至 2010 年，在教育部组织的历次全国教师教育技术水平考试中，江苏的参考总人数接近全国参考人数的 3/4，一次合格率 97% 以上，远高于全国平均合格率。同时，全省各地创新培训形式，通过骨干培训和分级培训相结合、现场集中培训和网络远程培训相结合等多种形式，对广大中小学教师开展不同层次的信息技术培训。在培训中，强调"融理论于技术，用技术辅助教学"，强调"参与、动手、合作"，采用研究性学习、合作化学习等方法，鼓励教师通过团队合作提高教学水平、启发教育智慧。2007 年，江苏教师教育网站建成开通，以此为主干基本形成了全省远程培训网络。至 2010 年年底，该网站注册教师 45 万人，日访问量约 5000 人次，对改变传统的培训模式、扩大培训规模和效益起到十分明显的作用。四是教育信息化应用渐趋常态。江苏十分重视提高基础设施设备的效益、加强信息技术在教育教学中的应用。信息技术已经从教学的演示工具逐渐成为学生学习工具和认知工具，各类教育技术应用比赛、观摩、课题研究等教研活动在江苏蓬勃开展。在全国中小学电脑制作活动、多媒体课件制作大赛、优秀课堂实录、机器人大赛等全国性评比和大赛中，江苏的参与面和参与水准一直处于全国领先水平。教育技术课题研究开展也取得了丰硕的成果，仅"十一五"期间，全省中小学申报并通过审定的全国教育技术研究重点课题 11 个，专项课题 304 个，参与学校近 700 所。在苏州、无锡、南京等地，交互式电子白板、网络教学已被熟练地应用，大量教师通过博客等形式促进自我的专业成长。

2007 年下半年，江苏省教育厅依据《江苏省县（市、区）教育现代化建设主要指标》，在全首范围内组织第一批县（市、区）教育现代化建设水平评估，以"以评促建"的方式推进县域教育现代化水平的提高。至 2010 年年底，全省 112 个县（市、区）中有 46 个县（市、

---

① 引自江苏省教师培训中心《2007 年江苏省中小学班主任网络培训工作简报》第六期，江苏教师教育网。

区）通过省级评估。区域教育现代化的创建，有力地促进了区域教育信息化的发展，优质教育资源在城乡学校间共享、教师的信息素养不断提高、广覆盖低成本高效能的网络化教师培训体系基本建成，教育信息化正在以自己独特的方式促进着区域教育的均衡发展。随着县域教育现代化评估工作的深入展开，县域教育现代化水平评估的内容和方式也发生了变化。在原来政府评价、专家评价的基础上，2011 年江苏省教育评估院又在评估中引进了群众评价，增加了社会满意度调查项目，教育现代化评价的主体渐趋多元化。此外，江苏省委组织部又把区域教育现代化评估的成绩作为县区党政主要负责人工作政绩考核的项目内容，此制度的设立使教育现代化工程建设有了坚强的组织领导、充足的经费保障，教育现代化建设进入了统筹规划、科学创建的阶段。2010 年，15 个申报参加省教育现代化建设水平评估县（市、区）近三年投入现代化建设的经费总额达 51 亿元；2011 年，13 个接受省教育现代化建设水平评估的县（市、区）近三年投入总额达 83.6 亿元[①]。充足的教育经费保障，极大地改善了城乡学校的办学条件，各级各类学校的现代化水平显著提高。学校的教育信息化水平大为提高，校校通了互联网，每 10 个学生就拥有一台计算机，很多学校建设了微格教室，交互式电子白板也出现在学生教室之中。据统计，"十一五"期间，江苏省地方教育经费总投入 4952 亿元，其中财政性教育投入 3233 亿元、预算内教育经费拨款 2847 亿元，分别是"十五"期间的 2.28 倍、2.61 倍和 2.65 倍，全社会教育投入和财政性教育经费年均分别增长 17.1% 和 22.4%。教育经费的保障水平不断提高，各级各类教育协调推进。学前教育毛入园率达 96%、义务教育巩固率保持在 99% 以上，高中阶段教育毛入学率达 96%[②]。区域教育现代化坚持整体推进、分类推进和持续推进的原则，创建规划不断完善，评估制度不断健全，评估指标呈现多面性的特

---

① 陆岳新：《从"学有所教"向"学有优教"跨越》，《中国教育报》2012 年 5 月 17 日第 2 版。

② 引自《江苏"十二五"教育发展规划》，http：//sour. njcit. cn/html/2012/standard_0313/75. html。

征。区域教育信息化建设已从碎片化孤立式的发展迈入与教育现代化整体协同式发展时期。

三 教育信息化优质发展时期（2011年至2015年）

2010年，江苏省政府启动了义务教育优质均衡发展和改革示范区建设，并组织研制《江苏省县（市、区）义务教育优质均衡发展主要指标》，其中教育信息化普及程度成为全省区域义务教育均衡发展的建设标准和评估依据的重要内容。2012年12月，省政府办公厅下发《江苏省教育信息化三年行动计划（2013—2015年）》，确立全省教育信息化目标。重点围绕建网、建库、建队伍、建机制四个方面，以"三通两平台"（宽带网络校校通、数字资源班班通、学习空间人人通和教学资源公共服务平台、教育管理公共服务平台）建设为抓手，充分利用信息技术手段改革教学模式、创新学习方式、提升管理水平，力争建成涵盖各级各类教育的教育信息化公共服务体系，国家教育信息化标准达标率达到85%以上，形成与教育现代化发展水平相适应的教育信息化建设新局面。2013年9月，江苏省教育厅印发《江苏省教育信息化建设指南（试行）》及《江苏省国家教育信息化达标率评价标准（试行）》，要求各地教育行政部门和各级各类学校高度重视，把教育信息化摆在支撑引领教育现代化的战略地位，切实加强对教育信息化工作的组织领导，广泛开展学习，认真落实相关工作，严格督查评估。2013年3月，教育部确定江苏省为国家教育现代化建设试验区。自此，江苏省新一轮教育现代化建设全面启动，升级版的教育信息化工程创建工作在全省展开。

2013年5月，江苏省人民政府召开教育现代化建设推进会。确立了"到2020年，全省将构建体系完备的终身教育，形成惠及全民的公平教育，提供更加丰富的优质教育，健全充满活力的体制机制，实施富有成效的社会服务，总体实现省定教育现代化指标，达到发达国家平均水平，主要指标继续保持国内先进水平"的工作目标。会上下发了《江苏省教育现代化指标体系》，该指标体系由8个一级指标、16个二级指标组成。其中第 11 个二级指标详细规定教育信息化标准达标率，明确了各地达到国家教育信息化建设标准的学校数与各级各类学校总数的百分比为 90% 以上，权重分值为 3 分。

在新一轮教育信息化建设过程中，江苏省着力提升基础教育信息化水平，促进优质教育资源共享。以促进义务教育均衡发展为重点，创设为每一名学生提供个性化学习的信息化环境与服务，让广大学生平等有效地享有优质数字教育资源，培养自主学习、终身学习能力，实现所有学生的全面发展。按照省义务教育阶段学校建设标准和基本办学条件，进一步提高所有中小学和幼儿园在基础设施、教学资源、应用软件等方面的基本配置水平，并实行动态更新，重点支持经济薄弱地区和农村地区学校的信息化建设，填平义务教育学校数字信息化鸿沟。全面提升"宽带网络校校通"，推动智慧校园建设，整合优化教育管理营运系统，集成推送优质数字教育资源，实现教育教学和管理的网络化、智能化。以问题为导向，大力推动信息技术与教学融合，扩大网络教研和校际间网络协作学习的覆盖面，建立以学习者为中心的教学新模式，探索开展以大数据为基础的发展性评价和学习分析。

教育信息化工程建设离不开高水平的教师队伍，江苏十分重视提高教师队伍的信息技术应用能力。在工作中，江苏一方面加快推进教师教育内容信息化，凸显信息技术应用能力在教师知能结构中的地位，加大教育技术类课程在教师教育课程体系中的比重，加快实现教师教育课程内容数字化，深入推进"中小学教师信息技术应用能力提升"工程，促进教师信息技术应用能力、学科教学能力和专业自主发展能力的全面提升。另一方面加快教师教育手段信息化，大力建设"网络空间人人通"和教师网络研修社区，构建技术支持、资源共享式的教师专业成长新模式。此外，江苏还努力加快推进教师教育管理信息化，建立教师教育共享联盟和公共资源交流平台，深入实施"一师一优课，一课一名师"工程，有效推动全体教师参与教育资源库建设。充分利用信息化管理平台，完善网络环境下教师培训模式，探索建立教师自主选学机制。

2015 年 2 月,江苏省在南通召开全省教育信息化建设工作会议。省教育厅沈健厅长在会上指出江苏教育信息化工作要重点实施好"五项工程"。一是实施智慧教育基础环境提升工程。实现课堂教学、教师教研、学生学习、教学管理和评价、家校沟通、学校安全管理的数字化、网络化、智能化。二是实施智慧教育资源服务提升工程。实现"一站式"教学资源服务,及时推送优质教学资源,特别是主动向农村学校推送优质教学资源,提供多样化的接触界面,优化学习者体验,真正实现优质教学资源"班班通"、网络空间"人人用"。三是实施教育治理信息化水平提升工程。实施标准化、精细化、智能化的教育管理和科学决策,健全教育治理体系,提高教育治理能力。四是实施信息技术应用能力提升工程。对全省中小学、幼儿园教师分年度分层次组织不少于 50 学时的专项培训,实现信息技术与教育教学深度融合。五是实施智慧教育应用融合示范工程。组织智慧课堂示范建设,开展慕课、微课、翻转课堂、电子书包等新型教学模式和新型载体的试点示范工作。整合信息网络系统和学习资源,满足电视机、计算机、手机等不同终端人群的学习需求。

在教育信息化优质均衡发展时期,全省各地学校不断完善建设机制,坚持以信息化带动教育现代化,全力推进"三通工程""两大平台"建设,进一步促进信息技术与教育教学的深度融合,国家教育信息化达标率达到 82%。教育信息化统筹力度不断加大,顶层设计更加科学,机制建设更加完善。优质教育资源覆盖面不断扩大,基础设施建设逐渐夯实,全省各市县区以多种方式解决校园宽带接入"最后一公里"问题,义务教育学校"宽带网络校校通"建设得到长足发展,"优质资源班班通"建设不断深入,名师示范辐射作用不断彰显。

第二节 B 区教育信息化政策执行及其效果

20 世纪末,江苏省政府出台《江苏省教育现代化实施纲要》,要求用 5~10 年时间,在全省中小学普及信息技术教育,以信息化带动教育现代化。21世纪初，江苏省教育厅下发《关于大力推进中小学教育信息化的意见》，此后，中小学"校校通"工程在苏南地区、苏中部分地区启动。2007年，江苏省教育厅依据《江苏省县（市、区）教育现代化建设主要指标》，启动县（市、区）教育现代化创建工作。2007年，江苏省政府在全省实施"送优质教学资源下乡"工程。2010年，江苏省政府启动了义务教育优质均衡发展和改革示范区建设，教育信息化普及程度成为全省区域义务教育优质均衡发展建设标准和评估依据的重要内容。2012年12月，省政府办公厅下发《江苏省教育信息化三年行动计划（2013—2015年）》，明确全省教育信息化的阶段目标。2013年9月，江苏省教育厅颁发《江苏省教育信息化建设指南（试行）》及《江苏省国家教育信息化达标率评价标准（试行）》。2015年1月，江苏省颁布《江苏省"十三五"教育信息化发展专项规划》，以此推动全省教育信息化快速发展，促进优质教育资源共享与融通。

在B区教育信息化建设的进程中，不同时期的工作侧重点是不一样的，并表现出鲜明的阶段性特点。研究者认为，B区教育信息化发展经历正如同全省教育信息化的历程一样，也顺序经历了基础建设时期、全面发展时期和优质发展时期。本章节着重研究的是B区教育信息化建设优质发展时期的政策执行情况。B区教育信息化优质发展与该区义务教育优质均衡发展示范区建设、教育现代化示范区建设紧密相关，它以一种内嵌的形式存在于后两者之中，并发生着相互促进与推动的作用。2010年，B区人民政府颁布了《B区深入推进教育现代化建设工作意见》（B政发〔2010〕11号）。2011年，B区人民政府下发《B区关于深入进行义务教育学校教育信息化建设的通知》，第一次以专项政策的形式予以推动教育信息化的发展。2013年11月，B区人民政府又下发了《B区关于创建教育现代化示范区工作意见》（B政发〔2013〕68号），其中对全区新一轮教育信息化工作进行全面安排。5年时间，B区各乡镇、街道、学校等单位都融入了新一轮教育信息化工程建设之中。B区在新一轮教育信息化政策的执行过程中，形成了"区委、区政府——区教育局——乡镇政府、街道、园区管委会——学校"政策执行链条。那么，在发达地区新一轮教育信息化建设的过程中，其政策链条上的政策相关者是如何执行政策的呢？笔者用个案研究的方法，对 B 区新一轮教育信息化建设的政策执行情况进行考察。

一　硬约束的力量：区政府的强力推进

B 区区委、区政府在认真贯彻落实省教育现代化政策的同时，根据区域实际情况制定一系列支持教育信息化发展的政策，并在政策执行中以教育信息化建设带动教育现代化发展。从 2010 年以来 B 区启动高水平教育现代化建设的过程来看，新一轮教育现代化创建标准高、区域经济压力大、示范性意义强等因素都影响着创建工作的进度与质量。为了有力而顺畅地推进创建工作，一方面，B 区区委区政府确立"以党的十七大精神为指导，坚定不移地实施'科教兴区'和'人才强区'的发展战略，落实教育优先、超前发展的战略地位，积极加快教育信息化发展速度，推动教育现代化示范区创建，大力促进义务教育优质均衡发展，深入实施素质教育，深化教育改革，全面促进 B 区'两个率先'及实现社会结构、产业发展和区域功能的三大跨越"的教育现代化创建工作指导思想。另一方面，B 区区委、区政府全面客观分析区域教育现代化建设的现实状况，有针对性采取以教育信息化建设为突破口，加强统筹发展的教育现代化示范区创建工作思路。为此，B 区区委、区政府采取了多种政策行动。

1. 硬约束的力量：行政推动

2010 年，B 区被江苏省教育厅确定为首批义务教育优质均衡改革发展示范区试点单位。自此，B 区开始了义务教育优质均衡发展的先行探索。2011 年，B 区人民政府下发《B 区关于深入进行义务教育学校教育信息化建设的通知》，明确了教育信息化在义务教育优质均衡改革发展示范区建设中重要地位。2012 年，B 区依据《江苏省教育信息化三年行动计划（2013—2015 年）》，多次组织召开由专家、校长和教育行政人员参加的专题会议，分析现状，寻找差距，研究对策，制定区域教育信息化工作目标。2013 年 10 月，B 区教育局组织校长及相关人员学习《江苏省教育信息化建设指南（试行）》及《江苏省国家教育信息化达标率评价标准（试行)》，对全区教育信息化工作进行深入调研，并及时将调研的数据信息、发展状况以及与《江苏省国家教育信息化达标率评价标准（试行)》之间的差距向区委、区政府做了汇报。通过深入分析，大家认为，教育信息化建设必须进一步加大教育投入，加强信息化基础设施建设与优化，充分发挥现代信息技术优势，注重信息技术与教育的全面深度融合，扩大优质教育资源共享范围，促进教育公平的实现。要根据B区城市核心区、国际化湖湾新城区的建设要求，不断提升教育信息化标准，积极探索新形势下教育教学新模式，满足区域民众对优质教育的需求，切实提高社会对教育的认同感和满意度①。B区区委书记YF对教育信息化建设也做出了批示，要求"区委区政府统筹规划，突出重点，以教育信息化建设为引领，全力推进新一轮教育现代化创建工作，确保2015年创建'教育现代化示范区'工作任务高质量完成②"。

B区在行政推动教育信息化工作中，主要采用了签订责任状与年度考核两种方式。在第一次教育现代化示范区创建工作会议上，B区人民政府区长YF（后提拔为B区书记）就与创建工作相关的部门、乡镇及街道签订了教育信息化建设工作责任书，明确创建工作的内容、标准以及完成的时间。此外，为了保证创建工作在各单位年度工作中有一定的分量，B区区委、区政府还把教育信息化建设工作纳入了乡镇、街道和部门的年度考核，并赋予相当大的权重与分值，每到年底进行评比、表彰。这两种行政推动的方式有力地保障了B区新一轮教育信息化的经费投入，提升了B区新一轮教育信息化的建设质量，加快了B区新一轮教育现代化的发展进程。

2. 权威性激励的"广场效应"：会议落实

在B区，每当遇到重大的创建活动，区委、区政府往往会采取召开会议的方式予以推进。会议一般分为开始阶段的动员大会、行进过程

---

①　见B区教育局2013年10月29日《关于创建教育现代化示范区有关情况的汇报》。

②　参见YF在2013年"全县教育工作会议"上的讲话。

中的推进大会、阶段节点上的汇报会。2013 年 10 月 29 日，B 区教育信息化建设工作动员大会在 B 区会议中心召开。B 区区委、区政府、区政协和区人大四套班子成员、各部门、各乡镇街道园区主要领导和分管负责人及各类学校的校长都参加了这次会议，动员大会由区人民政府 GP 代区长主持。在会上，分管教育的副区长 CH 同志宣读了《B 区关于加快教育信息化建设步伐的通知》（B 政发〔2013〕69 号），教育局局长 QJ 同志就教育现代化示范区创建中的教育信息化建设工作作了发言，最后，区委书记 YF 同志作了重要讲话。YF 同志指出：教育信息化建设是普及高质量基础教育，最大限度实现教育均衡、协调发展，提高全民教育水平的需要；是贯彻区域教育优先发展战略，发挥教育基础性、全局性、先导性作用，推动教育现代化的需要；是践行群众路线，率先形成学习型社会的需要。我们必须对照国家教育信息化标准，细找差距，迎头赶上，确保 2015 年高质量、高标准通过教育现代化示范区省级评估①。大会结束后，由分管教育副区长 CH 主持召开创建工作推进会。在此会上，CH 宣读了"关于成立 B 区教育信息化建设工作领导小组的通知"，区长 GP 任组长，组员包括区财政局、区教育局、区公安局、区电信局、区人力资源和社会保障局以及园区、乡镇、街道等级主要负责人。领导小组下设创建工作办公室，办公室主任由教育局局长 QJ 同志担任。创建办公室又下设 9 个创建工作组，分别为网络建设组、师资建设组、基础设施组、协调联络组、安全建设组、现代化监测组、宣传报道组、督查推进组、资料整合组。

无论是教育现代化示范区创建工作动员大会，还是教育信息化建设工作推进会，我们都可以从中看到开会是教育政策执行的一个有效方式，并已经成为我国常态化的政策运行机制。教育的国家意志和国家性质通过开会这一政策运行方式深刻而又自然地嵌入民众的生活之中，并积极而有效地引发出普通民众对国家意志的认同与支持。这可从 B 区

---

① 参见 YF 在 2013 年 10 月 29 日"B 区教育现代化创建工作动员大会"上的讲话（2013 年第 12 期《滨湖教育》第 1 页）。

各相关科局、乡镇街道、园区管委会和各学校层层落实的会议中看出，正是这种严谨而有序的科层制组织会议，把教育政策执行所要表达的要素传达到每一个最为微小的行政组织。

二　威权性激励与管制：教育局的政策落实

在B区教育信息化建设工程中，B区区委区政府是这一工程的领导单位，负责对全区教育信息化创建工作进行全面部署。区教育局负责具体落实、协调和组织实施，并做好此项工作的检查与督促①。但在教育信息化创建的实际工作中，教育信息化的建设规划往往是由教育局草拟初稿的，然后报给政府分管领导后，组织讨论、研究和修改后，由区政府常务会议研究后，在区委常委会上拍板发文。由此可以知道，区教育局在教育信息化建设工作中不仅是政策执行的主体，它还是政策制定的主体之一。因此，区教育局在教育信息化创建过程中，既要全面而准确地解读省级政府及教育主管部门关于教育信息化建设的相关文件，又要充分了解和掌握本地区经济社会发展的状况，从而制定出较为科学的创建方案，做出合理而恰当的策略选择，以期确保教育信息化建设这一"政治任务"的顺利完成。为此，他们采取了一系列的行动。

1. 对省级教育信息化政策进行解读

省级层面的教育政策往往以原则的、抽象而又宏观的形式呈现，而在具体的政策执行过程中需要政策执行者对这些宏观的政策文本进行准确的理解与分析，并建构起适应于本土实际的政策实施方案。那么，B区教育局在教育信息化建设过程中，是如何对这些宏观的政策文本进行解读并转化本土化的行动方案的呢？

（1）对《江苏省教育信息化三年行动计划（2013—2015年）》进行解读

2012年，江苏省人民政府颁布《江苏省教育信息化三年行动计划

———————

① 见B区人民政府《B区关于创建教育现代化示范区工作意见》（B政发〔2013〕68号）。

（2013—2015 年）》。B 区教育局从提升教育信息化建设水平、构建现代教育体系、努力办好人民满意的教育出发，对《江苏省教育信息化三年行动计划》进行了深入解读。B 区教育局认为：三年行动计划的基本原则是为每一名学生提供个性化学习与终身学习所需的信息化环境和服务。B 区必须根据本区域教育特点和各乡镇街道经济发展水平，统筹做好区域教育信息化整体规划，强化顶层设计，以教育信息化的发展推进教育现代化示范区的创建。信息化建设要紧贴师生现实需要，开发应用优质数字教育资源，真正使现代信息技术融入教学和管理之中，切实避免建而不用、闲置浪费。教育信息化的重点是探索现代信息技术与教育的全面融合，特别是在教育内容、教师教学、学生学习、教育管理、教师研修等方面的融合，发挥信息技术在教育改革发展中的支撑引领作用，推动教育理念、教育模式和学习方法创新。B 区教育局在细致解读《江苏省教育信息化三年行动计划》的基础上，认为 B 区教育信息化近阶段的主要目标是扩网、建库、培训队伍、优化管理，以"三通两平台"（宽带网络校校通、数字资源班班通、学习空间人人通和教学资源公共服务平台、教育管理公共服务平台）建设为抓手，充分利用信息技术手段改革教学模式、创新学习方式、提升管理水平，全面建成涵盖区域内各类教育的教育信息化公共服务体系，国家教育信息化标准达标率达到 90% 以上，形成与教育现代化发展水平相适应的教育信息化建设新局面。B 区教育局副局长 QHQ 在对照省三年行动计划具体要求后认为："我区教育信息化基础设施比较好，教师信息化能力建设已积累一定的经验，目前最大的问题是教育资源数据库的缺陷和教育信息化体制的不健全。这些问题有的不是用钱就能解决的，当然信息化设施的更新换代也需要大量的经费投入，这需要区委区政府统筹安排。"针对三年行动计划中基础教育信息化发展水平的指标要求，B 区教育局在充分调研后的报告中指出：本区 90% 基础教育学校已建成数字校园，并以不低于 1000M 到校、100M 到班的带宽接入，信息技术装备没有达到《江苏省中小学教育技术装备标准》Ⅰ类要求的学校只有四五所。学校教育管理信息系统建成，教育信息化公共服务平台应用相对广泛，信息化环境下学校教学模式变革取得一定突破。但是，教师队伍还没有实现人人开通实名制网络学习空间，在利用信息技术改变知识呈现、实施教学评价、开展个性化学习、实现教学过程与信息技术有效融合方面还有较大的差距；学生应用信息技术发现、分析和解决问题的能力尚需要增强。通过对《江苏省教育信息化三年行动计划》的解读，政策的相关执行者以现状观照指标要求的方式，发现了区域教育信息化发展现实的问题与差距，为有针对性富有成效地解决问题提供了基础依据。

（2）对《江苏省教育信息化建设指南（试行）》进行解读

2013年9月，江苏省教育厅印发《江苏省教育信息化建设指南（试行）》及《江苏省国家教育信息化达标率评价标准（试行）》，B区教育局高度重视，从教育信息化引领教育现代化的视角对这两个文件进行细致解读。B区教育局认为，《江苏省教育信息化指南》详细制定了教育信息化建设目标、建设原则和建设内容，在应用服务、基础设施、数字资源的基础上提出了师生发展与机制保障的指标要求。B区教育局认为当下教育信息化的主要工作，一是建设数字化校园，加快B区校园环境数字化升级与改造，实现信息系统互联互通，促进学习方式和教育模式变革；二是要突出信息技术与教育教学的全面整合，坚持教育信息化应用为核心，推进"云服务"建设。对于教育信息化师生发展方面，B区教育局的观点是：学生发展要注重学生教育信息化态度与思想意识的培育，养成其利用信息技术解决学习和生活中的问题的意识，激发其运用信息技术开展创新性学习的欲望；教师发展要培养教师主动引导学生利用信息技术进行更好的学习和生活的意识和态度，提高教师运用信息技术进行课程整合与教学变革的能力，促进教师利用信息技术对教学过程、教学资源、教学活动进行有效的管理。对于应用服务，B区教育局认为本区域主要要抓好"云服务"模式与自建服务模式建设。数字资源建设要体现从"集中建设"向"群建共享"转变，从支持"以教为主"向"学教并重"转变，从"资源预设"向"资源生成"转变。对于教育信息化建设，B区教育局装备站主任 DBX 说：

> 教育信息化建设，机制保障的作用不可忽视。我们区要想快速提升教育信息化水平，当务之急是加强组织架构、提高教育信息化领导力，加大资金投入、人员培训等相关制度建设。唯有这样，教育信息化建设才能得以落实，才不会出现工作的形式化。①

（3）对教育信息化建设检查评估环节的解读

B 区教育局从以往接受省市级各项教育检查评估验收的经验来看，教育信息化检查评估将会以"检查资料台账、听取工作汇报、现场考察学校、人员问卷访谈"等几个环节来获得对检查对象的整体认知，并给予综合打分，作出整体评价。由于教育信息化的检查评估往往与教育现代化建设的检查验收一并进行，省教育评估院特别注重教育信息化建设的相关数据与教育现代化上报数据的吻合与关联。对此，B 区教育督导室主任 HWD 说：

> 教育信息化建设，做的工作要准确无误地体现出来。怎么体现？就是你的台账资料要规范，数据口径要统一。②

2014 年 3 月 16 日，B 区教育局召开"全区教育信息化建设暨教育现代化迎工作会议"，在会议上，B 区教育局基教科科长 LJZ 说：

> 这次检查，是教育信息化与教育现代化工作的双重检查。看起来是一次检查，但意义却是双重的。由于检查组成员是一班人马，他们会把两项工作的台账对照起来看。所以说你们各单位的迎检资料各项数据要统一，一律以学年初统计报表为准。校长要与会计、

---

① 来自访谈录音：2013—10—12—DBX。
② 来自访谈录音：2013—1012—HWD。

资料统计员碰头，数据统计一个标准，要相互关联。①

B区教育局督导室副主任XZW告诉笔者说：

> 至于听取工作汇报，就是检查组听取的一定是区长的汇报，分管区长也不行，要体现对检查组成员的尊重。现场考察的学校一般是由考察组来定的，但如果抽到特别差的学校我们也会与检查组协商，或说去这个学校的道路目前正在整修。②

2. 制定区域教育信息化建设工作方案

区域教育信息化政策的具体落实，需要由教育信息化政策执行的相关组织或人员在细致解读政策的基础上，明晰政策要求和实施标准，进而落实政策责任，采取适应本土实际情况的政策行动，它是省级教育信息化政策在一定区域内具体化的过程。2010年，B区政府就根据《江苏省关于大力推进中小学教育信息化的意见》和《江苏省县（市、区）教育现代化建设主要指标》，颁布了《B区深入推进教育现代化建设工作意见》（B政发〔2010〕11号）；2011年，B区人民政府又颁发了《B区关于深入进行义务教育学校教育信息化建设的通知》。2013年，B区根据《江苏省教育信息化建设指南（试行）》及《江苏省国家教育信息化达标率评价标准（试行）》的相关要求，制定下发了《B区关于创建教育现代化示范区工作意见》（B政发〔2013〕68号）和《B区关于加快教育信息化建设步伐的通知》（B政发〔2013〕69号）。两个文件明确指出了教育信息化建设工作的指导思想和基本原则，制定了教育信息化建设工作目标和具体措施，并以附件的形式下发《B区教育现代化示范区创建工作任务推进时间表》。在《B区教育现代化示范区创建工作任务推进时间表》中，明确了教育信息化建设的具体工作任务、

---

① 来自访谈录音：2013—1012—LJZ。
② 来自访谈录音：2014—11—03—XZW。

完成时间、工作标准及其项目责任人。9个职能工作组又根据工作意见和时间表制定了分项的工作要求，教育信息化政策在执行组织的机制运作中逐步得以落实。

3. 采取针对性措施，加强对政策执行的控制

在一个县级行政区域内，教育信息化建设需要政策执行的各个相关单位以及相关人员的协同配合与全力支持，唯有如此才能保障教育信息化政策的顺畅执行。为了保证本区域内教育信息化建设目标的实现，促进教育信息化政策相关的部门、乡镇（街道）、学校等单位按照省教育信息化达标率评价标准推进本单位的教育信息化建设工作，B区教育局采取了如下具体措施。

（1）建立专门组织，分解创建任务

2010年10月，B区教育局在义务教育优质均衡发展示范区建设中，就提请区委区政府成立了"B区义务教育优质均衡发展工作领导小组"。组长由时任区长YF同志担任，副组长由区政府分管教育副区长CH同志担任，成员由教育局、财政局、人社局等11个单位负责人担任。此领导小组的设立，对全区义务教育优质均衡发展起到了统筹协调和全面领导的作用。2013年10月，在B区教育信息化建设工作动员大会上，B区人民政府又成立"B区教育信息化建设工作领导小组"，区长GP任组长，成员包括区财政局、区教育局、区公安局、区电信局、区人力资源和社会保障局以及园区、乡镇、街道等单位主要负责人。领导小组下设创建工作办公室，办公室主任由教育局局长QJ同志担任。创建办公室又下设9个创建工作组，分别为网络建设组、师资建设组、基础设施组、协调联络组、安全建设组、现代化监测组、宣传报道组、督查推进组、资料整合组。通过成立教育信息化建设领导小组、设置创建工作办公室和教育信息化建设分项工作组的方式，B区教育局分解了教育信息化建设的工作任务，落实了相关部门和工作人员的职能和责任，紧密地联结了政策执行者和政策目标之间的关系。

（2）实行项目推进，强化属地责任

为了更好地推进教育信息化政策的执行，B区在教育信息化建设工

作中还采用"项目推进，属地负责"的方式，促进《江苏省国家教育信息化达标率评价标准（试行）》的相关目标有效而快速地实现。B区认为，新一轮教育信息建设需要着力解决的问题主要在三个方面：第一，区内各中小学教育信息化发展现状不平衡，部分学校教育信息化基础设施亟须更新升级。按照《江苏省国家教育信息化达标率评价标准（试行）》要求，"各级学校要全面覆盖需联网场所，并能安全、方便地接入互联网；数据中心主机（服务器）选择标准 PC 服务器，并根据应用系统的技术和性能要求可考虑虚拟技术应用；每个班级配备 1 套多媒体教学设备（含投影机、视频实物展示台、计算机等）；学生数与学生用计算机比例达到 6∶1；计算机终端依据《关于在全省教育系统推进计算机软件正版化工作的通知》（苏教信办［2013］4 号）安装正版软件；每所学校配备 1 套教育卡系统，软、硬件结构要求设计合理，满足系统设计要求，具备安全性保证，使用方便。"① 而在 2012 年年底，B区教育信息化基础设施建设的现状是：全区仅有 23 所学校建成全面覆盖需联网场所，占比不到全区学校数的 1/3；各学校数据中心的主机配置多种多样，有的甚至是杂牌机；学生数与学生用计算机比例达到 9.6∶1；计算机终端极少有安装正版软件；教育卡系统全部没有安装。对照省定标准，B区仅教育信息化基础设施建设就需投入资金 2.7亿元。② 第二，数字资源建设任务重。调查发现，至 2012 年年底，B区没有一个学校接入上级单位（区、市、省、国家等）建设的中小学数字图书馆系统；校本选课系统 90% 以上学校没有建立；公开示范课录制没有专业级录像和录音设备；个性化学习资源缺乏，类型单一，更新速度慢。与省定国家教育信息化标准相比，B区教育信息化仅数字资源建设就需要投入资金 1.3 亿元。第三，师生教育信息化素养培养困难大。大部分学生没有一个虚拟的、彼此联通的个人学习空间，多数学生不能进行个人学习资源管理、网络交流、在线测试、选修课程等各种网

---

① 参见《江苏省国家教育信息化达标率评价标准（试行）》。
② 参见《2012 年 B 区教育信息化发展现状及对策建议》。

络学习活动，多数学生没有掌握正确的数字化学习方法，数字化学习效率不高；教师队伍中能利用信息技术获取教学资源、改进教学方法、进行课堂教学和参加教学研讨的人数不多，还有相当一部分教师不能利用课件制作工具制作或改造多媒体课件用于教学，不能利用信息技术记录和反思自己的专业发展，不能利用信息技术对学生发展和教学过程进行评价。① 由此可见，B 区新一轮教育信息化工作虽有一定的基础，但工作的任务及困难仍然很大。为了推进本区新一轮教育信息化建设，B 区结合教育现代化示范区创建工程，相继实施"教育信息化基础设施建设项目""教育信息化数字资源建设项目""教育信息化师生发展项目"等一些重点建设项目。针对区域内不同学校教育信息化的发展现状，B 区采用分年度分批次项目引领的方式，有目的地化解工作难点，有序地促进教育信息化建设的深入进行。2013 年，56 所学校申报"教育信息化基础设施建设项目"，11 所学校申报"教育信息化数字资源建设项目"，38 所学校申报"教育信息化师生发展项目"；2014 年，12 所学校申报"教育信息化基础设施建设项目"，52 所学校申报"教育信息化数字资源建设项目"，26 所学校申报"教育信息化师生发展项目"；2015 年，5 所学校申报"教育信息化数字资源建设项目"，4 所学校申报"教育信息化师生发展建设项目"。②

　　B 区教育局在实施新一轮教育信息化建设工作中，实施"政府统筹经费，工程属地负责"的方法，充分调动乡镇、街道和学校的工作积极性，引导乡镇、街道和学校担当教育信息化政策执行的相关职能。从 B 区教育信息化政策执行的过程来看，多数乡镇、街道和学校都以积极主动的心态参与教育信息化建设。究其原因，其一是利益的再分配。区政府负责教育信息化建设的经费统筹，实际上也操控着此经费的分配。在教育信息化建设过程中，区政府掌控的经费倾向于哪一个项目？投入给哪一个乡镇、街道和学校？投入多少数额？是第一期还是第二期投

① 参见《2012 年 B 区教育信息化发展现状及对策建议》。
② 参见《B 区新一轮教育信息化建设工作简报（第二期）》。

入？这些因素都影响和关系着乡镇、街道和学校对教育信息化建设的认识和行动。其二是行政推动的作用。B区在教育信息化政策执行中，多采取"自上而下"的行政推进模式。区政府是乡镇政府、街道办事处的上级行政领导，乡镇政府、街道办事处、教育局又是学校的直接领导，由此在教育信息化政策执行中表现出明显的"自上而下"的行政特征，乡镇、街道和学校积极主动地执行政策，更多的是对"自上而下"政策执行路径的认同与服从。

（3）加强过程管理，实施监测评估

早在2007年，B区就通过了江苏省教育现代化县区评估验收，教育信息化基础设施建设取得了一定的成效；2010年，B区又启动教育现代化高位发展的自主探索，教育信息化发展开始由关注"物"的配置走向关注"人"的发展；2013年，B区正式开始创建省教育现代化示范区，同时开启了新一轮教育信息化建设。为了确保教育现代化示范区创建工作的高质量完成，B区教育局以《江苏省教育现代化指标体系》为蓝本，以本土化的创建方案为标杆，对照《江苏教育现代化建设监测评估实施办法》《江苏省教育信息化建设指南（试行）》及《江苏省国家教育信息化达标率评价标准（试行）》，在政策执行中实施监测评估，在监测评估中促进教育信息化政策执行，有力地推动了区域教育现代化示范区创建工作。B区人民政府督导室HWD主任说：

> 我区教育现代化示范区创建工作是与省义务教育优质均衡示范区创建同步进行的，教育信息化建设是其中的重要内容。我们在高分通过国家义务教育基本均衡验收之后，随即开展了省义务教育优质均衡示范区创建和教育现代化示范区创建工作。在这三项创建工作中，教育督导室充分发挥自身的督查指导职能，特别是对教育信息化创建情况的监测评估，使我们知道了教育信息化建设工作差距在哪里，工作的着力点应放在什么地方。而且，伴随着整个创建过程的监测评估，教育信息化建设中的问题容易被及早发现，也就是

说便于我们及时地整改，这样就保证了教育现代化示范区创建工作的质量与进度①。

监测评估是政策执行过程中及时知晓政策执行情况，修正调控政策执行的有力工具。B 区教育局通过建立"监测评估"制度，充分而及时地掌握本区教育信息化政策执行的成效与问题，同时为有效的激励与督促提供了事实依据，是减少区域教育信息化政策执行失真的有效策略之一。

三　全景式建设：HD 镇政府的上下联动

HD 镇是中国小城镇综合改革试点乡镇，位于 W 市西南，历史源远流长，区位优势突出，境内湖山相依，青山绿水环绕，是镶嵌在太湖之滨的一颗璀璨明珠。辖区总面积 36 平方公里，户籍总人口 5.3 万，下辖 9 个行政村、1 个社区、1 个居委会、1 个茶场、1 个林场。辖 LT、ZS、MC、HD、HX、LY、MA、FA、XD 9 个村委会以及 HHY 社区和 HD 居委会。近年来，HD 镇突出转型提升，力促跨越发展，奋力开创经济社会又好又快发展新局面。2012 年，完成工商两业纳税销售 223 亿元，其中，工业纳税销售 173 亿元，三产纳税营销 50 亿元；规模以上工业总产值完成 64.5 亿元；完成财政收入 7.5 亿元，一般预算收入 3.1 亿元；完成全社会固定资产投资 38 亿元；到位注册外资 1500 万美元。HD 镇是 W 市的重点工业开发园区，也是 B 区工业发展的主要承载地。2012 年之前，H 镇有 1 所三星级高级中学、1 所初级中学、1 所中心小学、3 所村级小学。3 所村级小学规模较小，其中有两所小学学生数都不超过 150 人，且教学质量不高。那么，在教育现代化示范区创建过程中，HD 镇采取了哪些政策行动推进本镇的新一轮教育现代化建设的呢？HD 镇镇长 HW 说：

---

① 引自访谈录音：2014—12—10—HWD。

2010年，HD镇小学有11所，虽说全区已经于2007年通过了江苏省教育现代化验收，但由于学校数量多，当时的办学条件基础差，学校除镇中学、中心小学配备"五机一幕"外，其余学校信息化设施基本没有。加上由于HD地处边远，好教师留不住，就是有几台胶片式投影机老师也不会用。教育质量要提高，必须要改革陈旧的教学方式，教育信息化是当前教育主动适应社会变革的应然追求。2010年，我们开始加大投入进行教育信息化基础设施建设，筹措资金1100万元用于全镇中小学教育信息化设施改造升级。2012年，我镇又新建成一所48班建制小学，立足高标准，投入相应配套的经费购买现代化信息技术教育设备，仅LR小学校园网、微机教室、各教室班班通设备就投入资金800万元。2013年，我们又申报区教育信息化基础设施建设和师生发展项目，共计投入经费1800万元。其实镇里的经费也是很紧，但我们考虑到辖区内1400家工厂中大量的务工人员子女要上学，要上好学，我们在区级财政的支持下，自加压力，勒紧裤带办教育。就拿LR小学来说，整体新建一个学校总投入1.5亿元，而区级财政补助我们就是1000万元，多数经费还是我们镇里负担。现在我们HD镇，从幼儿园到小学，再到高中，校舍和教学设施现代化水平都是全区最好的。①

从HW镇长的言谈中，我们能够感受到他及HD镇党委政府领导班子成员对教育及教育信息化建设的真诚与热情。他们期待把握"教育现代化工程创建"的契机，促进自己治下区域教育信息化水平的再次提升。同时我们也看到了经济发达地区行政领导对教育信息化政策的深刻理解和高目标定位。

为了更多地了解HD镇教育信息化建设的情况，笔者还访谈了HD镇分管教育的副镇长QJ。他告诉我说：

---

① 来自访谈录音：2014—9—16—HW。

教育信息化工程建设对于我们镇的教育发展是一个非常好的契机,我们没有理由不做好。第一是因为这一政策推进,学校的办学条件、教学质量、管理水平和师生发展等都会有一次新的飞跃;第二是这一政策是区政府推进的,是政府工程。即使有再大的困难,我们也要迎难而上,不能给我们区拖后腿。从2010年起,我们HD镇对教育信息化的投入都是大手笔。新建了LR高级中学后,接着又先后新建了LR小学、LR幼儿园,今年又启动了HD初中的异地新建,所有新建学校教育信息化设施全部以最高标准配置到位,可以说我们镇党委、政府的主要领导对教育有着很深的情结,对教育信息化与教育教学质量提高之间关系的认识非常深刻。2013年,为了LR小学数字化校园建设,由我们镇政府牵头,号召园区内的重点企业捐资助学,仅一期募集就收到捐款2600万元,解决了LR小学、LR幼儿园的数字化校园所需经费问题。下一阶段,我们还要加强教育信息化师资的培训,只有这样,我们HD片区的教育质量才能有所保证。①

对于义务教育阶段学校的经费投入,国家规定是"以县为主",但在B区HD镇,教育发展投入的经费大部分是乡镇承担的,其间还有相当一部分的经费来自于企业捐款。这表明在经济发达地区B区,即便是义务教育阶段,学校建设与发展的经费来源渠道也是多元的,"以县为主"的体制并没有得到一成不变的落实。乡镇及街道在教育信息化建设中的主体责任感和积极态度,有效地化解了教育信息化建设中经费投入的问题。也正是充足的经费投入,使得B区教育现代化示范区创建取得显著的成绩。从2010年6月至2015年8月,B区HD镇除原中心小学在原地扩建外,新建2所幼儿园、1所小学、1所高中,1所初中正在建设中,总投入计9.8亿元,2007年省县域教育现代化验收时的校舍基本上都已被新建或改造一新的校舍所取代,教育信息化基础设

① 来自访谈录音:2014—9—16—QJ。

备实现了更新和升级，校园网渐趋完善，学校数字资源建设得到重视，教育信息化应用服务功能不断增强。在 2014 年江苏省义务教育优质均衡验收检查中，HD 镇的义务教育均衡发展水平、教育现代化建设水平受到评审专家的高度评价。

四　政策的"为我所用"：LR 小学的全方位探索

"基础教育现代化，指的就是以更高水平来普及教育，以更加惠及全体的教育公平为重点、以更加丰富的优质教育为核心、以更加健全的教育体系为保障、以更加灵活的教育机制为动力的教育基本现代化实现过程①。"在教育现代化示范区建设过程中，B 区以教育信息化建设引领教育现代化发展，各学校走出单纯注重基础设施建设的误区，开展了物、人、网与课程教学等元素综合的全景教育信息化探索。

1. 动态更新，优化基础设施配置

20 世纪 90 年代，HD 镇教育在区域教育现代化试点工程中先行发展，镇中学、中心小学校校装备校园广播，班班配置"五机一幕"，中心小学还建有"红领巾"电视台。2005 年至 2007 年，B 区推进区域现代化工程，HD 镇学校教育信息化基础设施建设又有了质的变化，镇属中小学都配置了符合教学需要的计算机教室。2010 年后，随着 B 区创建义务教育优质均衡发展示范区工程、教育现代化示范区工程、教育信息化建设深入发展，HD 镇中小学教育信息化基础设施换代升级，校园网络不断完善，教学资源逐渐丰富。可以说，HD 镇中小学教育信息化建设一直在动态发展中提升品质。以 LR 小学为例，LR 小学现有 32 个教学班，1288 名学生，88 名专任教师。学校占地面积 46662 平方米，建筑面积 21966 平方米。学校班群化教室、微格教室、音乐专用教室、美术专用教室、科学专用教室、劳动技术教室、信息技术教室、报告厅、图书馆、阅览中心、学生餐厅等专用教室内教育信息化设施一应俱全，班群化教室中配备最为先进的交互式电子一体机，其校园教育信息

---

① 刘利民：《扎实推进基础教育现代化》，《中国教育报》2015 年 5 月 14 日第 2 版。

化设施全部按照江苏省学校现代化一类标准进行配置。那么，在 B 区教育信息化建设进程中，HD 镇中小学校全部被评为 W 市教育现代化学校，学校教育信息化发展经历了什么过程？学校采取了哪些行动策略呢？学校以及学校中的人又是如何应对教育信息化建设的相关要求的呢？在访谈中，LR 小学副校长 JFG 说：

> 我是 1981 年中师毕业就来到 HD 镇教书的，从村级小学到中心小学再到 LR 小学，我是真切看见 HD 镇小学的教育信息化的发展与变迁。1995 年以前，我们 HD 镇小学，老师上课基本上是"一支粉笔一张嘴"，中心小学还能有一些教具，至于村级小学，什么教学辅助设备都没有，连上课用的信号也还是敲挂在树上的钟。教育现代化试点工程实施后，我们镇的中心小学一开始是班班配置"三机一幕"，即：电视机、录音机、幻灯机和投影幕。1998 年左右，每班又加配了 VCD 机、照相机，实行班班配置"五机一幕"。2000 年，学校又配置了一个 56 台电脑的计算机教室，到 2004 年，这些电脑基本没用了，太慢，损坏很多。2005 年，学校去镇政府请款 100 万元，配置了 2 个高标准的计算机教室。2009 年，中心小学班班装置液晶投影仪；2010 年，中心小学新建 1 间微格教室；2013 年，B 区开展教育现代化示范区创建，全镇中小学实现校园网络班班通。我现在任职的 LR 小学，是一所新建学校，教室都配置交互式电子白板，微格教室、计算机教室、数字信息化演示教室等一应俱全。这二十年，我镇学校教育信息化发展非常快，设备越来越好。[①]

从 JFG 副校长的访谈中，我们看到了 HD 镇人民政府在学校教育信息化建设中的政策路径及其建设历程。他们从本区域的实际情况出发，分阶段动态更新学校教育信息化设施。其中既有对区域经济发展能力的实际考量后投入"小步子"，又有区域教育现代化政策裹挟前行的发展

---

①　来自访谈录音：2014—11—17—JFG。

"大手笔"，并在时机成熟的情况下，新建高水平教育信息化学校，促进区域内义务教育优质均衡发展。LR 小学工会主席 ZJF 曾经是一所村级完小的校长，他告诉笔者说：

> 这些年，学校的变化真是日新月异。从 90 年代教育现代化试点，到新世纪初期的区域教育现代化创建，再到义务教育均衡发展、教育现代化示范区建设，我们这些农村学校的教育信息化条件得到很大的改善。以前我做校长的学校有一个胶片式的投影仪就当宝贝一样，兄弟学校来借我都不想借，现在我们 LR 小学班班都是交互式一体机，全校处处网络化。学校也十分重视教师队伍建设的现代化，除了学历要求外，信息技术水平、课件制作能力都对教师提出了相应的标准，现在全校教师无论老少，教室中的交互式电子白板运用得都很娴熟，学校网站上学科资源也很丰富，教师们实行了电子备课。近年来，我们 LR 小学还招聘 2 名信息技术专职老师，每周都安排他俩对全校老师进行信息技术能力培训，就像我们这些年过五十老头子、老太太，上课也用课件呢。①

从 ZJF 同志的言谈中，我们可以看出，在教育信息化政策执行过程中学校不仅注重"物"的现代化建设，也十分注重"人"的现代化建设，即教师队伍信息化能力建设。那么，当一个学校具备了教育信息化的办学条件，又有了教师队伍信息化能力建设的行动，是不是就一定有了与教育信息化办学条件相适应的教育教学质量呢？LR 小学又进行了哪些行动呢？

2. 注重数字资源建设，着力信息技术与学科教学整合

在《江苏省国家教育信息化达标率评价标准》中，我们可以看到其评价项目不再是突出单一的基础设施建设，师生信息化能力发展、信息化应用服务、数字资源建设和队伍管理等都已列入评价内容。对照指标要求，

① 来自访谈录音：2014—11—19—ZJF。

LR 小学教育信息化建设在注重基础设施建设的基础上，"软硬"兼施，一手抓学校教学资源建设项目，一手抓信息技术在学科教学中的应用，学校教育信息化水平不断提高。对此，LR 小学分管教学的副校长 LL 说：

> 我们 LR 小学是一所新建的学校，拥有一流的教育信息化设施设备。学校开办之初，我们校长班子成员就有一种共识，那就是要把这些现代化的教学设备用起来，促进学校教育教学质量的提高。建校 3 年来，我们非常注重校本教育资源库的建设，现在已建成 LR 课件库、LR 教案库、LR 试卷库，大家使用后感觉不错。近年来，我们一是通过自购或统一采购，积累资源，这方面主要是电教教材，如幻灯投影片、录像带、录音带、电子图书等。二是通过自制积累资源，如学校教研活动时的 VCD、DVD、CAI 课件等。去年，我们还举办了 LR 首届教学课件制作比赛，通过课件比赛研制开发实用的教学软件。三是结合省下发的优课教学资源库和班班通附带资源库，丰富资源库的数字资源。在加强资源建设的同时，我们倡导最大限度提高资源的利用率，加快信息技术与各类学科课程的整合。创造一切条件，实现多媒体教学进入各科课堂。①

显而易见，LR 小学已经走出教育信息化单纯注重基础设施建设的认识误区，开始进行教育信息化支持服务教育教学的深入探索。他们在全面解读《江苏省教育信息化建设指南》《江苏省国家教育信息化达标率评价标准》的基础上，对教育信息化建设的相关政策性要求进行分解，并在学校发展中采取相应的行动，比如数字资源库建设、教师队伍信息化能力建设、信息技术与学科教学整合等。他们结合学校的实际情况开展教育信息化促进学校内涵发展的探索，一方面源于区域教育信息化政策推进的力量，另一方面来自学校主动发展的愿望，政策执行的方式呈现着外促化、内生性等特点。当然，学校进行

---

① 来自访谈录音：2014—11—9—LL。

的教育信息化建设的行动探索，都是学校基于自身情况和外在的政策环境所作出的行为选择，因而这些行为表现出明显的"校本化"与"个性化"特征。

五　B区教育信息化政策执行成效

2010年以来，B区以教育信息化建设引领教育现代化发展，突出教育信息化建设中经费保障、装备水平、资源建设和师生发展等重点，不断推进全区教育现代化示范区建设，取得显著成效。相继通过全国义务教育发展基本均衡县（市、区）和江苏省义务教育优质均衡改革和发展示范区督导认定，在省县域教育技术装备工作专项督导、省教育现代化示范区建设评估中，均获得高度评价。

1. 信息公平，营造全纳平等的教育生态

B区坚持以教育信息化引领教育现代化发展的理念，不断加大教育信息化投入，优化整合数字教育资源，强化公共服务能力，有力地推动了教育均衡发展。一是从2013年起在全区实行学校教育一卡通，关注区域内所有学生的健康成长。B区为区域内所有学生免费发放"教育一通卡"，通过"一通卡"为进城务工人员随迁子女提供与原住民儿童相同的教育服务。持卡的中小学生可以免费借阅B区内的图书馆的图书，免费进入B区内的博物馆、科技馆和素质教育实践基地。二是在全区范围内建立优质教育资源共享机制。为了保障进城务工人员随迁子女平等接受教育的权利，B区用信息技术开辟优质教育资源通向进城务工人员子女的绿色通道。针对进城务工人员子女相对集中的学校，B区着力进行学校的教育信息化基础设施和数字资源建设，精选600余节"名师优课"与6500个优质教育资源进行整合推送。在名校集团内推进网络课程跨校选修，扩大名校优质教育资源的输出。三是研发家校共通教育课程，提高学生家长的教育素养。B区将家庭教育纳入公共服务体系，运用信息技术将优质家庭教育的课程覆盖全区（含流动人口家庭）20万个家庭。2010年，B区创办BH教育网，设立网上家长学校，组织全区的学生家长进行在线学习。

2. "软硬"兼施，构筑优质均衡的教育格局

B区高度重视教育技术装备工作，成立装备工作领导小组，统筹全区教育装备工作。近5年来相继投入专项资金3.25亿元，完成了全区中小学"新四配套"工程，并在全市率先实施"一网新三机"进教室工程。目前，全区"一网新三机"1561套，"一网新三机"数与班级数之比超1∶1，全区中小学师机比达1∶1，生机比5.2∶1。立足高端、超前配备，全区装备自动录播教室13个、数字化实验室14个、机器人实验室4个、比特科学实验室4个；3所学校成为教育部微软实验学校，1所学校成为感知生长实验学校，7所学校成为全国校园影视教育研究实验学校。全区中小学教育技术装备全部达到省一类以上标准，为教育现代化建设奠定了坚实的基础。与此同时，B区教育局创建BH教师研修网，不断完善和丰富"B区教学资源库"，积累提供有效教学资源6500多个，教育信息化质量全面提升。2013年，B区在"省县域教育技术装备工作督导"中获全省最高分，教育技术装备工作得到高度认可。2015年，B区组织教师参加教育部"一师一优课、一课一名师"活动，集中呈现优质课例1196节，其中省优课188节，占全省的4.7%。应用信息技术提高课堂教学效益已经成为B区教师的自觉行动。

3. 应用培训，打造信息化的教师队伍

在教育信息化快速发展的背景下，B区教育的教与学方式正经历着革命性的改变。中小学课堂教学环境不断优化，全区中小学教室、图书室和实验室100%普及多媒体教学设备，其中68.6%的多媒体教学设备具备交互式功能。课堂教学分层双向呈现、课堂信息实时交互、数据资源交流共享的"未来教室"项目在全区13所中小学试点运行。校外教育形式创新发展，全区中小学成立26个少年宫，周末、节假日面向所有学生开放。计算机编程、3D打印、智能机器人、数字航模等一大批实践课程，正引领着学生投身于更加广阔的生活和实践场域，校外综合实践课程平台逐渐拓展。为了更好地提升教育信息化服务教学的功能，

B 区着力打造与教育信息化相匹配的教师队伍。2013 年，B 区在 HS 书院成立教师发展中心，对教研中心、电化教育中心、教科室等职能部门进行整合，以信息化为载体创新教师培训方式。至 2015 年 5 月，全区通过网络培训的教师 5809 人次。教师信息技术素养高低决定着信息技术与学科整合的成败，为此，B 区进一步完善教师评价标准，将信息技术应用能力和学科整合能力作为教师绩效考核、评优评先和职称晋升的必备条件。在 B 区教师发展中心，设立专职的信息技术学科教研员，负责对各校培训教育信息化种子教师，指导各个学校教师信息化专业发展。此外，B 区教育局十分注重教师信息化素养建设的顶层设计，研制了《B 区教师信息化素养培训课程标准》，建立了校本培训、种子教师培训和应用与学科整合高级研修三级培训体系。"十二五"期间，全区培训 1100 名"信息技术与学科整合合格型教师"、158 名"数字化资源库建设管理员"。

第三节 B 区义务教育信息化政策执行中的问题

从教育政策执行的过程来看，教育政策执行处于各种因素的相互影响和相互作用之中，江苏省教育信息化建设政策也是如此。B 区在这一政策执行过程中，政策相关者根据教育政策的要求，在对自身、环境、目标群体等各种因素的认识基础上，从政策利己的角度，同各种因素发生相互作用以实现政策目标。由于 B 区主要采用"自上而下（Top-Down）"的政策执行方式，B 区教育信息化政策在执行过程中产生了各种偏差并逐级扩大。笔者通过对 B 区 36 所中小学实地考察调研，发现 B 区教育信息化政策执行存在着政策执行走样失真、政策执行监测评估弱化等问题。

一 政策执行走样失真

政策总是由政策执行组织机构及执行人员来具体实施的。政策执行者是政策执行活动的行为主体，在政策执行过程中发挥着主导作用。政策执行者本身及其行动方面的责任意识往往决定政策执行的效果，它是政策顺利执行的保证，也是政策执行者应具备的重要素质之一。在B区教育信息化政策执行过程中，笔者发现，由于政策执行多采用"自上而下"的行政路径，人们多习惯于线性的思维方式。在执行教育信息化政策时，常常按照先硬后软、先建设实物后培养人才的项目顺序进行。但这些建设项目有着不同的实现和更替周期，等长周期元素建设好了，短周期元素已经过时或失效。在B区一些街道、乡镇和学校，也存在着教育行政领导片面追求教育信息化评价体系中的"硬指标"现象，很多政策执行表现为在脱离教育教学实用性的情况下进行以技术为中心的设计，重视硬件而忽视资源和应用，导致执行政策时的"选择性失衡"。在许多学校，教育信息化政策的落实仍然主要停留在应付等级评比检查上，对教师的教学方式、教育行政人员的管理方式、学生学习的方式等都没产生实质性的影响。BH中心小学校长XTF对笔者说：

> 近些年，我们学校一直未能搭上教育信息化建设的快车。可以说自从2007年区域现代化验收后，我们学校的教育信息化条件改善基本处于停滞的状态。原隶属于NQ乡，区划调整后又隶属于XL街道。因为近年来学校所属的行政区域致力于山水旅游特色建设，投入比较大，政府财政赤字严重，对我们学校的投入不是怎么重视。就拿"一网新三机"配备来说，全区除我们学校外，其他学校2007年现代化验收时计算机都已更新换代，而我们学校计算机教室还有近百台计算机未能更新。投影仪好多还是旧的，灯泡经常坏，教育现代化设施大多还是2010年以前投入使用的东西。跟我们区周边乡镇比起来，我们学校的条件差得很多。在教育现信息化建设过程中，我多次向XL街道领导汇报，请求更新教育信息化设施、完善数字化资源建设、加强教师队伍信息技术与学科整合培训，领导们总说你们学校的条件已经很好了，前几年我们对教育投

入很大的，教师培训学校自己搞一搞，检查评估也不会到我们这偏远乡镇来，现在是举全街道之力打造山水文化。①

从 XTF 校长的访谈中，我们可以看出，在 B 区，因为政策执行主体的认知缺陷，教育信息化政策遭到分散的政策执行，一些乡镇、街道的政策效果偏离了原先的政策目标，执行机关在"本土化"的政策博弈中选择有利于自己的政策执行。在一定的政策环境中，政策执行者总是以一种偏好的形式对有限的政策资源进行分配。同样是教育信息化创建工作，B 区的 HD 镇与 XL 街道却拥有着较大差异的认识程度，并采取着不同的政策行动，进而在政策执行的部分区域出现政策失真。从一个区域来看，政策执行主体对政策目标的认识缺陷，使政策执行者的岗位责任意识多集中在有利于自己区域的局部利益上。在教育信息化政策执行过程中，存在着多个政策行为相关者，他们总会从自己的利益立场出发选择政策行为，影响政策的执行。倘若这些政策相关者之间没有建立起有效的互动协调，各相关者都将在各自的利益立场中，构建一套教育信息化政策执行的价值观念和行动策略，使教育信息化政策执行存在"政策下不去、实践上不来"的尴尬状态，从而使教育信息化政策在执行过程中出现偏差与走样。

二　政策执行监测评估弱化

及时有效的监测评估是教育政策有效执行的重要保证。在政策执行的过程中，虽然会遭遇政策执行组织机构的层级与幅度的问题，或政策执行者与政策制定者的利益冲突问题等，但是，如果能建构强有力的上级与下级、部门与部门、执行者与目标群体等方面的监测评估，及时地发现问题，找寻出解决问题的路径，就能尽可能多地降低政策失真的程度。但在 B 区教育信息化政策执行过程中，特别是监测评估环节，政策监测评估机构不健全、政策执行信息反馈不及时、监测评估与政策执

---

① 来自访谈录音：2014—11—19—XTF。

行主体同一化等不同程度地影响着政策目标的达成。党的十八届三中全会明确指出，各类教育要"深入推进管、办、评分离"，大力推进现代化教育管理体制建设，构建"政府管教育、学校办教育、社会评教育"新的教育管理格局，遗憾的是第三方教育评价机构，即科学而较为完善的第三方教育评价机构并没有应运而生。在 B 区，教育局管理全区教育的机构，也是评价教育的组织，它扮演着"运动员"与"裁判员"的双重角色。虽说区人民政府也设立了人民政府教育督导室，但其基本上与教育局是"一套班子、两块牌子"，督导室的正、副主任都是区教育局的党委成员。2013 年，江苏省政府办公厅下发《关于推进教育现代化建设的实施意见》（苏政办发〔2013〕85 号），决定从 2013 年起，在全省范围开展教育信息化建设监测评估。要求各地各部门要高度重视教育信息化建设，切实加强组织领导，认真做好监测评估的各项工作，更好地服务于全省教育现代化建设。文件中说："每年 3 月 15 日前，请省各有关单位将本单位分工负责的监测统计指标数据及相关说明和监测工作开展情况一式 3 份寄送省教育厅；请各市、县（市、区）教育局完成'江苏省教育现代化建设监测评估管理信息系统'网上数据填报工作，并将负责的本地区教育信息化监测统计数据及相关说明、教育信息化建设监测年度报告（含监测工作开展情况）一式 3 份报送省教育厅。"从中我们可以看出，省教育行政部门对教育信息化的监测与评估是依赖于各县区教育局自己统计的数据信息。在 B 区，建立了区政府领导负责，教育、统计、财政、人保等部门协调配合的教育信息化监测工作小组。制定了教育信息化监测实施方案，明确目标、时序进度、工作措施等内容。细化区、镇（街道）、学校和各有关部门工作职责，确保层层落实责任，合力做好监测工作。但是，在这种松散型的组织之下，并没有建立独立建制的精通教育信息化业务的专门机构。教育信息化监测基本信息采集的责任自然落到区人民政府督导室身上，其"运动员"与"裁判员"的双重身份，加之地方政府部门的政绩观因素，或多或少地影响着教育信息化监测评估的信度。以下是在教育信息化建设监测工作中，B 区人民政府教育督导室对"对学校教育信化建设满意度"和教师"对数字资源建设满意度"两项指标的调查（见图7-1）。

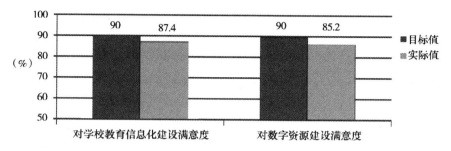

图7-1　B区人民政府督导室对教育信息化建设
满意度和数字资源建设满意度调查

此项问卷调查是B区人民政府教育督导室组织实施的。其在全区小学、初中教师群体中抽取调查样本500人进行网上问卷调查，累计问卷500份，有效回收500份，有效率为100%。统计结果显示：对学校教育信息化建设总体满意度为87.4%；教师对数字资源建设总体满意度为85.2%。但在笔者所做的同样数量样本的问卷调查中，对学校教育信息化建设总体满意度仅为62.6%，教师对数字资源建设满意度仅为58.2%（见图7-2）。从对学校教育信息化建设满意度问卷调查中，我们发现在校园网建设、数字资源数量、信息化师资培训经费、信息化保障机制和教育信息化与学科教学整合等方面，B区学校还存在着有待改进的地方，尤其是在数字资源建设、信息化师资培训等方面，中小学校有着更高的要求和期望。从教师对数字资源建设满意度调查问卷中，我们可以看出在数字资源建设的针对性与有效性开发、数字资源建设的"学教并重"、数字资源共享、已有数字资源的优化与改进等方面还存在改进空间，尤其在数字资源对家庭的辐射性服务、数字资源建设对课堂教学的促进等方面，教师对数字资源的建设有着更为实际而迫切的希冀。

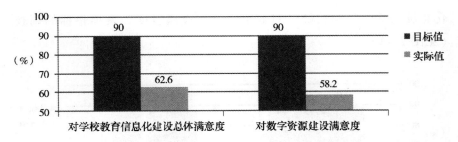

图 7 - 2 研究者对 B 区教育信息化建设满意度和数字资源建设满意度调查

由此可以看出，因为监测评估主体因素，教育政策执行的监测评估存在功能弱化现象。教育政策执行的监测评估专业机构的缺失、不同监测评估主体之间协调机制的缺乏、监测评估主体获得信息资源的有限，以及不同层级、不同主体对监测评估本身的认识等原因，是造成教育政策执行监测与评估功能弱化的重要因素。

第四节 线性单向的政策运行：教育信息化政策执行问题的原因分析

在法默尔看来，线性模式是"把历史看作是朝向一个目标——如理性的进步的过程"[1]，这是从人类历史发展的历程而言的。就政策运行过程的线性模式来看，其意指单线条的政策执行，即作用于政策执行过程中的力量自上而下、方向单一。政策执行的线性模式有如下三个特征：一是贯穿于政策执行过程的力的方向单一；二是政策执行中的主体自上而下分散隔离；三是政策执行建构的价值单一。其具体表现在：第一，政策执行过程的力的方向单一，主要体现为政策执行的过程自上而下。拉斯韦尔曾指出，"所有大型社会中的决策权都集中地掌握在若干为数不多的人手里。由此可以发现如此一个基本事实：无论是以少数人的名义，还是以某个人的名义，或者是以很多人的名义，一个政府总是

---

[1] 向玉琼：《政策问题建构线性模式及其解构》，《江苏行政学院学报》2012 年第 5 期。

由那么一些少数的人所操纵控制"①。自上而下的等级制控制流向在政策执行组织中十分明显，政策的过程建构总是被精英集团价值偏好所左右。第二，政策执行的主体分散隔离，主要表现在政策执行过程中部门的碎片化，这根源于官僚制的分化特性。在线性的政策执行过程中，因为官僚制等级化的组织设计，专业之间、职位之间、部门之间缺乏协调，本位主义盛行以致利益博弈的混乱，进而使政策执行变成一种有形无质的整体性，或者说是失去总体性的整体性，其实质处于一种碎片化的状态。第三，政策执行的线性模式崇尚理性主义，价值取向单一。在理性主义引导下，效率作为一种理念主导公共政策执行的话语体系。在政策执行中，效率不再是一种可以选择的价值取向，俨然成为包括所有政策执行主体都必须尊奉的"圣杯"。政策执行者在追求效率最大化的过程中，公平、正义、自由和公共利益等都可任意取舍，效率取向的单一使其他的价值取向都变成次要的价值选择。B区教育信息化政策执行的过程鲜明地体现了线性单向的政策运行特征。

一　自上而下：着力方向单一化

线性的政策执行模式强调行政组织的集权和层级，并以单一方向的力作用于政策目标的落实。此模式通过层级节制的指挥命令关系，强化上级政府对于下级政府的政策指挥、监督与控制的角色与责任，以达成政策预期目标。在B区教育信息化政策执行中，行政推动和委托代理就是"自上而下"的线性单向模式运用的体现，它以下级服从上级的层级原则，推进教育信息化政策执行。在行政推动过程中，B区建立专门组织，分解创建任务；实行项目推进，强化属地责任等举措都体现着政策执行线性单向的力量。正是线性单向的行政推动，促进了教育信息化政策迅速贯彻，全区全纳平等的教育信息化环境快速形成，信息技术与学科教学走向融合，教育信息化师资队伍建设不

---

①　[美] 托马斯·戴伊：《自上而下的政策制定》，中国人民大学出版社2002年版，第53页。

断完善。

二 主体隔离：政策执行碎片化

不可否认，在政策执行的某一时期，线性政策执行模式有力地推动了政策目标的达成。但是，每一项教育政策的实施都依赖于上级政府全面部署，下级组织落实，其结果是一旦缺乏上级政府对政策的统筹安排，下级政策主体就难以开展有效的政策执行或进行"无边界"的执行。在B区，因为政策执行的主体隔离，政策执行呈碎片化状态，教育信息化政策遭到分散的政策执行。在B区一些街道、乡镇和学校，也存在着片面追求教育信息化评价体系中的"硬指标"达成，政策执行表现为在脱离教育教学实用性的情况下进行以技术为中心的设计，重视硬件设施建设而忽视实用性数字资源建设和应用，导致执行政策时的"选择性失真"。在许多学校，教育信息化政策的落实仍然主要停留在应付上级部门的评比检查上，对于教育信息化政策执行改变教师的教学方式、教育行政人员的管理方式、学生学习的方式等极少关注。HD镇与XL街道行政关系同隶属于B区，但在教育信息化政策执行中政策认识却有着较大的差异，并采取不同的政策行动。一些乡镇、街道的政策行动偏离原先的政策目标，执行主体在"本土化"的政策博弈中选择有利于自己的政策执行，以一种偏好的形式对有限的政策资源进行分配，使政策执行出现失真与走样。线性单向的政策执行导致了政策执行主体的隔离，使各个政策执行者从一己之利或一己之见来建构政策执行，由此带来政策执行的片面性、狭隘性和地方主义，加剧了政策执行的碎片化。

三 他方悬置：评估过程形式化

线性的政策执行崇尚理性，价值取向单一。在B区，教育局管理全区教育的机构，也是评价教育政策执行的组织。虽说区人民政府也设立了人民政府教育督导室，但其事实上与教育局是"一套班子、两块牌子"，督导室的正副主任都是区教育局的党委成员。在教育信息化政策运行监测中，区人民政府督导室负责基本信息采集，其"运动员"

与"裁判员"的双重身份，以效率为首要价值取向的地方政府部门只重视教育信息化政策执行产生的政绩，公平、正义等价值取向弱化，一定程度上影响着教育信息化监测评估的信度。

在B区教育信息化政策执行中，单向而非互动性、单一而非系统性、一维而非关联性、强制而非适应性的线性执行模式一方面以行政命令的方式强力推动着政策的实施，另一方面又因其自身的缺陷使政策执行出现失真与走样。线性单向度的政策执行缺少政策执行主客体之间的互动，政策执行认可政府的权威主义，强调政策目标对象的单向接受，政策执行过程变成一个主体实施和客体被动接受的一维过程。与此同时，线性单向的政策执行还缺乏对政策执行系统性、关联性的认识，无法从整体上建构完备的政策执行过程，政策执行过程中诸如政策宣传、物质准备、全面实施、协调与监控制等环节多呈碎片化分离状态。此外，我们还认识到，线性单向的政策执行已不能适应社会转型的需求。正如教育信息化日新月异的发展一样，中国的社会结构也在进行现代化的转变。与此相应的是政策执行者及政策执行目标对象的心理观念也发生了很大的转变，其对自身价值和权利的认识不断被强化。政策执行的目标对象不再是政策执行的被动接受者，而是政策执行的积极参与者。

B区教育信息化政策执行过程中失序、失控、失真和走样的状况表明，在教育政策执行中并不存在十分理性或完美的政策执行。教育政策执行系统内复杂多重的各种因素并非呈线性分布，相反它们在政策执行过程中交互产生作用使政策执行变得更加无序与复杂。事实上，教育政策执行已经成为复杂、动态和权变的社会系统，政策执行主体、政策目标对象和政策环境之间形成了错综复杂、非线性、多层次结构的联系。一方面，线性单向的政策执行使B区教育信息化政策推进经历了跃进、非常态的阶段；另一方面，线性单向的政策执行又无法解决作为社会系统的教育信息化政策执行的复杂性问题。在B区教育信息化政策执行系统内，政策执行主体的差异性、政策执行过程的动态和不确定性、政策执行环境的复杂性等，决定了政策执行线性单向执行模式执行过程简单性、结果确定性的不足与缺陷。

第八章

义务教育优质均衡发展政策县(市、区)域执行的反思与建议

在本章之前的第四章、第五章、第六章和第七章里,研究者沿着义务教育"进城务工人员随迁子女入学——校长、教师交流——名校集团化——区域教育信息化建设"这一线索,着重对苏南地区 W 市 B 区城乡统筹背景下义务教育优质均衡发展政策执行情况进行了多层面的深入考察。通过对 W 市 B 区义务教育优质均衡发展过程的考察,研究者对 B 区义务教育优质均衡发展政策执行现实状况、效果以及执行过程中出现的问题、衍生这些问题的深层原因有了一些认知和理解。在本章节,笔者将从 B 区义务教育优质均衡发展政策执行考察的具体情况开始,先对义务教育优质均衡发展政策运行成效进行分析,再对义务教育优质均衡发展政策在经济发达地区的运行特征进行反思,最后就如何进一步促进义务教育优质均衡发展提出一些政策建议。因而,通过本章节的研究,研究者着力追求的是对研究个案 B 区义务教育优质均衡发展政策运行现实场景的超越,以探寻义务教育优质均衡发展政策的整体特征及其在县(市、区)域运行的一般性意义。

第一节　嬗变与建构：B 区义务教育优质均衡发展政策运行总体成效

对于义务教育优质均衡发展的认识,研究者一直认为其是相对于义

务教育初步均衡而言，是一定区域在义务教育初步均衡基础上的嬗变与建构。义务教育优质均衡发展力求实现优质和均衡的融合，注重于资源均衡基础之上追求教育品质的提升、教育内涵的丰富，旨在实现区域内所有成员公平享有高水平高质量义务教育的政策。义务教育优质均衡发展政策与义务教育均衡发展政策相比，更突出的特征在于政策更关注教育品质的优化，更关注所有政策适用对象，特别是对弱势群体的支持与补偿。具体地说，B 区义务教育优质均衡发展的政策运行总体成效如下。

一 政策理念由外部办学条件均衡向优质教育资源均衡转变

教育公平是一个渐进动态的发展过程，它一般分为起点公平、过程公平和结果公平三个阶段。在不同时期，教育公平实现的方式与路径也不相同。起点公平时期主要任务是要解决人人"有学上"的问题，保证区域内每一个适龄儿童、青少年有权利、有机会接受教育。当每一个人"有学上"的目标完成后，教育公平的任务又进而变成让每一个人拥有均等的教育资源。在中国，从教育资源方面来看，区域差异、城乡差异以及学校之间的差异还不同程度地存在。因为教育资源的差异，致使学生所享有教育的水平参差不齐。因此，教育过程中的"公平"主要表征为区域内每一个人平等地享有教育资源。通过义务教育优质均衡发展政策的执行，B 区认识到，教育资源是教育发展的基础性条件，教育资源的短缺或者教育资源水平的低劣，对教育质量有着一定的影响。但教育资源的拥有并不意味着教育质量的提高，教育质量的提高并不是完全取决于教育资源的无尽丰富。当教育资源足以满足并适合于学校教育教学的需要之后，对教育质量及特色内涵的关注必然会成为人们对教育发展新的追求。在一定时期，对于"好学校"的认识就是单纯看学校的基本设施条件、教学资源。但当区域内学校办学条件发展到一定水平后，人民群众对于"好学校"的认识则转向关注学校的教育教学质量和特色内涵。因此，B 区在义务教育的发展在物化的教育资源基本均衡之后，政策目标调整转向教师资源的均衡，继而追求教育质量和学校内涵的结果公平，追求实现以教育质量和内涵发展为目标的优质均衡。在政策理念设计中，B 区坚持落实入学权利和机会的均等是义务教育均衡发展的基石，教育资源均衡是义务教育均衡发展的保证，以教育质量和内涵发展为核心的优质均衡是义务教育均衡发展最高追求的均衡理念，并把促进区域内优质教育资源的均衡作为义务教育优质均衡发展阶段的主要任务。

义务教育优质均衡是义务教育发展的高级阶段。B 区以《江苏省政府关于深入推进义务教育优质均衡发展的意见》文件精神为指南，坚持适龄儿童少年免试靠近就学，实行学生无差别随机编班，推行学校适当规模和适度班额办学，解决择校问题；均衡配置校长教师资源，改善教师队伍结构，进一步推进校长、教师学校间定期交流制度，每所学校按省定生师比例、学历比例，中高级职称比例和骨干教师比例进行教师队伍建设，这些要求是从教育资源均衡方面来讲的。B 区一直把义务教育优质均衡发展看作科学发展公平发展在义务教育领域的具体化落实。在政策执行过程中，B 区采用行政、经济、法律等手段，以优质发展的手段和方式，逐步缩小和减少区域与区域之间、学校与学校之间的设施条件与学校内涵的差距，保证所有人享有均等的义务教育权利和基本均等的教育资源，实现相对均衡发展机会和教育效果，促进了区域内教育均衡、和谐、优质和快速发展①。

二 县区和乡镇政府成为义务教育优质均衡发展政策的责任主体

教育政策是由一定的政策执行者来具体负责实施的。政策执行者是政策执行活动中的主要责任主体，政策执行就是由其所进行的系统计划安排和行为来实现的，其对政策执行的成败有着相当重要的作用。相异的政策执行者因其政策执行的方式不同，其效果不尽相同。在分权化的政策责任主体中，政策执行总是体现着自上而下的官僚化政策执行特

---

① 于发友：《通向教育理想之路：县域义务教育均衡发展研究》，山东人民出版社 2008 年版，第 18 页。

征，并于政策执行活动中逐渐形成例行化的政策执行程序，进而形成对政策一定权限空间内的自由裁量权①。

在《江苏省政府关于深入推进义务教育优质均衡发展的意见》(苏政发〔2012〕148号)中，我们可以清晰地看到其关于义务教育优质均衡发展政策责任主体的描述：省级层面的责任是统筹规划，着力对乡村地区和教育欠发达地区的支持，推进义务教育公共基本服务均衡化的发展。到2015年，实现省辖市所有普通高级中学统一由各地级市负责举办管理、义务教育阶段学校由县(市、区)统一举办和管理的体制。意见明确要求，各县市区必须全面实施"省级统筹、以县为主"的义务教育管理体制。也正是"省级统筹、以县为主"管理体制的落实，江苏省人民政府根据省域内各地经济发展状况，加大省域义务教育发展的统筹力度，省级财政的投入有倾向性地投向经济薄弱地区，而经济发达地区并没有享受到与发展相应的省级财政投入。即便是大量的进城务工人员子女到流入地公办学校就读，作为流入地的经济发达地区也未能获得相应的经费支持。2001年，农村义务教育管理主体实行"以县为主"后，全国大多数省份的县(市、区)级政府成为农村义务教育发展的经济投入主体，在很大程度上保障了农村义务教育公共性的实现，县(市、区)级政府在义务教育中的主体责任得到落实。但在W市B区，因改革开放后乡镇工业蓬勃发展，经济增速方兴未艾，乡镇政府对教育的投入一直占有很大的份额。在义务教育优质均衡发展政策执行中，区政府和乡镇政府的责任主体地位以一种自然"默认"的方式并行存在，并发挥着积极而能动的作用。与此同时，因为政策责任主体的分散，义务教育优质均衡发展政策资源也遭遇着分散的政策执行，一些乡镇、街道的政策效果偏离了原先县区政府所制定的政策目标，政策执行者在"本土化"的政策资源博弈中选择对于自己有利的政策执行。因为政策执行主体的割裂与分散，政策执行过程充满着不确定性。在一定的政策执行过程中，政策执行者总是用类似于"偏好"的方式分配

---

① 袁振国：《教育政策学》，江苏教育出版社2001年版，第300页。

与占有有限的政策资源，并采取着不同的政策行动，从而使政策执行在部分区域出现政策失真的现象。

从我国义务教育责任主体的变化来看，改革开放后，我们经历了"人民教育人民办""乡镇政府办教育"和"以县为主"三个时期。"省级统筹，以县为主"的管理体制破解了经济欠发达地区义务教育发展的体制束缚和经费困扰，义务教育的公共性逐步确立，县级政府在义务教育经费投入配置结构中权责异位的状况得到改变。在 W 市 B 区义务教育优质均衡发展政策实施中，相关制度的制定和政策安排充分体现了区与乡镇政府的责任主体地位。乡镇（街道）政府在义务教育优质均衡发展中主动性、积极性的发挥，因地制宜、按比例的经费分担机制，意味着经济发达地区在实践层面上进行了义务教育"以县为主"管理体制的创新。

三　政策调整的对象倾向于弱势群体

某项政策在执行过程中，会因为各种因素的影响表现出执行目标偏离、执行效率不高等诸多问题，而且其中一部分问题是由教育政策和执行计划本身的缺陷所造成的。为保证政策目标的顺利实现，就需要对教育政策及其执行进行适度的调整，使之得到改进、补充和完善。政策调整是政策有效执行的重要保证，也是政策执行中的重要环节，它是有效监督与检查的延续。B 区在义务教育均衡发展阶段，政策实施的重点偏向于外延式的均衡，着力于基础办学条件的均衡，从而实现适龄少年儿童"有学上"的基础要求，促进了义务教育在公共财政体系保障下回归义务教育的本质属性。在义务教育普及目标实现后，义务教育进入优质均衡发展时期。发展时期的不同，也决定着一定时期不同的政策目标。B 区在义务教育优质均衡发展时期，其政策调整重在以补偿或倾向性关照的方式体现政策对特定对象的补偿与支持，并把让所有少年儿童"上好学"，让每一个人都能无差别地拥有优质教育资源，促进义务教育阶段城乡所有学校的内涵品质发展，作为义务教育优质均衡发展的追求目标。义务教育优质均衡发展政策随之调整为更多地关注弱势人群和薄弱学校，鲜明地表现出义务教育高位均衡阶段教育公平的价值导向。

21世纪第一个十年，美英两国都强调实现所有学校、所有学生都能得到尽可能的进步与可持续的发展。2002年，美国颁发《不让一个孩子掉队法》，确立了让全体孩子发展进步的政策理念。2004年，英国颁发《每个孩子都重要：为了孩子的变化》等法规，要求重视每一个孩子的成长和发展，着力消除普通儿童与处境不利儿童的教育差距。后来颁发的《你的孩子，你的学校，我们的未来：建设一个21世纪的学校制度》，则更加明晰提出确保每一所学校和每一个学生都能获得成功的公平目标。古巴政府十分重视义务教育学校间教育资源的均衡分配，专门颁发了培育乡村教育和城乡接合地区教育的政策文件。为了最大限度减少择校现象的出现，古巴政府在偏远地区设置了上百所"一个学生的学校"，并均等配置教育资源①。这些举措表明，世界上很多国家都非常重视义务教育均衡发展中的偏远地区、薄弱学校和弱势群体。

在B区，义务教育优质均衡发展也体现着这样的政策特征。义务教育优质均衡发展政策更加关注由传统城乡"二元结构"而形成的相对落后的乡村教育，更加关注过去"重点学校"背景下形成的"薄弱学校"，更加关注流动社会中进城务工人员随迁子女的教育公平权利。在义务教育优质均衡发展阶段，B区的均衡发展政策其政策调整表现出明显的倾向性和针对性，对义务教育均衡发展中的弱势群体如薄弱学校、乡村教师队伍、流动儿童与留守儿童等出台了专项政策，为义务教育优质均衡发展政策的区域实施起到了方向性的引领作用。如"B区关于义务教育阶段校长、教师定期流动的工作意见""B区关于加强进城务工人员随迁子女教育和管理的若干意见""B区名校集团化实施意见"等，都体现了义务教育优质均衡发展政策调整的系统化与针对性。这些政策与城乡统筹等公共政策相互支持、彼此补充、综合作用，对义务教育城乡统筹发展、缩小城乡间学校差距起到了积极的推进作用。一

① 北京市教育科学研究院：《国外怎样谋划义务教育阶段教育平等》，《中国教育报》2006年3月1日第3版。

是支持乡村教育的社会共识不断会聚，教育公平的政策环境不断优化，广大乡村居民对优质教育的需求逐渐得到满足。二是这些政策为城市化进程中弱势群体享有优质均衡的教育资源提供了制度保障。

四 义务教育优质均衡发展政策促进了学校标准化建设

随着义务教育优质均衡发展政策的深入推进，义务教育阶段学校的标准化建设越来越受到人们的重视。2013年，为深入贯彻国家和省中长期教育改革和发展规划纲要精神，推进义务教育学校现代化建设，提升义务教育优质均衡发展水平，江苏省制定《义务教育学校现代化办学标准》。标准从办学理念与办学行为、学校人才与队伍建设、素质教育与学生发展、硬件设施与条件保障、学校管理与办学特色五个维度，架构了义务教育学校现代化的实施标准。2015年5月，江苏省人民政府颁发了《江苏省义务教育学校办学标准》。《江苏省义务教育学校办学标准》的出台，确立了全省义务教育学校校园校舍设置的选址要求及办学规模，规定了教育装备建设的具体标准，对于学校管理、教育教学、教师队伍、质量评价和经费保障等提出了规范化的具体要求。两个标准的嵌入，进一步从法律层面保障了义务教育优质均衡发展政策的落实，为B区义务教育阶段学校的规范化发展提供了具体而明确的方向。在B区义务教育优质均衡发展，B区新建11所学校，布局中注重新型城镇化与城乡发展一体化规划要求，并能结合人口变化趋势、生源分布、周边交通、外来务工人员子女等因素综合确定办学规模；所有学校按照《江苏省中小学教育技术装备标准》Ⅰ类要求配备仪器设备；教师队伍建设按照国家和省规定的编制标准及教育教学需要配齐配足教职工，小学、初中教职工与学生比分别达1:19和1:13.5；教师和校长实行定期交流，每年有15%符合条件的骨干教师、专任教师按规定在城乡、学校之间流动。教育教学方面，B区严格规范办学行为，切实减轻学生过重的课业负担。小学和初中在校集中性学习活动时间每天分别不多于6小时、7小时。严格控制学生作业量，小学低年级学生不留书面家庭作业，中高年级学生书面家庭作业每天不超过1小时，初中学生每天书面家庭作业不超过 1.5 小时。依法办学、民主管理、有效监督、社会支持的现代学校制度逐渐建立，校长负责制、党组织监督制、教职工民主参与制等管理制度不断完善。同时，B 区常态化推进教育督导和评估工作，政府教育督导机构定期对学校开展素质教育综合督导评估，不定期开展专项督导。地方政府落实"以县为主"管理体制，义务教育每一所学校都得到重视，有所倾向地加强乡村学校和薄弱学校的改造力度，努力缩小区域内学校之间办学差距。县（市、区）级人民政府统筹规划、整体推进本地区义务教育改革发展，部门、乡镇（街道）和社会力量促进学校发展的职责不断明确。学校办学经费全面纳入相应层级财政保障范围，实行预算专项单列，按照教职工编制标准、人员工资标准、学校规范化建设标准、生均公用经费标准等按时足额拨付。B 区学校生均公用经费和事业经费标准由区财政局会同教育局，结合 B 区经济发展水平，结合学段生均成本、物价涨跌、区域发展个性化需要等相关因素实行动态调整，并对小规模学校给予适当倾斜，设定基本保障标准。

办学标准总是承载和表达着特定的目的意图和理念追求，具有明显的价值指向性。与旨在促进合格学校建设的中小学办学标准不同，制定义务教育优质学校办学标准的目的就是要发掘个人及其学校组织的优势，以及充分实现其潜能发展[1]。可以说，义务教育优质均衡发展的政策背景催生了《江苏省义务教育学校办学标准》《江苏省义务教育学校现代化办学标准》；办学标准的落实又有力地促进了区域义务教育优质均衡发展的可持续性与规范化。《江苏省义务教育学校办学标准》为 B 区义务教育优质均衡发展标示了"均衡"的底线，而《江苏省义务教育学校现代化办学标准》则为 B 区义务教育优质均衡发展规划了"优质"的目标。

---

[1]　张新平、郑小明：《义务教育优质学校办学标准：目的与维度》，《中小学管理》2015 年第 7 期。

第二节 "威权线性"的政策执行：B 区义务教育 优质均衡发展政策运行特征分析

威权主义（authoritarianism），或称之为"威权政治""权威主义"等，美国学者沃格林在 20 世纪 30 年代率先提出。20 世纪 60 年代，一些威权主义国家政体开始民主转型，西方学术界纷纷重视"威权主义"及"民主转型"的研究，大量研究成果出现。中外研究者从不同的角度对"威权主义"的概念与特征进行分析审视，并作出了不同的论述。美国研究者胡安·林兹眼中的"威权主义"是"具有责任模糊的有限度的政治多元主义；没有一套系统的主导性意识形态，但有比较清楚的非常心态；威权领袖个体的权力支配虽然不受约束，但实际上处于完全可预见的范围之内"①。阿根廷研究者奥唐奈尔认为"威权主义"即"官僚权威主义"，其主要政治基础是上层市民阶级；在废除民众或部门民主政治活动的同时，推行规范的经济运行，以促进社会秩序安定"。亨廷顿则简明扼要地将威权主义归纳为"几乎没有政治争辩和斗争，但政府对社会领域中其他民众的控制是有限的"②。而在埃特米耶认为，"威权主义"不仅仅指一种具有严明阶级性的政治，还指类似于这种类型态度及性格的人，这种人"集合了以高度工业化社会中的非理性和反理性的信念为特征的观念和技能，盲目地妥协于权力的威严。"③

乔宝云认为，中国的义务教育发展"是在中央政府与上级政府自上而下委任制的架构基础上进行的"④。中央和上级政府对下级政府的

① 孙代尧：《威权政体及其转型：理论模型和研究途径》，《文史哲》2003 年第 5 期。
② ［美］亨廷顿著：《变化社会中的政治秩序》，王冠华等译，生活·读书·新知三联书店 1989 年版，第 44 页。
③ 季乃礼：《埃特米耶的右翼威权主义理论探析》，《甘肃行政学院学报》2009 年第 3 期。
④ 乔宝云、范剑勇、冯兴元：《中国的财政分权与小学义务教育》，《中国社会科学》2005 年第 6 期。

层层行政授权，成为中国行政管理自上而下体制的显著特征。有些学者将其称为"竞争型威权体制"，即"中国的基本政治体制是介于民主与集权两种对立的社会制度或政治体制之间的一种体制，被称为竞争型威权体制。[①] 威权体制的主要特点是政权合法性依赖于执政者的行政表现。如果执政者行政表现好，政权合法性就巩固，社会各界就会认同与拥护，反之则动摇"[②]。威权体制中的上级政府对下级政府拥有约定俗成的权威性，在关注公民认同度等行为动机的支使下，上级政府可以随时向下级政府进行权力和任务的分配，并通过任免、审计、督导、监察等方式督促下级政府对相关政策的贯彻落实。下级组织基于切身利益的权衡和政绩考核的需要，以服从与迎合的态度，完成中央或上级政府交给的任务，从而实现政策执行畅通。

　　威权主义的行政过程总是表现为线性模式，即贯穿于政策执行过程中的力量的主体单一、方向单一。即在政策执行过程中，上级对下级的领导依赖于方向单一的权威力，政策执行中执行主体割裂隔离，政策执行中价值取向单一。其具体表现在：第一，政策执行过程中威权力的单一方向主要体现为自上而下的政策执行。正如拉斯韦尔所说，"在所有大型社会中，决策权都典型地被若干少数人所掌握。此发现也说明了如此浅显的基本道理：不管是以某一个人的名义，还是少数人的名义，或者是以部分很多人的名义，一个政府总是被少数人所操控"[③]。政策执行中上级组织以自上而下的等级制控制着下级组织，政策制定和执行过程建构自然也由少数人组成的精英集团所控制。第二，由于官僚制的分化特性，政策执行的主体呈隔离分割的状态存在，并使政策执行过程中部门与部门之间表现出碎片化特征。在线性的政策执行过程中，壁垒严密的官僚制使部门间、职位间、专业间协调困难，崇尚本位主义，以致

---

　　① Competitive Authoritarianism Tsai, Kellee S. "Adaptive Informal Institutions and Endogenous Institutional Change in China," World Politics, Vol. 59, No. 1, 2006, p.116.

　　② 姚洋：《作为制度创新过程的经济改革》，格致出版社、上海人民出版社 2008 年版，第 36 页。

　　③ ［美］托马斯·戴伊：《自上而下的政策制定》，中国人民大学出版社 2002 年版，第 38 页。

利益博弈的混乱，进而使政策执行变成一种有形无质的整体性，或者说是失去总体性的整体性，实际上处于一种碎片化的状态。第三，政策执行的线性模式追求理性主义，价值取向单一。在理性主义引导下，效率在公共政策执行的话语体系成为主导。效率不再是具体政策执行中一种可供选择的价值选项，而是政策执行所有相关者都顶礼膜拜的圣杯。在追求政策执行效率最大化的过程中，公平、正义、自由和公共利益等都可任意取舍，效率取向的单一性使其他的价值取向都变成次要甚或是无足重轻的价值选择。

事实上，国内外学者对政策执行的关注和研究已历经三个时代。威权主义是第一代政策执行研究的重要内容。第一代政策执行研究重在对自上而下路径的研究① （Top-down approach）。其认识中的政策执行即是将政策计划、理念精神转化为具体政策行动的过程，对政策执行主体机构的管理是其研究重点，并将科层组织相关原理看作提升政策执行效能的关键因素。第二代政策执行研究主要是对自下而上政策执行路径的研究。自下而上的研究途径（Bottom-up approach）开始于 20 世纪 70 年代末，国外众多学者对此进行持续研究。李普斯基（M. Lipsky）深入现场对街头官僚（Street level Bureaucracy）的个案研究，埃尔默（Richard F. Elmore）从结果开始对追溯性筹划（Backward mapping）的比较研究，贺恩（Benny Hjern）对执行结构（implementation structures）的剖析研究等，他们是这一时代自下而上研究的主要代表②。研究发现，自下而上和政策执行结构正式程度不高，没有行政组织严密的权威关系，相关的政策环境较容易产生变化，其行为共同体并不是法律认可的实体；参加政策执行的共识是模糊的，基于相互妥协基础上的同意。第三代政策执行研究始于 20 世纪 90 年代直至当下。第三代研究试图在第一代和第二代的理论基础上实现综合和超越，其理论工具和研究方法呈现多元化

---

① Catherine E. Johnson, Intergovernmental Relation: The Implementationof Federal Policies, UMI (bell & Howell Information Company), 1999.

② R. Weatherley, M. Lipsky, Street level Bureaucracy and InstitutionalInnovation: Implementing Special Education Reform, Harvard Educational Review, 1975 (2), p. 47.

的特征。"就执行研究而言：自上而下和自下而上的争论已经结束，取而代之的是基于它们各自力量权衡与比较的认识，并且综合的理论成就是很多的。"第三代研究的研究范围不断扩大，将政策执行研究延伸到政府与民间互动关系的分析层面①。研究者发现，对自上而下和自下而上两种政策执行的研究都局限于政策执行过程单一向度的分析，忽视了政策过程中多元执行主体间的互动和因此生成的共识与分歧。实际上一切政策和规划都依赖制度框架下的政策执行，而且制度建构之于政策执行愈加重要。我国学者俞可平也指出，对自上而下和自下而上的研究都具有单向度的缺陷，不容易全面客观地理解政策执行的复杂性②。

根据国内外学者对政策执行研究阶段的划分，以及对两个研究阶段中两种不同的研究路径的认识和理解，结合 W 市 B 区义务教育优质均衡发展政策执行的实践考察，研究者认为，B 区义务教育优质均衡发展政策执行主要采取的是"自上而下"的执行路径，也有一少部分内隐于政策执行过程中的"自下而上"的民间推动方式，义务教育优质均衡发展政策执行总体表现出明显的"威权线性"的运行特征。所以，从提高义务教育优质均衡发展政策执行效果角度出发，我们需要对 B 区义务教育优质均衡发展政策"威权线性"的运行特征进行分析与反思。

一 线性式的行政授权

行政授权下的公共事务治理是"威权线性"政策运行的主要特征。行政授权的体制特征，决定了中央政府或上级政府对下级政府具有强大的行政约束力。这种强大的行政约束力，使得上级政府可以根据国家和地区民众的公共服务诉求和社会福利需要，向下级政府下达公共服务的任务、指标或项目。下级政府必须认真履行自身的职责，并努力完成任务。因为，在行政授权体制下，地方政府受制于中央和上级政府，官员

① Laurence J. O'Tool Jr. Research on Policy Implementation: Assessment and Prospects, Journal of public administration researchand theory, 2000 (2), p.10.

② 俞可平：《治理与善治》，社会科学文献出版社 2000 年版，第 18 页。

基于职业生涯和晋升奖励的考量，自然形成了一种"政治锦标赛模式"。[1] 面对有限的竞争机会和稀缺的升职岗位，地方官员间自然形成了一种"升职竞争关系"，"为了在政治锦标赛中获胜，地方政府则会主动采取迎合上级政府某些偏好的做法"[2]。对于地方各级政府以及官员来说，行政授权在影响力上要强于民主授权，因此他们更倾向于政府体系内的垂直责任，即对上级负责[3]。这在客观上增强了下级政府对上级政府的服从意识，上级政府可以有效利用这种服从意识，将国家的公共服务目标与地方政府的行动能力有效结合，以保证上级政府公共服务目标的实现。2007 年，B 区高标准通过了江苏省义务教育现代化县（市、区）验收；2010 年，B 区创建江苏省教育现代化示范区；2013 年 9 月，B 区高分通过江苏省县域教育技术装备评估验收；2015 年 3 月 19 日，江苏省政府办公厅发文命名 B 区等 17 个县（市、区）为"江苏省义务教育优质均衡发展县（市、区）"。不可否认的是，B 区一系列的创建工作促进了 B 区义务教育优质均衡发展，在一定时期，威权线性的政策执行发挥了积极作用。在义务教育优质均衡发展一系列政策执行中，从中央政府到地方政府，实行层层行政授权，自上而下建立一个合法的公共秩序。并以合法的形式聚合权威力量，形成上级组织或官员对下级组织或官员的有效控制，推动政策实施，并最大可能地实现政策目标。

二 脱域化的政策执行

"威权线性"的政策执行过分依赖于自上而下的行政推动。其运行体系主要依赖行政科层制的力量，由上级组织或领导做出重要决策，处于科层下级的组织或人们执行决策，上级组织对下级组织的政策执行情

---

① Xu Chenggang, "The Fundamental Institutions of China's Reforms and Development," Journal of Economic Literature, forthcoming, 2010.

② 周黎安：《官员晋升锦标赛与竞争冲动》，《人民论坛》2010 年第 10 期。

③ 杨雪冬：《分权、民主与地方政府公共责任建设》，《华中师范大学学报（人文社会科学版）》2004 年第 6 期。

况的管理主要通过科层制的隶属关系进行。这种单向度的政策执行方式一味地关注上级组织与领导的行动目标与策略，至于政策执行具体场域中的其他行动者往往被忽略，政策相关者在"脱域化"的执行中被隔离与割裂。在专注于强调上级目标的同时，基层组织及官员的适应策略被忽略，政府行为的意外结果与不确定性也被忽略。为了充分应对动态而不确定的政策执行，各层级的政策执行者都或多或少地放大自由裁量的权度，下级组织或官员的政策执行随即发生"权度赤字"，并发展出各种应付压力的办法①。强制性权力在政策执行中的无限应用，其结果是政策执行成本的增加。任何组织模式的背后都有一个人性假设，对人性的不同认识，决定了不同的组织模式。科层制建立的"金字塔"式组织结构，其奉行的精英主义思想，它认为处于科层下级的多数人是平庸的。于是在一个基于权威的纵向控制体系中，人与人之间的关系彻底变化为依赖性的顺从。但是教育政策执行中一个重要的组织——学校，却是一个强调文化与个性的制度化机构，它要造就的是具有独立、鲜明、多元化个性的人，而不是工厂流水线上标准化的产品。如果教育政策执行单纯以"自上而下"的科层制方式来推动，而忽视政策目标对象能动性的发挥，就会导致政策执行的失败。在调查研究过程中，笔者也听到了基层政策执行者对"自上而下"的科层制管理方式的不满与怨言。B 区原 MS 小学校长 YSW 对笔者说：

　　　　和一些在大学工作的同学、朋友在一起时，总听他们说大学里行政化多么严重。回过头来看看，中小学也是这样的，整个教育系统"行政化"的色彩很浓厚。两年前，我还在校长的任上，每天早上一打开电脑，教育局办公平台上一下子就下发了很多文件、通知，然后就是一件一件地落实。年复一年，好像就这么过了多少年，没有人去关心这事情应不应该去做。教育局机关多，且每个科

---

① 董堂哲：《政策执行研究三十年回顾——缘起、线索、途径和模型》，《云南行政学院学报》2005 年第 3 期。

室内人员都有不同的分工，他们想到的只是把自己的工作安排下去，于是上面千根线，下面一根针，学校每天疲于奔命，只好应付。校长负责制也基本成为一句空话，因为现在校长既没有人权，好像也没有什么财权，一切都是听教育局的。就连副校长的配备也是教育局配好的，而且明确是局管干部，这就导致好多学校的副校长不能与校长齐心协力做事，大家对学校工作难以形成共识，好多教育政策执行都在这种复杂的关系中妥协或委曲求全。大凡教育局出台的一此教育政策，最后到学校层面的具体实施，肯定不是政策制定者想达到的目标，有的打了很多折扣。例如，2014 年，B 区教育局为提升义务教育优质均衡发展水平，出台了提升初中教学质量的政策。其中有对初中起始年级质量摸底定位的环节，结果在实施时，一些初中校长就采取不让初一年级学生考出好成绩的方法，从而使自己学校成绩基础系数降低，以便在三年后的发展性评价中获得高分。[1]

从 B 区进城务工人员子女入学政策执行主体积极性下降我们可以看出，脱离了政策执行的具体场域，断裂社会教育资源的供需困境越发紧张，政策执行主体隐性排斥意识不断增强，政策执行主体间的协商机制难以建立。这些现象背后的原因是长期以来教育行政"自上而下"行政推动方式所致，它体现着"威权线性"政策执行方式的简单性。科层制固有的因素影响着公共行政的有效运转，甚或致使政策执行功能失调。在科层制的政策执行中，官员们习惯于机械遵循旧有的规定和因袭的程序，并形成照章办事的惯习，科层制不倡导政策执行者根据变化的环境进行有针对性的决策，或寻求问题解决的创新路径，而是要求依照已有现成的标准与程序来解决问题，进而形成僵化的"科层制仪式主义"[2]。脱域化的政策执行不会去考虑更适切的解决具体场域中问题

---

① 来自访谈录音：2014—12—9—YSW。

② ［美］罗伯特·K. 默顿：《社会理论和社会结构》，唐少杰、齐心译，译林出版社2006 年版，第 126 页。

的办法，政策执行主体只会呆板地遵守规程。另外，因为"威权线性"的政策执行强调自上而下的行政层级，政策目标往往落后于执行程序。单纯强调程序的先后，政策执行的最佳时机流失错过，最终失去对政策目标的全面把握。B区进城务工人员随迁子女因流入地政府附加条件流入外区就读就很好地说明了这一点。"威权线性"的政策运行模式难以灵活应对政策执行中的特殊问题，这也是它的主要缺陷之一。

三　"悬浮"的利益相关者

"威权线性"的政策执行总是以线性的形式存在，它发端于政策制定，进而把上级组织或个人的决策作为政策执行的起点，追求完整具体地实现上级组织制定的政策目标。佩奇（Edward C. Page）指出："自上而下的政策制定观意味着：决策的重要性完全取决于他是在科层等级的哪一层做出的；因此，最重要的决策是由政府机构的最高人物做出的。而处于科层等级低层的人们，只是执行这些决策罢了。"从中可以看出，在教育政策执行中，基层的政策执行者是从属于上级政策制定者或执行者的，体现出极度理性和去人情化。因为层级控制的命令从属关系的存在，上级政府通过对下级政府组织的命令指挥、责任传递和控制监督，以实现政策预期的计划和目标。这种"自上而下"的行政推动路径充分体现着由下级服从上级的层级原则，体现着韦伯科层理论的特质，它崇尚政策效率与政策理性，忽略政策利益的合理分配对政策目标实现的作用，政策效能受到弱化①。

贺恩等学者在从多元行动者复杂互动的角度探索政策执行过程时发现，第二次世界大战后，社会结构中出现大量的"组织社会"，不同阶层中的多种组织构成"组织库"（pools of organizations）。在门类众多的组织中，以单个的组织拥有政策执行所触及的全部政策资源是不可能的，这就导致政策执行需要政策相关的其他组织的行动协作。正是这些

---

① 邓旭：《教育政策执行的四重路径》，《江西教育科研》2007年第5期。

或隐匿的或公开的介入影响政策执行的所有正式或非正式的组织，构成了政策的"执行结构"。他们认为，执行结构产生于"组织库"，因为"组织库"中的各个组织各自掌握着实现政策目标所依赖的资源，它们凭借公共政策纽带衍生出种种相互关联的结构性联系——并由各组织中的众多成员构成①。公共政策于是在这些多元组织或行动者之间复杂的互动中得以实施，其中每一个组织和行动者对政策执行都有各自的立场与利益。由此可见，政策执行过程中存在着众多的利益者。但在"威权线性"的政策执行中，上级组织和下级组织之间是命令和服从的关系，政策执行相关者缺乏顺畅有效的互动，基层组织和政策相关者利益处于边缘化位置。B区校长教师交流政策的执行，对促进B区义务教育优质均衡发展的影响是深远的。但在校长教师交流政策执行过程中也出现了政策目标不准确、政策要素不完整、政策保障不得力和政策体制不完善等诸多问题。透过这些问题的表象，我们发现其问题的根源是政策制定与执行中利益相关者的缺席。在B区校长教师交流政策中，政府部门会较多地考虑政治利益，即自身区域内此政策实施对义务教育优质均衡的促进；学校会顾及学校的品牌声誉，即如何促进和保持本校一定时间内教育教学质量。教师则会较多地考虑自己个体的当下利益，即如何解决职称、岗位设置与自身收入等问题。从表面上看，仿佛政策涉及的利益相关者都参与了政策执行，但实际上从政策制定的初始时期忽略了政策相关者的利益表达，他们在政策执行过程中是以一种若有若无的样态"悬浮"地存在，并以消极应付的方式回应政策目标，给校长教师交流政策的实施带来一些阻碍性的因素。"在爱尔莫尔看来，我们不应该假定政策制定者能够完全控制执行组织与执行过程；加上上层控制的传统做法无助于政策执行过程中相关问题的解决。要解决科层控制的内在缺陷，提高政策执行的效率与质量，其出路不是别的，而是充分考虑政策相关者的利益诉求，让更多的政策相关者参与政策执行"②。在

---

① Benny Hjern and David O. Porter. Implementation Structures：A New Unit of Administrative Analysis，Organization Studies，2/3（1981）.

② 陈庆云：《公共政策分析》，北京大学出版社2006年版，第161页。

B区,"威权线性"的政策执行还影响了名校集团化政策目标的实现。从中央政府到地方政府起初对名校集团化政策的构想是期望有"一个完美的政策执行",从而实现区域优质教育资源的均等化。但由于从政府到教育行政部门再到学校及政策相关主体,其政策运行皆呈"威权线性"方式,政策相关者的利益被悬置,于是出现名校集团中的母体学校优质教育资源被削弱、子体学校被同质化发展、优质教师资源呈"伪流动"状态等种种政策失真现象。由此可知,一个好的政策执行,就应更加关注政策相关者利益落实,设置政策执行的弹性空间,在调动政策执行者主动性、积极性和创造性的同时,给予他们合理有度的政策执行权利。从政策的调控范围看,高效的政策执行应当多元化拓展和丰富政策执行路径,优化政策执行环境,促进政策执行本身品质提高,并且在左右支持与上下互动中,提高政策与环境的互适性,形成利益相关者对政策执行理解与认同、接受并参与的"共振效应"①。

第三节 构建"网状弹性"义务教育优质均衡发展政策执行的思考与建议

任何政策都是针对一定的政策问题而产生的,但政策产生并不是现实问题的消弭。政策的制定是针对现实问题提出解决问题方法与对策的环节,而政策执行才是真实、具体、直接解决问题的过程。要通过教育政策来解决现实问题,必须依赖有效的政策执行②。

义务教育优质均衡发展政策在实践过程中,一方面表现着问题解决的政策成效,另一方面又表现出问题搁置或问题替代的政策阻滞。针对当前义务教育优质均衡发展政策执行中"威权线性"的推进特征、政策运行机制缺省以及政策执行环境欠佳等问题,研究者认为当前县级区域内义务教育优质均衡发展政策的有效执行,需要从"构建义务教育

---

① 邓旭:《教育政策执行的四重路径》,《江西教育科研》2007年第5期。
② 袁振国:《教育政策学》,江苏教育出版社2000年版,第291页。

优质均衡发展政策县域执行'网状弹性'模式，理顺义务教育优质均衡发展政策县域运行机理，完善义务教育优质均衡发展政策县域运行制度，改善义务教育优质均衡发展政策县域执行环境，调整义务教育优质均衡发展政策县域执行重心"五个方面加以建设。

一 构建义务教育优质均衡发展政策县域执行"网状弹性"模式

1. 构建"网状弹性"政策执行模式

保罗·A. 萨巴蒂尔（Paulo Ao Sabatier）指出，传统的政策执行路径有两条：一条是自上而下的路径，一条是自下而上的路径①。米歇尔·黑尧（Hill）也曾指出，对政策执行的研究经历了两个发展阶段：第一阶段是"自上而下"的模式研究，侧重于对政策主体相关政策目标权力设置的研究，其目的是期望有一个完美的政策执行；第二阶段则是对"自上而下"模式研究，主张由政策制定者和政策执行者共同商定政策目标，其目的在于发现政策执行的缺陷②。"自上而下"和"自下而上"这两种模式在某一时期和某一政策执行中真实地发挥作用，即便在现代公共政策执行中，很多国家、地方政府或相关组织仍在使用这两种政策执行模式。从政策信息的传输，到政策执行的具体路径，这两种模式不论是"自上而下"，或是"自下而上"，都呈线性状。单向线性的政策执行模式也是我国教育政策执行中的主要模式之一。当今，因为全球化、信息化时代的到来，政府面对的公共问题愈加复杂而多变，人民群众参与公共事务的民主化需求越来越高，线性的政策执行模式正遭遇着多种多样的挑战。与此同时，创建新的教育政策执行模式开始兴起。

20 世纪 70 年代是政策执行研究的第一代，主要采用自上而下的研究途径；20 世纪 80 年代是政策执行研究的第二代，主要采用自下而上

---

① Paulo Ao Sabatier. Top-down and Bottom-up Approaches to Implementation Research：A Critical Analysis and Suggested Synthesis [J]. Journal of Public Policy, 1986, (6)：pp. 21 – 48.

② Hill Michael. The Policy Process：A Reader, Harvester & Whestsheaf [M]. New York, 1993：pp. 235 – 236.

的研究途径；郭锦等人（Malcolm L. Goggin）在 1990 年出版了《朝向第三代的执行理论和实践》，标志着第三代研究途径（a third-generation approach）的确立。第三代研究途径与第一代、第二代研究途径不同，它更执着于在政策执行过程中建立动态变化的执行图景。研究中不再拘泥于某一种方法，而多采取混合研究的方法（mixed-method approach），以多种方法整合的模式朝向动态复杂的政策执行，如府际之间关系等问题。20 世纪 80 年代末至 90 年代中期，第三代研究中出现了一大批政策执行理论与模型。1987 年，门泽尔（Donald C. Menzel）提出组织间之说；1990 年，郭锦等人（Malcolm L. Goggin）通过研究发现府际关系模型（1990）；1993 年后，又相继出现了萨巴蒂尔（Paul A. Sabatier）的政策变迁模式、麦特兰德（Richard E. Matland）的冲突不明确范型和瑞恩（N. Ryan）的混合途径等。门泽尔选择组织理论的工具，用组织间模型来解释政策执行。政策执行组织间模型强调有效的政策执行不单单是组织自己选择的产物，它同时也被其他组织所选择。组织间模型注重在网络交互中政策执行组织之间行为互动，并承认政策执行对组织间存在依赖，一种是结构依赖，另一种是资源依赖①。

政策网络理论正是在组织社会学中的组织间关系的讨论和政治学中的次系统和议题网络的研究基础上产生的。研究者们从多种视角对政策网络进行了分析，从政策主体之间关系的视角看，他们认为，在政策执行过程中，政策行动者们在相互需要与相互依赖的基础上自然而然会形成的一种社会关系。政策网络就是这些来自不同层级、不同领域的政府、组织的政策行动者在政策执行过程中建构的关系形态总称。从资源相互依赖的视角看，贝森指出政策网络就是"因为资源相互依赖而联结在一块的多个组织或多个组织的联合体"②。从国家自主性的视角看，史密斯（Mo Smith）认为，当下级组织或政策相关者与上

---

① Donald C. Menzel, An Interorganization Approach To Policy Implementation, Public Administration Quarterly, 1987 (1), p. 11.

② Marsho, David & Rhodes, R. A. W., Policy Networks in British Government, Oxford: Clarendon Press, 1992, p. 13.

级政府或组织开始信息交互，并且下级组织或政策相关者在政策执行中的利益得到政府认可时，政策网络随之产生。此种形式的政策网络是基于政府准许让更多的组织集团参与政策执行的一种协商机制，是政府以此放大其社会基础结构权力（infrastructural power）的工具①。从治理的视角看，Borzel 和 Tanja 指出，"政策网络是政策相关者在资源互换过程中以相互协商的方式实现政策利益共享，以摆脱政府、市场双重失灵的困境，这些不同的政策相关者之间构成一种较为固定的、非科层的和交互的关系"②。

政策网络模式强调通过政策执行相关行动者的互动和结构关系来理解和推进教育政策执行，并感知教育政策执行的趋势与结果。它以网状结构来诠释政策执行，把政策执行看成政策执行主体及相关者之间围绕政策资源进行相互作用和影响的过程。在对国家和社会的认识上，网络模式的政策执行与线性的教育政策执行不同。线性的教育政策执行认为国家和社会是分离的，而政策执行网络模式认为政策执行所要面对的是一种包括政府、社会团体、学者、民众等正式和非正式主体的政策网络。政策网络中各个主体都拥有着各自的优势资源，任何一个单一的主体都不能控制政策执行所有过程。政策执行其实质就是政策相关的责任主体在正式或非正式互动中，互换政策信息和政策资源，协商政策目标、执行策略等，在互相作用与影响中解决政策问题的动态过程。在义务教育优质均衡发展政策县域执行中，需要构建县域政策执行网络，使更多的责任主体参与政策执行过程，并让政策相关行动者的多方利益和价值得到考虑和顾及，从而把政策相关行动者之间对资源的相互依赖以及对利益需求的相互博弈真实地呈现在政策执行过程中。在教育政策执行中考虑相关行动者的利益因素，使政策执行在具体现实的场域中展开，不搞"一刀切"式整齐划一的政策执行，体现着政策执行合理有

---

① Smith, Martin. Pressure, Power and Policy: State Autonomy and Policy Networks in Britain and the United States [M]. New York: Harvester Wheatsheaf, 1993: 54.

② Borzel, Tanja. Organization Babylon——on the Different Conceptions of Policy Networks [J]. Public Administration, Vol. 76, 1998: 254.

度的时间和空间弹性。如 B 区义务教育优质均衡发展中进城务工人员子女入学政策的执行，就需要从流入地政府现实教育资源可承受度出发，既要考虑进城务工人员的入学需求，也要考虑流入地政府及原住民的利益诉求，允许政策执行在一定时间内合理有度地变通，使政策执行在有限度的弹性内逐渐实现政策目标。政策执行"网状弹性"模式还需要多元政策相关者的参与，政策执行网络中容纳一些非政府主体、第三方评价机构和社会公众进入政策监督测评过程，既有利于构建社会理解政府的政策场景，又有利于推动政策的高效执行。在政策网络内部，相关政策执行的各种交流，有助于提高政府对教育公共问题的治理水平。政策网络中包容多元的责任主体，吸纳更多的民众参与政策网络执行，有助于推动政策决策过程和政策执行过程的民主化，从而有利于更充分地实现政策目标。

教育政策执行的"网状弹性"模式力图在自上而下、自下而上的两条传统路径基础上加以构建由内及外和由外及内的政策执行网络路径。传统的自上而下和自下而上的运行路径在线性纵向的政策执行过程中，双向沟通形成互动机制，构成了政策执行机关互动模式。随着民主意识的加深、民间话语分量的加重以及专家团队指导作用的加大，即便是机关互动模式也不能完整回应政策目标的要求。加之教育行政组织扁平化、效能化，教育领域中大量兴起的第三部门，教育政策单向度的执行路径已显偏狭。由此来看，教育政策执行需要考虑政策执行主体、政策相关利益人群及权力社会化等因素，建构自上而下、自下而上、由内及外和由外及内路径交织的网络模式，促进更为广泛的公众参与政策执行，更为全面地彰显政策执行的公共理性。由内及外的教育政策执行是教育政策专家政策理性的延展。它是政策专家在大量调查研究基础上，依托相关知识和政策理论，分析教育政策执行中的具体问题及执行情况，通过对教育政策执行现象的解释，以专家指导、研究成果和质询报告的形式来表达政策执行诉求的过程。因此，由内及外的政策执行路径总体现其价值中立、程序科学等特点。因为其价值中立，由内及外的政策执行并不完全体现政策制定者的利益，也不完全表达政策执行者的利益。它不一味迎合政策目标人群的利益诉求，它只是客观公正地呈现真实的政策执行，是一种去人情化的政策执行方式①。教育政策执行由外及内路径是就政策执行中政策利益相关人群可接受性而提出的。教育政策执行对政策相关利益群体的诉求考虑得越充分，对政策场域相关因素分析得越到位，阻滞政策执行的因素就越微小，政策执行就会取得较高的成效。随着现代社会文明进步，媒体的时事关注，公众话语权的表达，诸多第三部门的出现，我国教育政策执行所面临的政策群体越来越多元化，传统线性的政策执行正遭遇着越来越多的困难和挑战。因而，对于义务教育优质均衡发展政策在县域的执行，在合理运用线性教育政策执行路径的基础上，构建上下内外多路径整合的"网状弹性"方式已经成为新时期教育政策执行的一种趋势。它体现宏观教育政策执行的统一性，也体现着教育政策基层执行自由裁量及其灵活性；它关注政策制定者既定的政策目标，也关注政策执行中政策相关者的权益表达。但是，作为政策网络中一部分的县级政府如何处理好与政策网络中相关行动者的关系，政策执行内部因素与外部影响的关系，纵向的行政科层与横向的政策利益人群的关系等是义务教育优质均衡发展政策县域有效执行的关键。

2. 把握义务教育优质均衡发展政策县域执行"网状弹性"模式的关键因素

作为治理途径的政策网络执行模式，它既不同于国家政治科层制治理范式，也不同于社会互动中的市场治理范式。科层制治理失败主要归因于政策执行的僵化和封闭，市场失灵则是由于私人利益对公共利益的侵蚀。政策网络则是联结市场治理与科层治理的新形式，它将各级政府及其部门、民间组织、第三部门及公民等列入公共政策治理范围，施行多中心治理，在相互依赖的各主体间，运用多样化的政策工具，开展结构化互动，提高政策执行效果。一般来说，政策网络推进模式有如下几个关键因素。

---

① 邓旭：《教育政策执行的四重路径》，《江西教育科研》2007 年第 5 期。

（1）政策执行主体多元化

政策网络中的参与主体在结构化互动中会形成共同的价值和信念，在相互体认的基础上相互补充，进而提高解决问题能力。义务教育优质均衡发展政策在县域执行模式的创新，其重点就是完善政策执行的网络结构，实现公共政策执行主体多元化。在义务教育优质均衡发展政策县域执行过程中，在省、市、县、乡各级政府及各级政府部门之间建立政策执行共同体，形成上下沟通、左右协调、相互支持的执行网络是实现政策目标的关键。政策执行主体多元化就是要吸纳公民、第三部门和民间组织参与政策执行过程，打破政府对公共权力垄断的局面，在公共政策执行领域引入权力分担机制，降低政策执行成本、提高政策执行效率。如完善义务教育优质均衡发展政策的投入体制，需要坚持"省级保均衡，区县争优质"的方向，明确城乡教育统筹发展中的政府责任与职能，充分调动乡镇政府、街道园区发展义务教育的积极性，弥补其在农村义务教育均衡发展中的责任缺位；要建立第三方机构对各级政府教育投入的监测机制，建立健全城乡教育一体化发展的经费保障机制；要强化落实各地政府解决进城务工人员随迁子女教育问题的责任担当意识，完善流出地政府与流入地政府的责任分担机制。

（2）政策执行工具多样化

科层制行政推进是传统政策执行的主要方法，行政推进式的政策执行有利于在特定时期统一治理公共问题。但是，社会的文明与进步总是伴随着民众民主化意识的觉醒与法制观念的加强，社会的多元化使公共问题不再简单，一味依赖行政方法推进公共政策执行已步入困境。政策执行网络模式认为政策执行网络是包含政府在内的多元行动者结构化的共同体，其政策运行方式不再单是政府运用行政权力自上而下地推进政策运行，而是政策网络中多元主体围绕政策目标多向度的立体互动，它在执行机关互动的基础上强调伙伴之间的合作和协商，形成大家认同的路径参与并影响政策执行。以 B 区义务教育优质均衡发展进城务工人员子女入学政策为例，政府在推进此项政策时为什么会出现政策执行力不高、政策替代和政策失真等问题，其中主要原因就是政策执行路径单一, 仍过分依赖于自上而下的科层式命令。而上海市采取委托管理、政府购买服务等手段, 有效地化解了这一政策困境。20世纪80年代后期到90年代初期, 新公共管理的浪潮席卷西方发达国家。其中一些国家的政府为提高公共管理水平, 就已经运用政府项目外包、发放府际间补助金等方式进行间接行政, 公共政策执行取得显著成效。我国各级政府可以借鉴市场化、社会化的方法、技术, 引进市场竞争机制, 采用服务外包、发放教育券等多种方法来执行义务教育优质均衡发展政策。

（3）公私利益兼顾

政策网络理论认为, 政策执行是政策网络中多元主体间利益博弈、协商和整合的过程。政策网络中的多元行动者正是在结构化互动中追求自己利益的实现, 政策多元主体之间关系其实质是一种指向于利益的竞争和结盟关系。一项公共政策执行, 相关行动者很多, 每个政策相关行动者都有自己的利益, 各相关行动者都希望在公共利益实现的过程中实现自身利益的最大化。不仅是政府在政策执行过程中有着自身利益, 政府的各个部门之间也有利益纷争。这种情形, 笔者在B区义务教育优质均衡发展政策执行的考察中也有很多感受。例如, 在B区校长、教师交流政策执行中, 优秀教师、优秀校长是稀有资源。在此政策执行过程中, 区政府、各街道乡镇、交流政策相关的学校、优秀教师所在学校的学生家长及优秀教师本人等都存在着自身利益诉求, 他们通过多种方式对政策执行施加影响, 而此时妥善处理好政策相关主体的利益便成为影响政策执行效果的关键因素。因此, 义务教育优质均衡发展政策在县域执行要注重建立利益引导、利益表达、利益约束、利益补偿等机制, 协调公共利益和政策执行多元主体私人利益之间的关系, 并在复杂的利益结构关系中建立平衡样态。只有这样, 义务教育优质均衡发展政策执行才能得到县域内外相关各政策责任主体的信任与支持, 形成有效合作的网络路径, 从而推进政策的有效执行[①]。

---

① 谭英俊:《走向一种有效的公共政策执行模式——基于政策网络理论的启示》,《内蒙古社会科学》2008年第4期。

二　理顺义务教育优质均衡发展政策县域运行机理

公共政策主要是指由公共机理产生的政策，公共机理又蕴含在公共政策相关的机体、机构和机能之中。公共的政策机理决定了政策制定和执行的方式和方法，而机体的结构及其健康运行是机理能否发生作用的基础。义务教育优质均衡发展政策作为一项公共政策，它的整个运行过程都受到公共机理的动态影响。义务教育优质均衡发展政策在县域的有效执行，必须要理顺公开机理、公平机理和公正机理三个机理。

1. 理顺公开机理

没有公开，就没有公平，也就没有公正，有序的公开机理对于公共政策的运行起着一种监督和透明化的作用。公开是指能够对政府的公共政策和公共事务进行及时有效的公布，使政策在公众的监督之下运行，最大化地避免和减少暗箱操作的发生。

首先，政府要对公开机理的内容和形式进行界定和梳理，如在义务教育优质均衡发展政策执行中，政府要理顺政务公开监督机理、政府信息公开机理、公共信息公开机理，建立政府信息公开条例，使之作用于政策信息，促进政策信息能够及时、准确、全面地进行沟通和交流，增强政府管理的透明度，并对公众的信息进行及时而快速的反应，使得政府与公民之间形成一种良性的互动，形成顺畅的沟通合作的管理局面。一方面，政务信息和公共政策的精神和方针得到传播并使公众普遍地了解，另一方面又创设公开透明的政策运行环境促进社会的参与，社会公众的监督作用得以发挥。在县域义务教育优质均衡发展政策执行过程中，政府要创新组织结构，倡导公众参与公共政策执行的多主体方式，打破传统体制下政府对公共事务的垄断，鼓励社会组织参与社会的治理变革。

其次，要在公共政策决策与执行环节实施听证制度。听证制度是一种关于公共政策理论的制度设计。在义务教育优质均衡发展政策决策时，县级政府要注重听证的程序设计，听取学校、教师、家长等利害关系人、社会各方及有关专家的意见，充分考虑来自不同阶层、不同行业和不同状态的社会回应，使公共政策的决策能最大限度地代表民意，最大范围地保护公众的合法利益。在义务教育优质均衡发展政策县域执行过程中，要建立政府、社会组织、公民个人等多方合作的多中心公共政策执行方式，扩大听证的应用范围，拓展社会各方参与政策执行的渠道，实现公共政策执行主体的多元化。例如，在名校集团化政策执行中，政府既要听取弱势群体对于优质教育资源均衡的呼唤，也要听取既得利益者的意见，健全意见回应机理，建立有效的司法救济途径，从而保证义务教育名校集团化政策目标的有效达成。

2. 理顺公平机理

政策执行是在一系列价值观引导下，由政府所作出的对公共领域和公共事务的问题解决方式的选择与公共利益追求的博弈过程。在公共政策的制定与执行中，唯有公平机理的体现，才能实现政策制定主体与政策实施对象客体之间更好地耦合。现行的义务教育优质均衡发展政策，其政策的主旨是追求公平性，其在实施过程中的公平性表达就是消除差距，构建和谐社会。此政策的公平机理作用就是要进一步促进各社会和各个公民之间在实现政府的权利与义务之间的平等状态。亚当斯（Adams J. S.）认为，公平的合理性在于它肯定了公平感作为一种内在价值在社会中的重要作用，它是衡量个人与他人、个人的现在与过去的一种重要的内心感受，其表现形式是主观的，其内容是客观的。[1] 可见，只有在社会公平机理完善的基础上，义务教育优质均衡发展政策才能得以更好地执行。在义务教育优质均衡发展政策县域执行中，政府信息向每一个公民公开，而不是向部分人公开；优质教育资源辐射包含进城务工人员子女在内的所有适龄儿童，而不是部分城市适龄儿童等，这就是公平机理的表现。在公平机理的政策运行过程中，要特别处理好程序公平与实质公平的关系。义务教育优质均衡发展政策执行中的程序公平和实质公平是不可分割的整体，正如一枚硬币的两面，缺一不可。程序公平是有效实现义务教育优质均衡发展的基础，而实质公平则是政策执行程

---

① 黄建钢、骆勋：《新公共政策学》，北京大学出版社 2010 年版，第 368 页。

序公平后的结果表述。如何在义务教育优质均衡发展政策执行中实现实质公平？一是要抓好教育公平相关政策的顶层设计，着力健全义务教育优质均衡发展保障机制，完善义务教育优质均衡发展中实质公平的监督评估机制。公平机理是以制度为基本内容的，是以一系列制度作为基础，以制度作用的发挥为运转动力的机理，制度形成机理，但机理包括制度，而制度之合并不是机理。机理是制度的有机合成，合理而科学的机理对于政策的有效执行具有很强的促进作用。二是要树立公平的价值观。公平的价值观是公平机理的核心，唯有公平价值观的树立，才能保证义务教育均衡发展政策制定与执行的公平性与均等性。三是要抓好义务教育优质均衡发展过程中实质公平的具体落实。地方政府要切实履行公共责任，公开教育公平政策的操作流程，依法依规做好教育资源的重组与分配。在义务教育优质均衡发展政策县域执行中，只有强化程序公平与实质公平的衔接，注重平等保障与差别对待的结合，在关照现实利益需求的同时着眼长远的利益需求，才会有进城务工人员子女"两为主"入学政策的真实执行，才会有区域内优质教师资源的均衡配置，才会有对偏远农村学校及弱势学生群体的补偿。

3. 理顺公正机理

罗尔斯说："正义是社会制度的首要价值，正像真理是思想体系中的首要价值一样。"① 公正机理是在公共机理中实现难度最高、保障手段最少的一种机理。它主要由分配公正、程序公正和司法公正三种公正机理构成。公正是公共政策制定和运行的首要价值和首先要遵守的标准。义务教育优质均衡发展政策也是在义务教育发展遭遇一系列问题时产生的，它必然以公正作为政策的价值取向。以公正理念为取向的公共政策制定与执行要从各个角度体现出公正的内涵、表达出公正的要义、获得公正的结果。在义务教育优质均衡发展政策县域运行中，政府首先要注重各个方面的政策相关者"公正"权利的实现方式，使其均等地分配物质利益，共同地参与政治，平等地文化交流，以公正的机理实现

---

① ［美］约翰·罗尔斯：《正义论》，中国社会科学出版社1988年版，第1页。

社会资源在社会成员之间的合理分配，形成社会公正状态。其次，政府要加强制度建设，力求公共行政行为规则制度化。在义务教育优质均衡发展中，加快现代学校制度建设进程，完善教育质量认证体系，提升区域教育品质，追求和保障人人享有高质量的义务教育，从而满足人们对优质教育的需求，推进教育公正性的真正实现。最后，用司法维护社会公正，建立教育公共治理的社会参与制度，如教育听证制度、评估制度和监督制度等，实现社会成员权利与义务的平衡与一致，减少政策运行过程中不公现象的发生。

三 完善义务教育优质均衡发展政策县域运行制度

教育政策运行机制是指政策执行过程中影响政策执行各因素的结构、功能和关系，及诸因素产生影响发挥功能的过程、原理和运行方式的总称。从政策执行路径变迁来看，政策执行的方式正从线性的方式向网状方式变化，政策执行的责任主体越来越多，政策执行越来越注重政策目标人群和利益相关者对政策执行的参与与积极回应。政策的实质是社会价值权威性分配方案，政策执行则是利益落实的过程。政策执行中相关行动者都是在追求公共利益实现的过程中关注私人利益的实现，忽视对这种关系的平衡或者说缺乏对这种行为的监督，往往会导致政策的失真与失败。因此，义务教育优质均衡发展政策在县域的执行，需要建立民主参与机制、协调平衡机制、激励支持机制和监测评估机制等，从而促进义务教育优质均衡发展政策目标的实现。

1. 民主参与机制

民主参与是指公共法权主体为使公共政策更好地反映公众利益，广开言路、集思广益，促进政策执行责任主体、利益相关者、专家及第三部门等深度参与政策制定、政策规划与政策执行的一种政策行为。公共政策民主参与机制则是保证和提高政策相关者对公共政策制定和执行过程的参与权、决策权及监督权等各项制度和措施。第一，构建公共政策民主参与的平台。俞可平认为，"善治需要公民积极的合作和对政府行为的自觉认同，缺乏公民对政府行为的积极参与和呼应，其最多算是善政，而不是善治。①" 要广辟民主参与途径，营造良好的民主参与环境，不断扩大参与主体范围，进一步发挥其代表性作用。例如，在进城务工人员随迁子女入学政策制定与执行时，政府部门要树立"主权在民"的观念，想群众所想，急群众所急，充分尊重进城务工人员及其子女的合法权利，承认公众在公共政策整个运行中的主体地位，积极协调好进城务工人员与原住民之间以及他们与政府之间的利益矛盾，使政策执行取得公众最大限度的认同和支持。要加强政策信息网络建设，公开政策信息，引导公民多途径参与政策过程，从而增强公民民主参与公共政策过程的责任意识和自主意识。第二，加强公共政策民主参与制度建设。我国教育政策民主参与机制中存在很多问题，从制度上保证民主参与是解决问题的根本途径。我们必须建立健全教育政策民主参与系列制度，促进教育政策民主参与的规范化、公开化、有序化、经常化。一是制定科学程序，推动教育政策民主参与规范化。当前要加强政策制定程序的民主化建设，进一步健全政策听证制度、公民批评监督制度、公众利益表达制度等，明确的规定民主参与的内容、方式和途径，形成科学的制度体系。二是推行信息公开，推动教育政策民主参与的公开化。信息的闭塞与不对称，公共政策就不会有真实的民主参与。只有让政策相关者充分知晓教育政策制定的过程和执行情况，才能加快政策相关者对教育政策的理解和接受进程。政府部门要广泛开展网络政务、政策公示、公众听证等活动，减少教育政策制定和执行的"暗箱操作"，让公众尽可能多地知晓和理解政府的政策信息。三是创新参与方式，推动教育政策民主参与的有序化。有效并有序推进民主参与教育政策过程，需要我们将民主参与变成具体易行的可操作方式，需要我们在教育政策的制定、执行和评价的各个环节中进行方式和程序的系统创新。政府要多方引导、积极支持民主参与教育政策活动，发挥公众参与政策的主动性，让更多的政策相关者有表达自己政策利益的渠道，并对公共政策的制定与执行产生正向的作用与影响。如在义务教育优质均衡发展政策评估中引

---

① 俞可平：《论国家治理现代化》，社会科学文献出版社 2014 年版，第 14 页。

入公众满意度调查等，有利于政府真实掌握教育政策执行的效果，有利于义务教育优质均衡发展政策目标的实现。四是完善联系制度，推动教育政策民主参与的经常化。要更好地推进教育政策民主参与，就需要各级政府与政策相关者加强经常性的联系。在教育政策执行各个环节，把征求公众意见、接受公众监督等工作常态化，不断增强公共政策制定与执行的透明度。

2. 协调平衡机制

任何一项公共政策其可能的结果有四种，教育政策亦然。一是政策相关者都从此政策实行中获益，即全赢；二是政策执行中众多政策相关者获益，而一部分相关者利益受损，即少输多赢；三是多数政策相关者利益受损而少数政策相关者获益，即多输少赢；四是所有政策相关者在政策执行中利益或多或少都受到损害，即全输。不可否认的是，在政策执行过程中，政策相关者在追求公共利益目标实现的同时，也在最大可能地追求自身利益的实现。教育政策作为公共政策的一种，其执行的过程也充斥着政策相关者的利益冲突与博弈。为了避免教育政策执行出现后多输少赢或全输的结果，政策执行者要防止步入"城管式困境"①。

研究者认为，解决教育政策执行中利益不平衡问题，一要建立政府主导的公共责任机制。各级政府要把义务教育优质均衡发展的责任担当起来，进一步规范政府部门的行为和程序，加强对教育政策执行过程的管理、监督和评价，把义务教育优质均衡发展政策的落实纳入政府、部门和官员的考核评价体系，建立起职责对应的责任链条，使义务教育优质均衡发展政策的公平理念真正落到实处。二要建立利益诉求表达机制。要广辟渠道，让公众拥有顺畅的利益诉求表达途径，促进政策目标人群和利益相关者对政策执行的积极回应与参与。进一步发挥人大、政协的主渠道功能，陈述公众利益诉求；进一步发挥社会组织的桥梁作用，沟通公众与政府之间联系，探索建立政府与政策相关者的沟通机

---

① 源于城市管理中相关利益者都不满意的现象，与"帕累托最优"相反，即利益相关者对政策执行都不满意。这种政策执行中利益相关者全输的政策困境，称为"城管式困境"。

制。三要建立利益调节机制。针对义务教育优质均衡发展中城乡学校教师队伍差距、流动儿童等问题,实施差序化的补偿机制,分时序、有重点地解决一定时期的重点问题。四要建立利益矛盾化解机制。当政策相关者之间出现利益矛盾后,制度化应对方案就显得十分必要。首先要制定应对预案,政府要充分考虑政策执行中可能产生的多种利益冲突,制定尽可能全面的应对预案,以便有针对性地解决政策执行中的利益纷争。其次要建立利益协商制度,引导利益相关者依照法律法规在谈判中协商,权衡其利益轻重,自主解决政策执行中出现的利益争端,从而实现政策利益相关者的自我管理。就当下义务教育优质均衡发展政策执行来看,建立第三方调解仲裁制度非常必要。针对利益相关者的利益诉求,第三方调解者根据利益相关者各自利益空间的弹性大小,坚持公正与"损益补偿"的原则,展开有效的沟通、协调,从而在利益平衡中解决政策执行中的问题。

3. 激励支持机制

事实上,在某项公共政策执行过程中,从上级组织到地方组织的政策执行链条中形成了多级委托代理关系。詹森(Jensen)和麦克林(Meckling)认为,委托和代理关系是"一个人和一些人(委托人)委托其他人(代理人)根据委托人利益从事某种活动,并相应地授予代理人某些权利的契约关系[①]",其核心就是建立一种合理的激励机制。激励机制就是在公共政策执行过程中用来调动政策执行的主客体积极性各种激励措施,从而共同有效完成政策目标的一种制度框架。激励与行为之间的关系非常密切,因为有了政策目标的指引和政策执行过程中相关机制的激励,政策执行的主体和客体便将执行过程中的机制转化为政策执行主体和客体的自动力,其行为也从消极变为积极。政策执行主体和客体的自动力与政策目标的实现呈正相关的关系。就义务教育优质均衡发展政策执行而言,要使地方政府最大可能地实现政策目标,就必须

---

① 何维达:《企业委托代理制的比较分析》,中国财政经济出版社 1999 年版,第 200—240 页。

激发起地方政府执行政策最大的自动力，就需要创设激励相容的最大化政策空间，即委托人为实现自身效用最大化而要求的代理人努力程度最大化，同时使代理人自身实现效用最大化①。因此，在义务教育优质均衡发展政策执行过程中，政策执行者必须打破单一的行政命令模式，在多级委托代理关系中最大可能地使用有限资源，创建有效的激励机制，如实行政治激励机制、经济激励机制和精神激励机制等。在强调激励相容最大化对于政策执行积极意义的同时，政策执行主体还需要合理地设置激励强度，运用平衡激励的手段与方法，强调多数政策执行者的工作绩效，有效体现作为代理人的政策执行者政策执行的努力程度，激发政策执行者政策执行的自动力，充分发挥利益分配在政策执行中的激励支持功能。

4. 监测评估机制

法国政治学家孟德斯鸠所言："一切有权力的人都容易滥用权力，这是一条万古不易的经验。有权力的人们使用权力一直遇到有界限的地方才停止。②"在政策执行中，因为执行者认识差距或造成对政策执行的误解，或因为政策执行者利益偏好的影响，往往会出现政策执行偏离目标或政策失真等现象。在教育政策执行过程中，有效的监督、评估是保证政策执行方向正确的重要手段。在义务教育优质均衡发展政策执行中，监督主体缺失、监督意识不强、监督体制缺省、监督渠道阻滞等问题不同程度地存在。若从根本上解决政策执行过程中的这些问题，则必须要加强政策执行监督评估机制的系统建构。

第一，提高对政策执行监督评估意义的认识。在义务教育优质均衡发展政策执行中，政策执行监督评估还没有引起人们足够的重视。有些政策的执行根本没有成立相应的监督评估组织；即便是有监督评估组织，其主动参与监督的意识不强，评估专业性也不高。所以，以监督评估促进政策执行成效提高，首先要提高行政主体对政策执行中监督评估

---

① 刘有贵、蒋年云：《委托代理论述评》，《学术界》2006年第1期，第76页。
② ［法］孟德斯鸠：《论法的精神》，许明龙译，商务印书馆1978年版，第154页。

意义的认识，使其理解对政策执行有效的监督评估之于实现政策目标的重要性，从而建立健全与政策执行相匹配的监督评估组织机构。其次要加强对政策执行全过程监督的意识，注重对政策执行过程的监督评价，发现政策执行中出现的种种问题，并向政策执行相关部门进行反馈，及时地校正政策执行中政策失真、执行偏差等现象，促进政策执行指向政策目标，从而充分发挥政策资源的作用。

第二，完善政策执行监督评估机制。一是要加强公共政策执行监督评估人才队伍建设，突出其履行监督评估职能的独立性。努力建构一个有利于政策执行监督评估机构组织参与政策执行监督评估的良好环境，促进其有序高效的发展，为科学客观的政策执行监督评估提供坚实有力的支持。二是要促进政策执行监督评估组织开辟多种渠道运用多种工具进行信息收集，并保证所收集的政策执行信息具有时效性和客观性。同时，政策执行监督评估组织要与政策制定者和执行者建立联系，共享信息资源，并督促政策执行者公开政策执行相关信息，及时发布政策执行路径、进程和阶段性成效等信息。三是要完善监督评估标准体系，实现政策执行监督评估常态化、制度化。科学规范的监督评估标准是政策执行过程监督评估的指南，监督评估标准力求准确具体、简便易行，合理使用量化评价和质性评价，在实现政策执行监督评估过程程序化的同时实现评估结果处理的制度化，充分发挥监督评估诊断、纠偏、鞭策与激励功能，力戒监督评估形式化倾向。四是要实行政策执行责任追究制度。在一个公共政策执行链条上，在授予各个政策执行者权力的同时，确定政策执行相关者的责任，明确权力持有者风险观念，规范政策执行者合理有度地使用职权。监督评估主体要认真履行职责，全过程监督评估政策执行，敢于揭示政策执行者的失职或违法行为，并对相关政策执行者进行问责。

四　优化义务教育优质均衡发展政策县域运行环境

政策执行是政策执行者根据政策目标要求，选择积极的方法与措施，与政策相关环境中的各种因素相互作用影响，促使政策目标实现的动态过程。里格斯一语道出了政策执行与环境的关系，"要了解一个国家的公共行政，就不应该仅仅局限于行政系统本身，而应该跳出行政系统，从社会这个大系统来考察行政，亦即考察一国的行政与该国的社会环境的关系。①"保罗·塞巴梯也尔认为环境因素对政策执行的影响非常大，政策执行过程是政策执行的因变量，而环境因素是自变量。当某项政策实际执行时，政策环境中的因素便不断地影响政策执行者的行动②。由此可以看出，一个理想的政策执行必须要建立政策执行者行政行为与政策环境因素之间的关联性。义务教育优质均衡发展政策执行亦然，要想义务教育优质均衡发展政策在县域中执行取得良好的成效，就必须持续不断地优化义务教育优质均衡发展政策的县域执行环境。

　　义务教育优质均衡发展政策的县域执行环境优化是一项系统工程。第一，要优化政治环境。要努力构建县域内党政、宪政、科层之间协调高效的行政关系，深入推进行政管理体制改革，权责对应，提高政策执行效率。要进一步发挥行政吸纳政治的功能，以精英整合的方式接纳各阶层的利益诉求，提高公共政策执行中的民主参与程度。各级党委政府要充分发挥政治与行政一体化的作用，整合各种政治与行政力量推进教育政策执行。第二，要优化经济环境。县级政府要立足县域经济社会发展的现实，深化认识，更新观念，把握经济发展规律，拓展县域经济增长方式，促进县域经济全面、协调、可持续地发展，为义务教育优质均衡发展奠定坚实的经济基础。第三，要优化文化环境。要坚持"既重经济、又重文化"发展思路，广泛建设文化阵地，开发多样性的文化资源，引领公民参与文化建设与发展，满足公众多层次、多方面的文化需求，持续提高公民的文化素养和政策理解水平，引导公众理性地参与教育政策执行。第四，要优化社会环境。县级政府要处理好社会改革和社会转型时期县域内各种矛盾，厘

---

① 丁煌：《西方行政学说史》，武汉大学出版社 2004 年版，第 285 页。
② 袁振国：《教育政策学》，江苏教育出版社 2001 年版，第 306 页。

清政府与市场之间的关系、在加强制度建设的同时发挥非正式组织在政策执行中的作用，加强政策执行者与政策目标群体之间的沟通。创设提倡公共服务的社会环境，建立健全政策监督评价制度，促进义务教育优质均衡发展政策执行系统高效运转。

五　调整义务教育优质均衡发展政策县域执行重心

所谓政策调整，就是在政策运行过程中或政策运行一定时期后，政策主体根据政策运行的效果和反馈信息，对政策实施的方案、政策执行路径等及其与目标之间的关系等进行修正、补充和发展，以实现政策预期目标的政策行为。每一项公共政策都是政策主体在特定的情境中因政策问题的出现而制定和实施的。虽然某一项政策在制定并执行后，其政策内容已经固定，但在政策执行过程中，由于政策执行主体自身的影响或者政策环境的变化，可能会引发政策问题的变化，或者是新问题、新矛盾的发生。为了防止政策运行的滞后性带来政策运行危机，必须对政策运行的某些环节或方式做出相应的调整，使政策计划或执行流程得以完善。此外，政策也是在一定时期基于政策主体已有认识水平基础上形成和运行的，公共政策的制定是基于特定时期现成认识的假设和预测，很难达到完美无瑕。而人们的认识却是随着实践的深入不断地提高和发展，因而政策的制定和实施并非一成不变，需要不断地调整、修正和优化，最终有效地解决政策问题。

义务教育优质均衡发展政策也是这样。在义务教育均衡发展的初期，政策重心体现在区域之间、城乡之间和校际之间基本办学条件的均衡。随着基本均衡的实现，义务教育优质均衡发展政策产生。可以说，义务教育优质均衡发展的提出就是对义务教育均衡发展政策的调整。B区在义务教育优质均衡发展政策运行中，地方政府实施了新建学校接纳流动儿童、校长教师城乡流动、名校集团化建设和教育信息化建设等一系列政策行为。研究者发现其优质均衡发展的重心过多地体现在教育资源的配置上，实质上仍是一种外在式均衡。联合国教科文组织《全民教育行动纲领》指出，如果不能向全民提供保证质量的教育，所谓的全民教育不过是一种"空洞的胜利"①。因此，义务教育优质均衡发展必须把提高质量作为政策的核心要义，在优质教育资源总量满足均衡需要的同时，提供更加优质的教育教学质量，更好满足人民群众接受高质量教育的需求。

在义务教育优质均衡发展政策执行中，"优质"不再仅仅是指向教育资源，而应是指向教育质量。从这个意义出发，义务教育优质均衡发展政策的重心必须尽快从教育资源的优质均衡调整到作为结果的教育质量均衡上来。加快资源均衡向质量均衡的转变，需要政策执行主体更加关注微观层面的政策运行。政策执行者要坚持立德树人，把中华民族优良传统和社会主义核心价值体系与学校教学紧密结合起来，在学校文化建设、学生社会实践和教育教学管理等各个方面，创新德育工作方法，养成学生良好的道德品质和高尚的人文情操，提高学生的社会责任感，培育学生的创新精神和实践能力。要促进学校深入推行素质教育，完善义务教育教学质量监控体系，建构学校课程文化，打造学校特色项目。要深化课程和教育教学改革。更广层面开展启发式、探究式、讨论式、参与式教学，注重因材施教，关注学生身心发展，在国家课程校本化的基础上，开发、开设满足学生个性发展的校本课程，围绕课程开发创新实施载体，切实提高课程实施水平，使每所学校的学生学业合格率、综合素质评价优良率达到较高标准，从而实现义务教育优质均衡发展"有质量的公平""有效率的质量"和"有人性的效率"的目标。

第四节 研究创新与不足

一 研究的创新

1. 系统分析了义务教育优质均衡发展政策在县域地方确立的理论框架与执行逻辑，拓展了基础教育领域政策研究的深度与广度

在本研究中，研究者以发达地区 W 市 B 区为个案，从政策执行的

---

① 冯建军：《优质均衡：义务教育均衡发展的新目标》，《教育发展研究》2011 年第 6 期。

积极成效和结果偏差两个维度对义务教育优质均衡发展政策在地方执行情况进行解释和批判性的分析，从政策执行复杂性的视角寻求义务教育优质均衡发展政策在地方执行得失的原因，并探究政策执行运行逻辑及其特征，在此基础上提出政策建议。

2. 运用"赛局理论"来分析义务教育优质均衡发展政策在县域的执行，丰富了政策研究的视角和维度

本研究在借鉴 E. 巴德克（Eugene bardach）政策执行"赛局"理论的基础上，将 B 区义务教育优质均衡发展政策执行视作一场多方利益相关者参与的"赛局"，并结合 B 区义务教育优质均衡发展政策执行中的相关要素，进行阐释和论证，对义务教育优质均衡发展政策的执行方式的优化与改良具有一定的启示意义。

3. 以 W 市 B 区为个案丰富了义务教育优质均衡发展政策研究的经验性资料

本研究以发达地区 W 市 B 区义务教育优质均衡发展政策执行的实际情况为基础，在政策文本分析、访谈调查等多种研究方法的基础上，深入现场收集数据，并进行统计分析，形成了 B 区义务教育优质均衡发展政策执行丰富而翔实的经验性资料，为后续的研究奠定了一定的基础。

二　研究的不足

1. 研究结论方面

本研究以 W 市 B 区为个案进行义务教育优质均衡发展政策执行研究，在此基础上对政策执行逻辑进行分析，总结其运行特征，提出政策建议。在整个研究体系中所得到的认识和观点是否适合中部、西部地区和发达省份中欠发达地区？在不同的县域，"网状弹性"的政策执行模式是否会将政策执行引向更为复杂的政策执行？这些疑问还有待深入的研究加以证实。

2. 研究视角方面

本研究主要是从"赛局"的视角来分析复杂的政策执行，因为研

究者理论水平的不足，深入现场研究能力的欠缺，可能存在着理论与实践"疏离"的现象，论证的深度和广度有待进一步地加强。也可能因为自己一叶障目的研究视野，遮蔽了更为适切的研究视角，这是研究者在研究中的遗憾，也是今后研究需要努力的方向。

3. 研究方法方面

对于以个案为基础的政策研究，混合研究方法的使用还很生涩。量化研究还很欠缺，质性研究对研究现场资料的"深挖"不够，研究者尚不具备较强的研究能力，不能灵活运用多种研究方法。囿于研究者在时间、精力、能力以及社会资源等方面的不足，本研究对研究现场资料的收集与析取尚存在一定的缺憾。

参考文献

一　历史文献与工具书

1. 《长江三角洲城市年鉴》编辑部：《长江三角洲城市年鉴 2013》，中国文史出版社 2014 年版。

2. 顾明远：《教育大辞典（第一卷）》，上海教育出版社 1990 年版。

3. 华志栋：《太湖教育史》，中华书局 2000 年版。

4. 教育部发展规划司：《中国教育统计年鉴 2004》，人民教育出版社 2005 年版。

5. 吴志宏：《教育政策与教育法规》，华东师范大学出版社 2003 年版。

6. 杨东平：《中国教育蓝皮书（2003 年）》，高等教育出版社 2004 年版。

7. 中国大百科全书总编辑委员会《教育》编辑委员会：《中国大百科全书·教育》，中国大百科全书出版社 1985 年版。

8. 中华民国教育部：《第一次中国教育年鉴》，开明书店 1934 年版。

二　国内外著作类

1. 曹俊汉：《公共政策》，三民书局 1990 年版。

2. 陈庆云：《公共政策分析》，北京大学出版社 2006 年版。

3. 陈振明：《政策科学——公共政策分析导论》，中国人民大学出版社

2003 年版。

4. 丁煌：《西方行政学说史》，武汉大学出版社 2004 年版。

5. 黄建钢、骆勋：《新公共政策学》，北京大学出版社 2010 年版。

6. 何维达：《企业委托代理制的比较分析》，中国财政经济出版社 1999 年版。

7. 李成智：《公共政策》，团结出版社 2000 年版。

8. 林水波、张世贤：《公共政策》，台北五南图书出版公司 1982 年版。

9. 李书磊：《村落中的国家》，浙江人民出版社 1999 年版。

10. 祁型雨：《超越利益之争——教育政策的价值研究》，高等教育出版社 2003 年版。

11. 祁型雨：《利益表达与整合——教育政策的决策模式研究》，人民教育出版社 2006 年版。

12. 瞿瑛：《义务教育均衡发展政策问题研究》，浙江大学出版社 2010 年版。

13. 孙绵涛：《教育政策学》，武汉工业大学出版社 1997 年版。

14. 陶学荣、崔运武：《公共政策分析》，华中科技大学出版社 2008 年版。

15. 王国强：《江苏教育现代化实践》，红旗出版社 1999 年版。

16. 于发友：《通向教育理想之路：县域义务教育均衡发展研究》，山东人民出版社 2008 年版。

17. 俞可平：《治理与善治》，社会科学文献出版社 2000 年版。

18. 俞可平：《论国家治理现代化》，社会科学文献出版社 2014 年版。

19. 杨庆育主编：《统筹城乡理论与实践——重庆案例》，重庆大学出版社 2012 年版。

20. 姚洋：《作为制度创新过程的经济改革》，格致出版社、上海人民出版社 2008 年版。

21. 杨颖秀：《教育决策科学化民主化研究》，东北师范大学出版社 2001 年版。

22. 袁振国：《教育政策学》，江苏教育出版社 2000 年版。

23. 袁振国、田慧生：《义务教育均衡发展报告 2010》，教育科学出版社 2011 年版。

24. 翟博：《教育均衡论——中国基础教育均衡发展实证分析》，人民教育出版社 1998 年版。

25. 曾超满、丁小浩等：《效率、公平和充足——中国义务教育财政改革》，北京大学出版社 2010 年版。

26. 张芳全：《教育政策导论》，台北五南图书出版公司 2006 年版。

27. 朱家存：《教育均衡发展政策研究》，中国社会科学出版社 2003 年版。

28. 张乐天：《教育政策法规的理论与实践》，华东师范大学出版社 2002 年版。

29. ［美］弗朗西斯·C. 福勒：《理解公共政策》，许庆豫译，江苏教育出版社 2007 年版。

30. ［美］亨廷顿著：《变化社会中的政治秩序》，王冠华等译，生活·读书·新知三联书店 1989 年版。

31. ［美］罗伯特·K. 默顿：《社会理论和社会结构》，唐少杰、齐心译，译林出版社 2006 年版。

32. ［美］斯图亚特·S. 那格尔：《政策研究百科全书》，科学技术文献出版社 1990 年版。

33. ［美］托马斯·戴伊：《自上而下的政策制定》，中国人民大学出版社 2002 年版。

34. ［美］约翰·罗尔斯：《正义论》，中国社会科学出版社 1988 年版。

35. ［美］叶海卡·德罗尔：《逆境中的政策制定》，王满传等译，上海远东出版社 1996 年版。

36. ［法］孟德斯鸠：《论法的精神》，许明龙译，商务印书馆 1978 年版。

37. ［法］皮埃尔·布迪厄：《文化资本与社会炼金术——布迪厄访谈录》，包亚明译，上海人民出版社 1997 年版。

38. ［法］皮埃尔·布迪厄、华康德：《实践与反思：反思社会学导引》，李猛、李康译，中央编译出版社 2004 年版。

39. ［英］吉登斯：《现代性的后果》，田禾译，译林出版社 2000 年版。

40. ［英］米切尔·希尔：《现代国家的政策过程》，赵成根译，中国青年出版社 2004 年版。

41. ［英］斯蒂芬·鲍尔：《政治与教育政策制定——政策社会学探索》，王玉秋译，华东师范大学出版社 2003 年版。

42. Benny Hjern and David O. Porter. Implementation Structures：A New Unit of Administrative Analysis，Organization Studies，2/3（1981）.

43. Borzel，Tanja. Organization Babylon—on the Different Conceptions of Policy Networks ［J］. Public Administration，1998，Vol. 76：254.

44. Catherine E. Johnson，Intergovernmental Relation：The Implementationof Federal Policies，UMI（bell & Howell Information Company），1999.

45. Competitive Authoritarianism Tsai，Kellee S. "Adaptive Informal Institutions and Endogenous Institutional Change in China," World Politics，Vol. 59，No. 1，2006，116.

46. David Bachman（1987），Implementing Chinese Tax Policy，in Lampton，pp. 8 − 12.

47. Donald C. Menzel，An Interorganization Approach To Policy Implementation，Public Administration Quarterly，1987（1），11.

48. Freeman R. E. Strategic Management：A Stakeholder Approach ［M］. Boston，MA：Pitman，1984.

49. Fullan M. Planning，Doing and Coping with Change ［A］. In Harris，A.，Bennett，N. and Preedy，M. （Eds.）. Organizational Effectiveness and Improvement in Education ［C］. Buckingham，UK：Open University Press. 1997：pp. 205 − 215.

50. Hill Michael. The Policy Process：A Reader，Harvester & Whestsheaf ［M］. New York，1993：235 − 236.

51. J. L. Pressman & A. B. Wildavsky，Implementation ［M］. University of California Press，Berkeley，1973.

52. James. M. Buchanan et al. The Economics of Politics. London：Institute of Economic Affairs，1978，17.

53. Laurence J. O'Tool Jr. Research on Policy Implementation：Assessment and Prospects，Journal of public administration researchand theory，2000 （2），10.

54. Marsho David，RhodesoRoAoW. Policy Networksin British Government ［M］. Oxford：Clarendon Press，1992：13、10 - 11、251.

55. MarshoDavid，RhodesoRoAoW. Policy Networks in British Government ［M］. Oxford：Clarendon Press，1992：13、10 - 11、251、13 - 14.

56. Paulo Ao Sabatier. Top-down and Bottom-up Approaches to Implementation Research：A Critical Analysis and Suggested Synthesis ［J］. Journal of Public Policy，1986，（6）：21 - 48.

57. R. Weatherley，M. Lipsky，Street level Bureaucracy and Institutional Innovation：Implementing Special Education Reform，Harvard Educational Review，1975（2），47.

58. Scharpf F. W. Inter organizational policy studies：Issues，concepts and perspectives ［A］. Inter organizational Policy Making：Limits to Coordination and Central Control ［C］. London：Sage，1978.

59. Smith，Martin. Pressure，Power and Policy：State Autonomy and Policy Networks in Britain and the United States ［M］. New York：Harvester Wheatsheaf，1993：54.

60. Xu Chenggang， "The Fundamental Institutions of China's Reforms and Development," Journal of Economic Literature，forthcoming，2010.

三　学术论文类

1. 毕正宇：《教育政策执行模式研究》，博士学位论文，华中师范大学，2006 年。

2. 崔红菊：《义务教育均衡发展政策研究》，硕士学位论文，厦门大学，

2009 年。

3. 褚宏启：《教育制度与城乡一体化——打破城乡二元结构的制度瓶颈》，《教育研究》2010 年第 10 期。

4. 陈琳：《省域教育现代化的探索与实践——以江苏省为例》，《中国教育学刊》2013 年第 11 期。

5. 丛培娟：《我国民办高等教育政策制定中存在的问题与改进建设》，硕士学位论文，东北大学，2010 年。

6. 陈学军：《义务教育优质均衡发展究竟是什么》，《教育发展研究》2012 年第 22 期。

7. 曹原、李刚：《城乡教育一体化视野下的教师人事制度重建》，《教育科学研究》2011 年第 5 期。

8. 邓凡：《我国新型教育政策执行模式构建的路径选择》，《华南理工大学学报》2014 年第 2 期。

9. 邓旭：《教育政策执行的四重路径》，《江西教育科研》2007 年第 5 期。

10. 丁煌、杨代福：《政策执行过程中降低信息不对称的策略探讨》，《中国行政管理》2010 年第 12 期。

11. 董堂哲：《政策执行研究三十年回顾——缘起、线索、途径和模型》，《云南行政学院学报》2005 年第 3 期。

12. 冯建军：《优质均衡：义务教育均衡发展的新目标》，《教育发展研究》2011 年第 6 期。

13. 冯建军：《走向优质均衡：基础教育发展主题的转换》，《江苏教育研究》2010 年第 8 期。

14. 郭爱君：《论政策能力》，《政治学研究》1996 年第 1 期。

15. 高莉、李刚：《城乡教育一体化背景下的办学体制改革研究》，《教育科学研究》2011 年第 6 期。

16. 顾明远：《试论教育现代化的基本特征》，《教育研究》2012 年第 9 期。

17. 高庆蓬：《教育政策评估研究》，博士学位论文，东北师范大学，

2008 年。

18. 胡春梅：《教育政策执行概念的分析》，《辽宁教育研究》2005 年第 1 期。

19. 霍海燕：《当前我国政策执行中的问题与对策》，《理论探讨》2004 年第 4 期。

20. 胡伶：《教育政策评估标准体系的架构研究》，《教育理论与实践》2008 年第 12 期。

21. 韩清林：《教育政策的若干理论与实践问题》，《当代教育科学》2003 年第 17 期。

22. 侯云：《流动儿童义务教育政策执行的复杂性》，《教育科学研究》2012 年第 7 期。

23. 季乃礼：《埃特米耶的右翼威权主义理论探析》，《甘肃行政学院学报》2009 年第 3 期。

24. 贾晓静：《我国基础教育均衡发展研究综述》，《教育导刊》2007 年第 12 期。

25. 刘春梅：《失衡与制衡：教育政策执行的困境与消解》，《教育研究与实验》2011 年第 4 期。

26. 刘红熠：《教育政策评估范式选择问题研究》，《当代教育科学》2013 年第 3 期。

27. 李坤：《江苏省义务教育优质均衡发展模式与案例分析》，《江苏教育研究》2012 年第 5 期。

28. 李孔珍：《我国基础教育政策执行：整体推进模式》，《中国教育学刊》2010 年第 11 期。

29. 李树峰：《宏观教育政策决策研究》，博士学位论文，华东师范大学，2009 年。

30. 吕普生：《以政府主导型复合供给推进义务教育优质均衡发展——来自浦东的供给经验》，《福建行政学院学报》2013 年第 6 期。

31. 刘欣：《由教育政策走向教育公平——我国基础教育政策公平机制研究》，博士学位论文，华中师范大学，2008 年。

32. 刘新城、苏尚锋：《义务教育均衡发展的三种意蕴及其超越性》，《教育研究》2010 年第 5 期。

33. 刘小龙：《试论我国教育现代化价值取向的困惑及其人本回归》，《教育探索》2010 年第 11 期。

34. 李星云：《城乡义务教育优质均衡发展进程中的问题研究》，《内蒙古师范大学学报》2012 年第 10 期。

35. 李亚娟：《区域教育现代化建设经验的进一步思考》，《中国教育学刊》2012 年第 1 期。

36. 刘希平：《借助制度创新提升区域教育均衡化水平——杭州市名校集团化办学实践调查》，《科研与决策》2008 年第 1 期。

37. 刘有贵、蒋年云：《委托代理理论述评》，《学术界》2006 年第 1 期。

38. 陆岳新：《江苏县域教育现代化建设与评估的实践》，《上海教育评估研究》2012 年第 1 期。

39. 李祖超：《日本的教育现代化之路及其对中国的启示》，《清华大学教育研究》2004 年第 3 期。

40. 孟夏：《一个城市学区的创新与突围》，《人民教育》2014 年第 7 期。

41. 宁国良：《论公共政策执行机制问题》，《求索》2004 年第 6 期。

42. 邱白莉：《教育现代化指标体系比较研究——江苏省教育现代化指标体系研究》，博士学位论文，南京师范大学，2006 年。

43. 乔宝云、范剑勇、冯兴元：《中国的财政分权与小学义务教育》，《中国社会科学》2005 年第 6 期。

44. 孙代尧：《威权政体及其转型：理论模型和研究途径》，《文史哲》2003 年第 5 期。

45. 司洪昌：《嵌入村庄的学校》，博士学位论文，华东师范大学，2006 年。

46. 沈亮：《城市郊区教育资源优化的探究——以上海市南汇区为例》，硕士学位论文，上海交通大学，2008 年。

附录 A

受访对象一览表

编号	访谈时间	访谈对象	访谈对象情况	访 谈 方 式
1	2013 - 10 - 12	HWD	教育督导室主任	实地访谈、个别访谈
2	2013 - 10 - 12	LJZ	基础教育科长	实地访谈、个别访谈
3	2013 - 6 - 4	TJY	中心小学校长	实地访谈、半开放式访谈、团队访谈
4	2013 - 7 - 16	ZXQ	教师	实地访谈、半开放式访谈、个别访谈
5	2013 - 10 - 12	DBX	装备站主任	实地访谈、个别访谈
6	2013 - 11 - 12	ZZX	中心小学校长	实地访谈、半开放式访谈、团队访谈
7	2013 - 12 - 11	XJR	少年宫教师	实地访谈、半开放式访谈、个别访谈
8	2013 - 12 - 13	FCX	少年宫分负责人	实地访谈、半开放式访谈、个别访谈
9	2013 - 12 - 18	GJ	中心小学校长	实地访谈、半开放式访谈、团队访谈
10	2013 - 12 - 18	DKR	随迁子女班主任	实地访谈、个别访谈
11	2013 - 12 - 19	ZZX	中心小学校长	实地访谈、半开放式访谈、团队访谈
12	2013 - 12 - 21	LGT	进城务工人员	实地访谈、半开放式访谈、个别访谈
13	2013 - 12 - 25	PXG	随迁子女	实地访谈、个别访谈
14	2014 - 1 - 16	LL	副校长	实地访谈、半开放式访谈、个别访谈
15	2014 - 1 - 17	GJP	交流教师	实地访谈、个别访谈
16	2014 - 1 - 18	LXJ	随迁子女	实地访谈、个别访谈
17	2014 - 1 - 18	DW	随迁子女	实地访谈、个别访谈
18	2014 - 1 - 28	ZKP	进城务工人员	实地访谈、个别访谈
19	2014 - 2 - 1	GLX	校长	实地访谈、个别访谈
20	2014 - 2 - 1	QDG	财政所长	实地访谈、个别访谈
21	2014 - 2 - 22	SMY	交流教师	实地访谈、个别访谈

续表

编号	访谈时间	访谈对象	访谈对象情况	访 谈 方 式
22	2014 - 2 - 24	LY	校长	实地访谈、半开放式访谈、个别访谈
23	2014 - 2 - 24	YK	校长	实地访谈、半开放式访谈、团队访谈
24	2014 - 2 - 24	WL	教师	实地访谈、半开放式访谈、个别访谈
25	2014 - 2 - 24	MRH	副局长	实地访谈、个别访谈
26	2014 - 2 - 24	XZ	交流教师	实地访谈、个别访谈
27	2014 - 2 - 24	XM	交流教师	实地访谈、半开放式访谈、个别访谈
28	2014 - 2 - 24	ZM	人事科长	实地访谈、个别访谈
29	2014 - 2 - 24	WWD	初中校长	实地访谈、半开放式访谈、个别访谈
30	2014 - 2 - 25	ZJP	骨干教师	实地访谈、个别访谈
31	2014 - 2 - 25	DB	中学书记	实地访谈、半开放式访谈、个别访谈
32	2014 - 2 - 26	LL	副校长	实地访谈、半开放式访谈、个别访谈
33	2014 - 2 - 27	JDL	交流教师	实地访谈、半开放式访谈
34	2014 - 2 - 27	CY	计财科长	实地访谈、半开放式访谈、个别访谈
35	2014 - 2 - 27	CXQ	中学副校长	实地访谈、个别访谈
36	2014 - 2 - 27	FKW	交流教师	实地访谈、个别访谈
37	2014 - 3 - 2	WY	人事秘书	实地访谈、半开放式访谈、个别访谈
38	2014 - 3 - 4	QJ	教育局前局长	实地访谈、个别访谈
39	2014 - 3 - 4	LY	校长	实地访谈、半开放式访谈、团队访谈
40	2014 - 3 - 4	HZY	校长	实地访谈、半开放式访谈、团队访谈
41	2014 - 3 - 4	WB	副校长	实地访谈、半开放式访谈、个别访谈
42	2014 - 3 - 5	PWJ	原校长	实地访谈、半个别访谈
43	2014 - 3 - 5	LY	校长	实地访谈、半开放式访谈、个别访谈
44	2014 - 3 - 8	LJZ	基础教育科长	实地访谈、半开放式访谈、个别访谈
45	2014 - 3 - 9	LWD	原住民学生家长	实地访谈、个别访谈
46	2014 - 3 - 9	HZY	校长	实地访谈、半开放式访谈、个别访谈
47	2014 - 3 - 9	XNL	子体学校教师	实地访谈、个别访谈
48	2014 - 3 - 9	LY	校长	实地访谈、半开放式访谈、个别访谈
49	2014 - 7 - 22	ZYJ	校长	实地访谈、半开放式访谈、个别访谈
50	2014 - 9 - 16	HW	镇长	实地访谈、个别访谈
51	2014 - 9 - 16	QJ	教育局前局长	实地访谈、个别访谈

续表

编号	访谈时间	访谈对象	访谈对象情况	访　谈　方　式
52	2014 – 11 – 3	XZW	区督导室副主任	实地访谈、半开放式访谈、个别访谈
53	2014 – 11 – 9	LL	副校长	实地访谈、半开放式访谈、个别访谈
54	2014 – 11 – 17	JFG	副校长	实地访谈、半开放式访谈、个别访谈
55	2014 – 11 – 19	ZJF	工会主席	实地访谈、半开放式访谈、个别访谈
56	2014 – 11 – 19	XTF	校长	实地访谈、半开放式访谈、团队访谈
57	2014 – 12 – 9	YSW	支部书记	实地访谈、半开放式访谈、个别访谈
58	2014 – 12 – 10	HWD	教育督导室主任	实地访谈、个别访谈
59	2015 – 2 – 11	CJM	G 县人事科长	实地访谈、个别访谈

附录 B

B区进城务工人员随迁子女入学政策执行情况调查问卷与访谈提纲

亲爱的同学、家长、老师:

　　你们好!

　　为了全面了解进城务工人员子女在流入地学校的学习生活情况,我们设计了一些相关问题。希望能得到你的支持,并按照真实情况回答。你回答的所有信息,我都会保守秘密。谢谢!

第一部分　问卷部分

一、学生问卷

　　1. 你今年多少岁 (　　)

　　(1) 7　　(2) 8　　(3) 9　　(4) 10　　(5) 11　　(6) 12

　　(7) 13　　(8) 14　　(9) 15　　(10) 16　　(11) 17 岁以上

　　2. 你是 (　　) 年级时到 B 区读书的?

　　(1) 一年级　(2) 二年级　(3) 三年级　(4) 四年级

　　(5) 五年级　(6) 六年级　(7) 七年级　(8) 八年级

　　(9) 九年级

　　3. 你现在读几年级 (　　)

　　(1) 一年级　(2) 二年级　(3) 三年级　(4) 四年级

　　(5) 五年级　(6) 六年级　(7) 七年级　(8) 八年级

（9）九年级

4. 你的性别（　　）（1）男　（2）女

5. 你家有兄弟姐妹多少人？（　　）

（1）1　　（2）2　　（3）3　　（4）4　　（5）5人以上

6. 你父母的工作是（　　）

（1）工厂里的工人　（2）自己做生意

（3）工程师　　　　　（4）老板

7. 你现在的学校位置（　　）

（1）城区　　（2）农村　　（3）乡镇街道

8. 你父母上班时你与谁在一起？（　　）

（1）爷爷或奶奶　（2）外公或外婆　（3）邻居

（4）老师　　　　　（5）兄弟姐妹　　（6）自己一个人

9. 你爷爷或奶奶（外公或外婆）年纪多大了？（　　）

（1）45～50岁　　（2）51～60岁　　（3）61岁以上

10. 爷爷或奶奶（外公或外婆）辅导你功课吗？（　　）

（1）经常辅导　　（2）偶尔会　　（3）不会辅导

11. 你放学后或节假日会帮大人做一些什么事？（　　）

（1）洗衣服　　　　（2）做饭或洗碗

（3）带弟弟妹妹　（4）帮父母打工

12. 你班共有多少人？（　　）

（1）30～40人　　（2）41～50人　　（3）51人以上

13. 你班级里有多少B区本地人？（　　）

（1）5人以下　　　　（2）6～10人　　（3）11～15人

（4）15～20人　　　（5）21人以上

14. 你班级B区本地的同学对你好吗？（　　）

（1）好　　（2）不好　　（3）有几个好

15. 你的好朋友多数是（　　）

（1）B区本地同学　　（2）老家有小伙伴

（3）外地来B区的同学

16. 你星期六、星期日干什么？（　　）

（1）上少年宫学习特长　　（2）到家教辅导班上课

（3）到附近去玩　　　　　（4）作业做好后在家玩

17. 你喜欢你班级的老师吗？（　　）

（1）喜欢　（2）不喜欢　（3）不知道

（4）有的喜欢，有的不喜欢

18. 你好朋友有（　　）

（1）1个　（2）2～3个　（3）4～5个

（4）6个以上　（5）一个也没有

19. 你们老师喜欢你吗？（　　）

（1）喜欢　（2）比较喜欢　（3）一般化　（4）一点也不喜欢

20. 你读过几个学校？（　　）

（1）1　（2）2　（3）3　（4）4个以上（含4个）

21. 当你生活上有困难时，一般是谁给你帮助？（　　）

（1）爸爸或妈妈　（2）同学　（3）亲戚朋友　（4）邻居

（5）老师　　　　（6）其他人

22. 当你学习上有困难时，一般是谁给你帮助？（　　）

（1）爸爸或妈妈　（2）同学　（3）亲戚朋友　（4）邻居

（5）老师　　　　（6）其他人

23. 你经常跟谁说心里话？（　　）

（1）爷爷或奶奶　　（2）爸爸或妈妈

（3）亲戚或邻居　　（4）同学或好友

（5）老师　　　　　（6）放在心里谁也不告诉

24. 你认为你的学习成绩如何？（　　）

（1）优秀　（2）良好　（3）一般　（4）较差　（5）很差

25. 你喜欢现在的学校吗？（　　）

（1）非常喜欢　（2）喜欢　（3）一般　（4）不喜欢

26. 你不喜欢上学的原因是（　　）

（1）老师不喜欢我　（2）学习太难了　（3）学校不好玩

（4）家里没有钱　　（5）成绩太差　　（6）老师讲话听不懂

27. 你家有多少本课外读物？（　　）

（1）1～5 本　　（2）6～10 本　　（3）11～20 本

（4）20～50 本　　（5）很多　　（6）一本也没有

二、家长问卷

28. 你认为你孩子的学习成绩（　　）

（1）优秀　　（2）较好　　（3）一般　　（4）较差　　（5）很差

29. 你满意孩子的学习成绩吗？（　　）

（1）满意　　（2）一般　　（3）不满意　　（4）不知道

30. 你认为你的孩子将来会干什么？（　　）

（1）考上大学后有一份好工作　　（2）初中毕业在 B 区打工

（3）上了高中再说　　（4）过两年还是回老家种地　　（5）不清楚

三、老师问卷

31. 你认为进城务工人员子女的学习成绩整体水平（　　）

（1）优秀　　（2）良好　　（3）一般　　（4）较差　　（5）很差

32. 你经常和进城务工人员沟通他们子女的学习情况吗？（　　）

（1）经常　　（2）偶尔　　（3）从不　　（4）打电话他们也不接

33. 你认为进城务工人员子女学习成绩不好的主要原因是（　　）

（1）基础太差　　（2）学习习惯不好　　（3）外地人笨

（4）家庭教育跟不上

第二部分　访谈提纲

1. 你们是什么时候来 B 区务工的？你知道"两为主"政策吗？你孩子到 B 区学校入学顺利吗？你觉得孩子在 B 区的学校发展情况如何？你有哪些建议？

2. 孩子在 B 区的学校接受教育与在你老家的学校接受教育有什么不同？

3. 你认为进城务工人员子女在流入地入学还有哪些问题与障碍？如何解决？

附录 C

B 区校长、教师交流政策执行调查问卷与访谈提纲

尊敬的各位校长、老师：

　　校长、教师交流政策是义务教育优质均衡发展政策的重要组成部分，为了充分了解校长、教师交流政策真实的运行情况，研究者设计了一些相关的问题，希望您按照要求作答。本调查问卷获得的所有信息均为课题研究所用，研究者承诺将予以保守秘密。诚挚感谢您的支持。

第一部分　问卷部分

1. 您的姓名：

2. 您的工作单位：

3. 您出生于年月日

4. 您的性别 （　　）

（1）男　　（2）女

5. 您的职称是 （　　）

（1）高级教师　　（2）中级教师　　（3）初级教师

6. 您交流到新学校的时间 （　　）

（1）半年　　（2）1 年　　（3）1 年以上

7. 您现工作的学校是 （　　）

（1）城市学校　　（2）城镇学校　　（3）乡村学校

8. 您原工作的学校是（　　）

（1）城市学校　　（2）城镇学校　　（3）乡村学校

9. 您现在的职务是（　　）

（1）教师　　（2）学校中层行政人员　　（3）副校长　　（4）校长

10. 您交流的性质是（　　）

（1）刚性交流　　（2）柔性交流

11. 您是（　　）

（1）普通教师　　（2）骨干教师

12. 您的专业称号（　　）

（1）区教学新秀　　（2）区学科带头人　　（3）市教学新秀

（4）市教学能手　　（5）市学科带头人　　（6）市名教师

（7）特级教师

13. 您任教的学科是（　　）

（1）语文　　（2）数学　　（3）英语　　（4）音乐　　（5）体育

（6）美术　　（7）科学　　（8）信息技术　　（9）品德

（10）综合实践

14. 您认为校长、教师交流对义务教育优质均衡发展的作用（　　）

（1）很大　　（2）比较大　　（3）很小　　（4）没有

15. 您到新的工作学校教学成绩（　　）

（1）优秀　　（2）良好　　（3）一般　　（4）较差

16. 您参加校长、教师交流是（　　）

（1）学校安排　　（2）教育局选定

（3）教师推荐　　（4）自主申报

17. 您参加校长教师交流的动机是（　　）

（1）评定职称需要

（2）岗位设置、工资晋级

（3）实现自己教育理想，体现人生价值

（4）学校安排或上级安排

18. 您交流到新的工作单位后是否获得综合表彰？（　　）

（1）是　　（2）否

19. 新的工作单位同事对你的态度（　　）

（1）欢迎　　（2）排斥　　（3）无所谓

20. 您认为参与校长、教师交流工作的人群最好是（　　）

（1）全员交流

（2）骨干教师交流

（3）普通教师交流

第二部分　访谈提纲

1. 您参加工作以来经历了几个学校？您认为校长教师交流工作对一个地区义务教育优质均衡发展有什么样的作用？

2. 优质学校的校长、教师交流到薄弱学校后，是否能发挥骨干引领的作用？薄弱学校的校长、教师交流到优质学校后，是否能有专业成长的支持？请举例说明。

3. 校长、教师交流中最大的困难是什么？您是如何克服这些困难的？您需要什么样的支持？

4. 您觉得当前 B 区校长、教师交流政策在执行中的主要问题是？您认为解决这些问题应采取哪些针对性措施？

附录 D

B 区名校集团化政策执行
情况访谈提纲

1. 你认为你孩子就读的学校是名校吗？你孩子在名校里发展如何？名校与普通学校的主要差别是什么？你如何看待名校办分校的？（母体学校学生家长）

2. 你认为你孩子就读的学校是名校吗？你孩子在名校的分校里发展如何？名校与普通学校的主要差别是什么？名校有好教师到分校来吗？（子体学校学生家长）

3. 你是如何看待名校集团化政策的？它对义务教育优质均衡发展的作用如何？你是如何处理好母体学校与子体学校优质教育资源分配关系的？（母体学校校长）

4. 你是如何看待名校集团化政策的？它对义务教育优质均衡发展的作用如何？母体学校与子体学校优质教育资源是如何分配的？母体学校对你校的影响有哪些？请举例说明。（子体学校校长）

5. 你们名校集团内的制度是否一样？集团内各校日常工作管理是如何开展的？集团内各个学校的文化特色如何？你们是如何处理好统一领导与自主发展关系的？（学校校长）

6. 从你的角度看，名校集团化有哪些利弊？怎么样才能更好地发挥名校集团化的功能，促进义务教育优质均衡发展？（学校校长）

7. 你愿意到分校来工作吗？你觉得到分校工作有哪些利弊？（交流到子体学校的教师）

8. 你到名校工作最大的收获是什么？你还想回到你原来的学校吗？（交流到母体学校的教师）

附录 E

B 区义务教育信息化政策
执行情况访谈提纲

1. 你知道 B 区教育信息化的历程吗？你认为近年来教育信息化建设与前几年的教育信息化建设有什么不同？（教育局机关人员）

2. 关于教育信息化建设，B 区政府、乡镇街道、县教育局采取了哪些政策行动？（分管教育副区长、乡镇领导、教育局局长）

3. 你是如何看待教育信息化建设工作的？它与义务教育优质均衡创建有什么关系？乡镇在教育信息化建设过程中有哪些投入？你认为应该由乡镇、街道投入吗？（乡镇、街道分管教育领导）

4. 你们学校教育信息化水平如何？在教育信息化建设过程中你们学校有了哪些改变？为了实现教育信息化创建目标，学校采取了哪些有针对性的举措？（学校校长）

5. 在教育信息化建设中，教师的显著变化是什么？课堂教学有了哪些变化？它与教学质量的提高有多大的关联性？教师是否拥有了更为宽广的专业发展平台？（教师）

后　记

这是一本在博士毕业论文基础上修改而成的书。

博士阶段的求学生活，是人生一段难以忘怀的旅程，其间五味杂陈。有过入学时的欣喜，有过课程阶段学习的充实，也有过论文写作时的茫然与惆怅，但更多的是关于努力与进取的记忆。在这段旅程中，难忘那些事、那些人。及至今日由毕业论文成书即将付梓之际，心中涌动的是深深的感激。

2011年秋天，我来到南师随园，师从张乐天教授，攻读教育学原理。几年来，先生渊博的学识、儒雅的风范、高尚的品格，学生深深感佩。先生治学严谨，在课程学习阶段，循循善诱，深入浅出，引领学生结合理论学习，思考分析教育的现实问题。在论文写作阶段，先生要求我要研究真问题，切不可无病呻吟做伪研究。先生厚德爱生，对我总是无微不至的关怀。在博士学习阶段，我经历了工作的变动，先生及时给我开导与鼓励；在我生病时，先生来锡看我给予我力量。这一份师生情谊，永志心间。

在随园，我还幸运地聆听到吴康宁、胡建华、顾建军、张新平、冯建军、程晋宽、吴永军、杨启亮、孙彩平、齐学红、徐文彬等多位先生的教诲。在论文写作阶段，苏州大学周川教授、查佐明教授，滨湖区教育局钱江先生、冯伟局长、强洪权局长等给予我很多的关怀与帮助。在论文答辩期间，我还得到李洪天教授、崔春霞处长的指导。在此，一并表示我最诚挚的感谢。你们给予我的教诲已经成为我人生中不可或缺的财富，你们给予我的支持已经成为我继续前行的力量。

"十步之泽，必有香草。"在论文写作过程中，我还得到了同门邵泽斌、魏峰、何杰、彭华安、金礼玖、刘佳、王正惠等的指导与帮助；特别难以忘怀的是钱志刚、胡纵宇、王建、韩强、刘家枢、潘朝阳、于世华等一起入学的教育博士同学之间的相互砥砺，这份不惑之年后相携前行的同学情谊，弥足珍贵。谢谢你们！

此外，为写作论文而进行的大量问卷与调查，得到了相关部门、学校的领导、老师和同志们的支持，感谢你们为我提供论文写作所必需的信息与数据；同时论文还参考了很多研究者的研究成果。没有你们，文难以成，深深感谢！

最后，我还要谢谢我的妻子封玫琪女士、女儿质文、儿子博文，因为你们，我在幸福中学习与生活。

刘 玮

2015 年 12 月 11 日